Search

你們求，必要給你們；
你們找，就必找到；
你們敲，必要給你們開。

Heureux vous les pauvres

你們貧窮的人是有福的

與耶穌福音相遇的十三堂課

第四世界創辦人
若瑟・赫忍斯基 Joseph Wresinski 神父 著
楊淑秀・林立涵 譯

星火文化

諾瓦集小教堂外觀，第四世界提供。

感謝

第四世界這群勇敢的子民，
我從他們身上領受了福音。

CONTENTS

CONTENTS

CONTENTS

作者的話

奧莉雯・德・佛絲（Alwine de Vos van Steenwijk）
佳碧葉・艾必肯（Gabrielle Erpicum）
潔爾曼（Germaine Quéméré）
安德烈・莫達夫（André Modave）
彼得・達維安（Pierre Davienne）
讓－克勞德・卡約（Jean-Claude Caillaux）
和第四世界運動所有的志願者，
他們為這本書的默想做出了貢獻。
過去二十五年來，
我和他們一起在赤貧的核心，
親歷耶穌基督的福音。

第四世界是指什麼？

若瑟．赫忍斯基用「第四世界」來稱呼世界各地的赤貧公民，為了賦予這個族群一種積極的社會身分。這個名稱源於一七八九年法國大革命時，底富米．德維力（Dufourny de Villiers）等議員企圖在國王召開的三級會議上爭取「第四階級」的參與，這個階級包含農村短工、求乞者、貧病者等，但是其他三個階層否決了他的要求。兩個世紀之後，出生赤貧的若瑟．赫忍斯基和其他家庭在這個歷史典故中得到認同：他們也不斷地遭到拒絕、排斥，卻不放棄為每個人的尊嚴、權利及價值而奮鬥，所以他們決定給這個運動取名為「第四世界」。

推薦序一

邀請你進入若瑟神父的祈禱

政大社會工作研究所／王增勇教授

我寫推薦序的習慣，會先閱讀一遍，從筆記中思考序文的內容。收到這份文稿後，離要交稿的期限只有一週，我很快就意識到我可能無法如期完成。這本書無法快速閱讀，也無法瀏覽，因為這是若瑟神父從他與赤貧者的相處中，與天主的親密對話，他的禱告，更是他的福音。每一篇都值得細細品嚐與默禱。在閱讀的過程中，你會感受到來自天主的邀請，撰寫自己的祈禱、寫出屬於我們自己的福音。

這是一本若瑟神父和赤貧者相處中，與天主相遇而寫成的福音。若瑟神父認為，與赤貧者在一起，是天主對我們的召叫，因為天主讓祂的獨生子在最卑微的百姓中成為人。做出這個決定並非易事，因為選擇和赤貧者站在一起，意味著否認自己，放棄自己從世俗所獲得的尊嚴。在曠野中，耶穌為自己放棄所有安全感，明確捨棄所有的權力。這對不是赤貧者的我們而言，注定是很大的挑戰，因為人性的軟弱，我們會質疑、拒絕聽從、不肯相信。若瑟神父寫這本書，就是希望幫助我們從信仰重新看見赤貧者。

作為社工學者，我們很習慣把貧窮當成社會問題加以分析，從理性去思考解決方法，但對若瑟神父而言，這是錯誤的，因為我們把赤貧者當成分析的對象，而不是可以協力的伙伴。若瑟神父告訴我們，赤貧者是最能領受福音的人，因為他們能夠立即感受到真理。除此之外，最貧窮的人更能引導我們進入默觀和冥想，他們讓我們停止推理，事實上，「停下來默觀，不急著理解下一步會怎樣」，否則，我們將無法理解接下來要發生的一切。若瑟神父一直倡議要看見赤貧者身上的知識，我們要進入他們的生活，向赤貧者學習，讓他們帶領我們。這個翻轉強而有力地挑戰主導社會福利的社會科學典範，一如耶穌當初在會堂上挑戰經師們。

在書中，你會看到若瑟神父活潑的信仰，如何將赤貧者的生活與福音中的人物交織起來，且無違和感。我們讀《聖經》，往往只讀《聖經》所寫的，甚至依循教會對《聖經》人物所創作的既有形象來想像；但是若瑟神父將他所接觸到的赤貧者，包括他的母親，與《聖經》人物，例如耶穌的父母若瑟與瑪利亞，疊影在一起，重新理解我們已經熟知的福音人物。在若瑟神父的眼中，若瑟與瑪利亞是耶穌進入人類的門戶，福音中最早出現的窮人。從這個角度，啟發我們重新想像瑪利亞，解構了教會聖母慣常純潔、虔誠的處女形象，看見瑪利亞在現實生活中所面對的困頓與相應的能力與信仰。

最讓我震撼的是，若瑟神父如何重新想像耶穌的養父若瑟，他在教會中的形象是單薄的，象徵服從的義人，但若瑟神父這樣提問：「我想知道我們如何才能愛上他。關於他，教會是有提出教導，卻沒有大力鼓勵我們與他同行，以至於我們不懂得讓他來革新、撼動我們。」若瑟神父帶領我們回到歷史的場景，透過補充許多生活細節與脈絡，讓我們更進入若瑟的生命中，當若瑟成為一個立體的人，「讓他來革新、撼動我們」就可能發生。若瑟神父如此勾勒若瑟的生命本質：「他，一個義人、經驗老到，彎有智慧，卻必須忘記他所學的全部，重頭開始學習關於上帝的正義與救恩的一切。我覺得天主可能要求他在生命中發起一場內在革命，好能接待默西亞。」這讓我想起我爸爸在七十歲時，知道我的同志身份後，他要如何「愛」我？他選擇接受他從未知曉、且被世俗所唾棄的世界，然後祝福我的伴侶關係。作為父親，無可避免背負著世界的期待，但支持兒子棄絕世俗的一切，只為追求成全天主的國，我的爸爸與若瑟都必須經歷困惑、無助、質疑的內在歷程。

在本書中，你看到若瑟神父讓福音用時代的語言，不斷賦予《聖經》新意。對若瑟神父而言，福音不僅僅是閱讀的文本，而是一片與人、與天主相遇的天地。這本書是一種透過心靈的眼睛獲得的知識，是讓人進入祈禱的書，值得細細品味。

諾瓦集小教堂內一景，第四世界提供。

推薦序二

向「為赤貧者發聲者」致敬！

／梅順牧師

我能有幸認識本書譯者楊淑秀，因而開啟了我窺見「第四世界」的一扇窗。

去年三月，我拜訪「人生百味」創辦者巫彥德，被他那卓爾不群的思想內涵和所投入的社區志業所震撼！臨走前，他送我《讓發聲發生》一書，之後我央求他引介譯者給我認識，渴望得知「第四世界」運動的精神風貌！我們一見如故！(自覺)

去年六月，淑秀邀我參加她的新書譯作讀書會，每次分享一章內容，視篇幅長短而異。那正是若瑟神父所寫的這本《你們貧窮的人是有福的》。

去年十一月，在淑秀行將回加拿大之前，我去宜蘭找她，也是為了想多知道「第四世界」運動的發展和未來在台灣的展望，結果反而更多是彼此人生歷練的交流，這使我深深感佩這位貌似嬌弱的奇女子，所懷抱的悲天憫人胸懷，以及她對生命深刻的體悟。

淑秀從大學起，就接觸到「第四世界」運動，並且身體力行，也嫁給同樣委身在此的加拿大夫婿。淑秀翻譯過多本若瑟神父的書，瞭解他的文風，字斟句酌，除了根據法文原文，也參看英文譯本，因此呈現出流暢優美的中譯本。尤其是譯者多年把自己融入在作者所投入的世界中、所奉獻的領域裏，她能理解若瑟神父筆下的信念精髓，所以讓人細細讀來、慢慢品味，實在是一本值得默觀靈修的好書！這可以幫助我們走在苦路十四站時，讓此書的光，引導我們實踐耶穌道成肉身的使命與呼召。

基督徒都知道登山寶訓中，耶穌提及的第一福，就是「虛心的人有福了，因為天國是他們的」。基督徒多半會解釋「虛心」為「靈裏貧窮」（靈貧）之意，而若瑟神父則直接陳明即字面「貧窮」（poor）的人有福了！這對現代人而言，應是望文生義、足以令人跌破眼鏡的理解！

然而，若瑟神父透過十三個章節的鋪陳，從不同人物、不同層面、不同角度來深刻詮釋其意。正因為若瑟神父自己就是出身在所謂的貧民窟，深知最底層的社眾生活，因著耶穌這一句話，所帶給人們的盼望和安慰，而非僅是矯情的同理。

然而赤貧者所需要的，不是只有物資上滿足一時的溫飽而已，更是渴求人性上能給予該有的尊嚴對待！

在這個處處講求人權的社會，「人權」是否已被浮誇濫用？而真切需要正視的，才是這些在底層中，被輕看、甚至羞辱的一群社眾！

耶穌的一句話，彷彿發聾振聵，瞬間照亮了那些生活在黑暗中和貧乏陰影下的人們。

最特別的篇章，是若瑟神父從耶穌肉身的父親約瑟——這位默默的父親，他所背負的教養責任、他所承擔的家計重擔、他所執持的宗教情操——是會如何影響孩提時代耶穌的養成人格？

還有對耶穌的母親馬利亞，所描繪的，有別於傳統畫像中所認知的聖母……

凡此種種，若瑟神父以其感同身受的處境，如同探照燈，引導讀者返回當年的時空場景……這些句句珠璣，深觸爾心，久久仍迴盪不去！

若瑟神父曾說，當初第四世界運動沒有走上慈善救濟這條路，是因那時已有二十七個組織在做了，因此，若瑟神父覺得更重要的是，讓這些族群可以意識到自己的處境、歷史和身份。

每年的十月十七日，是聯合國所訂的「消除貧窮國際日」（一九九二年通過決議，一九九三開始）。讓我們祝賀此書的問世，使得不同生活圈的人，可以在友愛中相遇，更多去理解對方。

「哪裏有人被迫生活在赤貧中，那裏的人權就被侵犯、剝奪；而團結起來，使人權受到尊重，是我們的神聖義務。」

若瑟神父安息三十五年了，他的呼籲，言猶在耳！我們今天，看到政府對長照和社宅等等的努力，還有許多民間機構、協會、社福團體……等等的群策群力，除了向這些單位致敬，讓我們更期待一個「孤苦的有家、被囚的脫離牢籠」的共享社會！（括號內引自《聖經·詩篇》68：6）

本文作者

梅順牧師（筆名）

曾任出版社主編、業務專員、蒙召在教會全職服事。負責過兒童事工、長者事工……。

親歷好友和至親之臨終陪伴（連續七年），因此踏上「靈性關懷」人跡罕至之路，撫慰患者和家屬。

多年委身在社區服務，訪視急難家庭和獨居長者，感觸人生百態。

推薦序三

窮人甚麼時候可以幸福美滿？

活水成員／杜慧珍

有一個朋友不相信世界上會有第四世界，也不相信會有任何人願意幫他，他失去了爸爸媽媽，然後他姐姐又責怪他，他成了流浪漢，我收留了他。

其實，我不知道，活在這個世界上是為了甚麼？有些人為了貓，有些人為了狗，有些人為了某種原因而生存著。而我，則是因為看到母親的眼淚，她信道教，原本我只信任道教，我一直以為道教會給我媽媽幸福，可是她每晚都在哭。我問她為什麼哭？她說她想念爸爸。直到我國中出車禍的時候，基督教（的醫院）把我救活了，本來要坐輪椅，後來也不用坐了。那一刻起，我就決定去念天主教的學校。但是，逢場作戲一定要，台灣畢竟是道教與佛教的世界。

過去十五年，我從南部來到萬華，看到太多人，死的死，逃亡的逃亡。

我帶了很多街友回家裡睡覺，但是，他們不但沒有感激我，還偷走我的錢、罐頭、泡麵、統一發票，甚至打我。我真的不懂，到底應該要怎麼幫？給他們一個地方，讓他們有家的感覺，他們卻這樣糟蹋我，毀謗我的名譽，讓我很無言。而且，最近我得要搬家，因為公宅的管理員看我這樣收留流浪漢，覺得我很複雜。其實，複雜的不是我，而是這個社會。

本書第七章所描述的正是我目前面對的窘境：

「跟那些被視為愚夫愚婦的底層平起平坐，似乎會引起反感，因為表面上他們無法為人類增添甚麼光彩。肯認他們是我們的兄弟姊妹，似乎是自貶身價，是在否認自己，是自願放棄身而為人的各種安全感，因為這些同胞飽受赤貧折磨，甚至無法展現出任何可以表達出尊嚴的外在記號。」

我出自一個三教九流，黑道出沒的家庭。天天被恐嚇，所以我的言行舉止都遺傳到我媽，她是大姊，只要她一句話，我就會被我哥打。我曾經離家出走，再次回家的時候，想抱抱我親大姊，她卻把我推開了，說她又不是同性戀。我甚麼話也沒講，心裡很受傷。因為我媽活著的時候，我怎麼賴在她身上，她只會說三八，又在撒嬌了，從來不會把我推開。所以每次淑秀姐[1]伸出雙手，跟我擁抱的時候，就彷彿回到童年在媽媽懷裡那種溫馨的感覺。

現在，我的姊姊都搬家了，我找不到她們了。

1. 編按：即本書譯者、第四世界持久志願者楊淑秀。

社工也離開了，我不用被他掌控了。他曾經說，只要你不離開萬華，在台北市，我就能掌控你。我是獅子座的，熱愛自由，你為什麼要掌控我？所以我一直跟他說我要換社工。我打了很多通電話給市政府說我要換社工，一直都沒辦法換掉，直到我寫信給一位市議員說我要換社工，他才幫我換了。

我一直對人很好，這麼多年來，我在流浪漢跟自己身上花了很多錢，得到的卻是朋友的背叛、家人的唾棄，所以才會一直想自殺，因為他們把我說得太爛太爛了。我做一百件好事，只要做一件壞事，他們就只會講那件壞事，忘記那一百件好事。

我四十幾歲的人生，大起大落。歌仔戲天后是楊麗花，香港歌后是鄧紫棋，我十七歲接到公文，要去成功大學教布袋戲，我沒踏出這一步，才會活到如此悲哀。但是，我不後悔，有一天他們流浪夠了，會想到我。一個在監獄進進出出的男人，現在在我兒子房間睡覺，他出來後，靠關係在做保全，現做現領。

我在工地做了十五年，培養了自己的求生能力，不再像一開始，那個跑出來探險的「小公主」。現在，我想要逃離工地文化：保力達、檳榔、菸、酒，還有性騷擾。但是，搬離公宅後，我會沒有地方可以住，因為現在台北市的房租動輒兩、三萬。老百姓努力地工作，政府也努力地在花錢，不管是國民黨還是民進黨，他們都沒有聽到底層的聲音，也沒有體會過在公園睡一年的感覺，他們更無法去體會在工地十五年，天天曬太陽、淋雨，颱風天也要做，全身疲憊，都不能休息的痛苦。

我曾經被取笑為只是海裡的一粒沙，甚至，甚麼都不是。過去，我為孩子而活，現在，孩子長大了，我也可以放下心中的石頭，為自己的理想而活。我想將我的餘生奉獻給志願工作，但是，有人聽過流浪漢當志工的嗎？我不在乎薪水多少，我在乎的是，窮人甚麼時候可以幸福美滿？

在這本書中，我有深深體會到，若瑟神父是一個慈悲的人，這本書，除了經典，就是真愛！

第四世界活水成員意指積極參與第四世界運動的赤貧過來人，他們在經歷極端貧窮的時候與第四世界運動建立了連結，並決定在這個運動扮演積極的角色。

推薦序四

神父銳利的眼光穿透了整個時代，直到現在的台灣

／巫彥德

第四世界運動，我在的心中，是深具靈性色彩的社會運動，從他們的英文ATD，all together for dignity，一個以促成貧窮者團結、重新找回尊嚴的社會運動，而創辦人若瑟神父的思想，無疑是最讓我好奇的部份。

這本書從書名開始，就讓我充滿好奇，這句話是我作為一個貧窮議題的行動者看到就會感受到不安的話。我可以理解，貧窮作為一種生命經驗，可能帶給人非凡的生命體驗與靈性成長，但是在我認識的貧窮經驗者中，我有時候無法看到這樣的光輝，我只能看到其中苦難的部份，老實說，我害怕說出這句話。

但是愈看到後面我愈來愈明白，原來若瑟神父不是因為自己小時候曾經歷過赤貧，才有勇氣說出這句話，而是因為他真的看見了，當有人再次穿過了貧窮經驗汙名的外殼，看見苦難的本質，又再次深入到苦難的深處，看見了那個光輝，而且不是一瞥而過，而是一而再、再而三的看見，那這個信心就會自然的出現，這句話就會自然而然的講出來，你們窮人，是有福的，這個福包含了，這個生命經驗，使你靠近上帝，不論你因為貧窮做了多少讓自己後悔的事，上帝都能理解並且寬恕你，而這個社會的人若想要靠近上帝，那他們要走到這個苦難之中才會看見。我才明白，我不敢說，是因為我還沒看見，而若瑟神父說了，是因為他看見了，當他看見了，那就是真相，一如你看見太陽從東方昇起，你便無法不說太陽是這樣的，事實就是事實，真相就是真相。

同時若瑟神父明白歷史的重要性，因此在這個故事裡一步一步重新建立基督教派的歷史觀與貧窮的關係，或者這麼說，不是建立關係，而是重新發現貧窮是如何被隱沒在這段歷史之中，一如貧窮被隱沒在這個社會中，他從種種的資料中指出，耶穌是一個貧窮者，這讓我想起我小時候上的天主教幼稚園，其中一年聖誕節，我們的話劇表演是表演耶穌降生，那個時候，我們花了很多時間裝飾那個耶穌要誕生的馬廄，想說是耶穌睡的，所以要盡可能的金碧輝煌一點，但在若瑟神父的文字中，我震驚的發現，對啊，為何一個嬰兒在冬天，會在馬廄中誕生，那不正顯示了，這一家人是被排斥的，是不受待見的，耶穌，原來是一個被社會排斥的貧窮人？這些論證，一次又一次的模糊整個人類最崇敬的神，與最不崇敬的貧窮人的界線，你想去最高的地方，卻要從最低窪的地方才能進入。

其中許多語言，也不斷的看見與佛法的印證，若瑟神父談到一個人什麼都沒有的時候是如何的靠近神，因為他只剩他自己，而佛法在描述一個人的佛性時，會用自性或是本來面目，什麼都沒有，只剩自己，那就只剩下神性。我自詡是一種社會運動者，我對神性的追求，並非一種修行的目的，而是在於我可以感覺到神性的本質是愛，是對於生命的愛，是一切社會運動最內裡的力量，當愈來愈多人察覺到自己的神性，這個社會將會產生不得了的變化。貧窮議題，在許多時候被視為是一種問題，是一個似乎要用上社會許多力量來填補的問題，但若瑟神父用他的行動告訴我們，貧窮可以是光的來源，我們以為是問題，但他看到了答案。

而帶來這樣的信念，讓我們在二〇二三年在台灣開始試辦平民大學[2]，試著讓貧窮的人討論與表達自己的感受與看法，我們與貧窮者相遇可以不只是如同醫生與病人的相遇，而是如學校同學般的相遇，來自不同的家庭，有著不同的經驗，彼此相伴成長，似乎真的能看到那樣的光從同學的生命中透出，閃亮但也微弱時有時滅。

最後，我想表達我與若瑟神父不同的觀點，在閱讀神父的書，我常感受到

---

2. 第四世界從一九七二年起發起的由貧窮者討論自身處境的學習場域。平民大學的平民是包括所有人，大學指的是學習的地方，因此而設計了四種投入身分不同的角色，包括赤貧者、活水成員（赤貧者過來人回過頭來積極參與平民大學）、持久志願者（投入赤貧者的日常生活並建立信任關係）和盟友（無赤貧經驗的社會人士帶著自己的專業向窮人學習）。

書中的觀點讓我有一種被責備的感覺，若我非貧窮者，卻投身貧窮工作，便似乎帶有一些原罪，但我內心有一股更強大的力量敦促我，不要接納這會讓我感到罪惡與自責的觀點，我的內心告訴我，我若能帶著愉悅自在的心投入貧窮工作，更能達到我想轉化社會的目的，因此我完全同意，我們作為非貧窮者，我們需要帶著謙卑與自覺投入這份工作，時時帶著覺知，察覺自己未能察覺的刻板印象，察覺到隱藏在自己內心也匱乏的部份，但是不需要因為自己的出身與生命經驗而責備自己，一如我們希望所有的生命經驗都能得到善待。

本文作者

巫彥德是非營利組織「人生百味」共同創辦人，陪伴、培力無家者。

作者若瑟·赫忍斯基小傳

一九一七年，若瑟·赫忍斯基出生於法國昂熱一個貧困的社區，父親是波蘭人，母親是西班牙人。從小，他就在一個印刻著赤貧的移民家庭長大，他知道被排斥的滋味是什麼。他十三歲離開學校，成為糕餅店學徒。一九三四年，加入了天主教職工青年會，從那時起，成為神父的渴望在他心中逐漸增長。為了達成夢想，他重新進入學校，和一群比他小七、八歲的學生同班。一九三六年，他進入小修院，次年即被徵召入伍。

一九三九年第二次大戰開始時，若瑟還在軍隊中，一九四〇年，若瑟成為戰俘，但他成功地脫逃了，並繼續在蘇瓦松的大修院研讀哲學與神學的課程。一九四六年，他在蘇瓦松被祝聖為神父。之後，他被派到一個工人小鎮泰爾尼耶（Tergnier）擔任堂區的助理司鐸。一九四八年，他加入法國傳教會[3]（Mission de France）。在肺病療養院住院一段時間後，他被派到埃納省（Aisne）的杜易日（Dhuizel）當本堂神父，這裡的社會生活是特別的，有擁田百甲的地主，也有佃農、長工及生計極不穩定的季節性工人，這段時期，他組織了傳道團，在法國各省宣講貧窮的議題。

---

3. 譯按：法國傳教會創立於一九四一年，二〇〇二年改名為Communauté de Mission de France，傳教會成立的初衷是為了讓教區神父們在法國的貧困地區獻身鐸職。

一九五六年，他的主教建議他到巴黎近郊的諾瓦集貧民窟，在這個充滿泥濘與垃圾的地方住了兩百五十多個貧窮家庭。他和這些家庭一起創立了「協助一切沮喪絕望者運動」（Aide à Toute Détresse Movement），也就是後來的第四世界運動。一九六一年，他成立了這個運動的貧窮研究中心。

隨著若瑟神父在各國的演講和拜訪，這個運動很快就擴展到歐洲、美洲的許多國家，後來也擴展到非洲和亞洲。從一九六〇年開始，來自不同國家、不同信仰、有著不同教育和社會背景的年輕人開始加入他的行列，一起建立了國際持久志願者聯盟。今天，四百多名全職的持久志願者分布在四大洲的三十多個國家。他們中有天主教徒、猶太教徒、基督教徒、佛教徒、伊斯蘭教徒，也有的不隸屬任何宗教，他們共同的信念是加入最貧窮，最受排擠的世界公民每天的奮鬥，為下一代爭取一個更好的未來。

第四世界運動的行動擴展到第三世界之後，一九七八年，他創立了世界極端貧困問題常設論壇。一九七九年，若瑟神父被任命為法國經濟社會理事會的終身成員。他撰寫了該理事會於一九八七年通過的《極端貧窮與社會經濟的不穩定》報告書（Grande Pauvreté et Précarité Economique et Sociale），這份報告被視為對抗赤貧的重要文件，它不但影響了歐洲其它國家的反貧窮行動，也在國際間得到越來越多的回響。

若瑟．赫忍斯基不停地以最貧窮的家庭為核心，將不同階層、不同政治理念及宗教信仰的人結合起來。截至二〇一三年，全世界有成千上萬的人們成為最貧窮者的盟友。此外，第四世界的塔波里兒童運動及青年運動，也不斷地推動兒童及年輕人，從小就注意自己身邊最被排斥和輕視的人。

和小人物、大人物相遇，到貧無立錐之地的家庭造訪，也到政府首長的廳堂去叩門，一直走到聯合國祕書長面前。無論在那裡，若瑟神父所懷抱的是相同的訊息：「赤貧是無法忍受的，我們必須一起投身，好能終止赤貧。」他和他的運動說服了許多國際組織，也因此，第四世界運動在聯合國兒童基金會、聯合國教科文組織、國際勞工組織、歐洲委員會、世界銀行、國際貨幣基金組織等，派有代表，在聯合國經濟理事會擁有第一級的全面性諮商地位，在歐盟有常駐代表。

一九八七年，時值法國大革命兩百周年紀念，若瑟·赫忍斯基為法國人權諮詢委員會撰寫了《赤貧者，人權不可分割性的啟示者》。同年二月二十日，若瑟·赫忍斯基在聯合國日內瓦總部的人權委員會發表演說，邀請在場的各國大使、代表、觀察員、聯合國官員與非政府組織代表，在全球的範圍內，研究「極端貧窮與人權」的關聯，並指出最貧窮的世界公民以他們的生命教導我們：公民、政治、經濟、社會、文化等各項權利互相依存、不可分割。這項要求顯示出，在八〇年代末，聯合國系統還不會把貧窮跟人權聯想在一起。若瑟神父的這篇演講帶給大家一個新的理解，他將貧窮定義為這個時代最嚴重的病症，因為它直接影響到各項人權的享有與實踐，他說：「如果擔負著維護世界人權責任的您們，沒有看到貧窮造成的不人道，沒有看到它嚴重糟蹋人權，那麼，人類就很難往進步與友愛之路踏進了。」

他籲請聯合國在思考與擬訂計畫時，重視赤貧公民的看法，即使是各種緊急救助的措施，都應該重視赤貧者的參與，好讓他們能夠掌控這些濟助，避免淪為施捨的對象，他們應該被視為權利的主體，平等的夥伴。赫忍斯基這場演說推動聯合國人權委員會之後採取了一連串的決議。

一九八七年十月十七日，巴黎自由人權廣場發生了一件大事，這個出生赤貧的男人在艾菲爾鐵塔前聚集了十萬名人權護衛者，並為全世界的赤貧犧牲者立下一塊石碑。

一九八八年二月十四日，若瑟神父病逝巴黎，並遵照他生前的要求，葬在國際第四世界總部梅里（Méry sur Oise），為了向赤貧家庭及所有為窮人投身的朋友表達他不變的忠信。

若瑟神父過世之後，第四世界運動繼續秉持創立人的精神往前邁進，盡所有的力量去實踐他的諾言：「帶最貧窮的人由總統府走到聯合國，一直到梵蒂岡……。」也就在一九八九年，來自四大洲的赤貧家庭代表聚集在羅馬的梵蒂岡，教宗若望保祿二世會見了他們。

一九九二年十二月，在第四世界運動的推動下，聯合國大會正式宣布：每年的十月十七日為「世界拒絕赤貧日」（又譯為「消除貧窮國際日」）。

一九九四年十月十七日，聯合國接見了三百位第四世界的代表，為了聆聽他們的經驗，並和他們一起思考國際組織在對抗赤貧的奮鬥中應負的責任，這樣的會見一直持續到現在。這些年來，從巴黎到渥太華，從布魯塞爾、羅馬一直到馬尼拉，一些以若瑟神父的思想為主題的研討會逐漸展開。來自各種不同組織的實務工作者，和那些背負著政治、社

2012 年 10 月 17 日「世界拒絕赤貧日」，左側 QRCODE 為其專頁。
來自世界各地的人權護衛者齊聚巴黎自由人權廣場的赤貧犧牲者紀念碑。
這日子，根據英文翻譯為「消除貧窮國際日」（International Day for the Eradication of Poverty）」，第四世界在台灣，根據法文，習慣翻譯成「世界拒絕赤貧日」。

會或宗教責任的人聚在一起，他們以赤貧者及若瑟的思想為前導，共同思考這個時代的重要課題。就這樣，從一個國家到另一個國家，不分性別、年齡、階層或宗教信仰，越來越多的人響應若瑟・赫忍斯基在一九八七年十月十七日對人類每一份子所發出的呼籲：

「哪裡有人被迫生活在赤貧中，那裡的人權就受到侵犯剝奪，團結起來為使人權得到尊重，是我們神聖的義務。」

法文版序言

天選之人（L'homme d'un choix irréversible）

今後，在加里肋亞（加利利）跟隨並糾纏基督的赤貧群眾，不再是沒名沒姓的。若瑟神父就在他們中間，而且，他的母親和他兒時在法國昂熱聖雅各街的鄰居也在群眾裡面，我們還認出許多其他人，包括艾絲丹（Estampe）女士、賴安潔（Larmand）女士、博吉農（Paquignon）先生、勒布朗（Lebrun）先生、何迪先生（Mr. Radier）、艾蓮娜（Héléna）（她來自遠方）、珍妮（Jeannine R.，耶穌時代叫做瑪利亞．瑪達肋納）、羅薩妮奶奶（Lassagne）[4]……兩千年後，他們的處境還是一樣：他們依然這樣過活，被富人忽視，普遍被握有知識的人鄙視，不被掌權者所理解。

但若瑟神父繼續在他們身邊，三十多年來，陪他們走過漫漫長路。一如基督，他也自由地做出選擇，分享他們的生活和苦難，努力使他們擺脫被排斥的

4. 譯按：艾絲丹（Estampe）女士和博吉農先生出現在本書第三章、賴安潔（第六章）、勒布朗（Lebrun）先生（第十章）、何迪先生（Mr. Radier）（第六章）、艾蓮娜（Héléna）（第五章）、珍妮（Jeannine R.）（第九章）、羅薩妮奶奶（Lassagne）（第二章）。

本文作者為諾瓦集小教堂製作的
彩繪玻璃，第四世界提供。

命運，把人之所以為人應有的位子和尊嚴還給他們，他們有一個不該受到汙衊的名字，他們可以合法、合理地以此為傲，因為他們最接近基督：他們是第四世界。

我記得早期諾瓦集（Noisy-le-Grand）這個「營地」：一片光禿禿的臺地，入口處有一個笨拙的標誌，表明營區居民被排斥在外的處境，路標都是花的名字，可是，連一棵樹、一朵花也沒有，到處都是泥濘，兩旁矗立著衛生條件極差的鐵皮屋，冰窟形狀，漏水，不乾淨，沒水沒電，只有一個供兩百五十二個家庭使用的幫浦。在這片「營地」中間，有一個非常簡陋的小教堂，由當地的用戶親手建造。若瑟神父和最窮的人住得一樣差，穿著已經滿布汙點卻一直沒丟掉的黑色長袍，不知疲倦地去拜訪一個又一個居民，該做甚麼就做甚麼，有時候把窮到發瘋、扭打在一起的男男女女暫時扳開，有時在事成後，帶著一張被揍腫的臉回到自己的陋室。他的勇氣和無邊的理解力從何而來？這本書就是證詞，我從未聽他說過一句責備任何人的話。

我只看他哭過一次：有天早上，他發現那個營區不起眼的倉庫，被居民放火燒了，可是，在那之前，他正試圖在那地方為最需要幫助的人收集舊衣。放火是一種絕望的舉動，我們富人無法理解的邏輯，但，他能理解。

正是在這種絕望的情況下，有一天他請我為貧困區的小教堂[5]製作彩繪

---

5. 譯按：諾瓦集這座小教堂建於一九五七年，並於二〇一六年被法國政府列為歷史古蹟。有一部法語紀錄片陳述小教堂的歷史，可以上網看。https：//www.youtube.com/watch?v=suu3R_LWlms

6. 譯按：榮福五端 ，指的是耶穌復活、耶穌升天、聖神降臨、聖母蒙召升天、聖母蒙受加冕。

玻璃。他說，對於這些缺乏一切必需品的人，應該給的不是多餘的、大家不要的，而是免費的、代表天地大美的東西。為了向赤貧者表達敬意，我們決定，這些彩繪玻璃將表達出榮福五端的奧祕6。所以我就依此計畫付諸行動，就像我在其他地方遇見過的那樣，深信也深知由於貧困區兒童和少年的無聲暴力，這些彩繪玻璃窗可能很短命，但是，二十五年後，它們依然存在，損壞是由惡劣的天候造成的，而不是人為的。

正是本著同樣的精神，同樣的渴望，渴望將這些人提升到一個同樣的水平，使他們與大家處於平等的地位，一樣可以獲享人類曾經獻出的最美好的一切，幾年後，他要求演員凱瑟琳（Catherine de Seynes）建議貧民窟居民製作並表演一齣戲。她依次給他們讀了古希臘劇作家索福克勒斯（Sophocle）的《安蒂岡妮》7和尚．阿諾伊8編寫的《安蒂岡妮》：他們都選擇了索福克勒斯，他們說：「他比較直白。」我永遠不會忘記十四歲的艾萊諾（Eléonore Aparicio），她是我們見過的最崇高的安蒂岡妮。十年後她去世了。

幾年後，我在法國財政部華麗的大廳和這些來自諾瓦集貧困區的「加里肋亞人」重逢，他們自然、端莊、樸素，由季斯卡爾．德斯坦（Giscard d'Estaing）部長親自接待。我看到他們走上法蘭西劇院的主樓梯，兩旁有共和國衛隊列隊迎接，龐畢度（Pompidou）總統和當時的部長們等候著他們，一場

7. 譯按：《安蒂岡妮》是古希臘悲劇作家索福克勒斯公元前四四二年的一部作品，被公認為是戲劇史上最偉大的作品之一。該劇在劇情上是忒拜三部曲中的最後一部，卻是最早寫就的。劇中描寫了俄狄浦斯的女兒安蒂岡妮不顧國王克瑞翁的禁令，將自己的兄長——反叛城邦的波呂尼刻斯安葬，而被處死，而一意孤行的國王也遭致妻離子散的命運。劇中人物性格飽滿，劇情發展絲絲相扣。安蒂岡妮更是被塑造成維護神權及自然法，而不向世俗權勢低頭的偉大女英雄形象，激發了後世的許多思想家如黑格爾、祁克果（又譯克爾凱郭爾）、德里達等的哲思。

專門為他們製作的莫里哀[9]喜劇就要登場……。

這幾段回憶無法表明這本撼動人心的著作，處處洋溢著堅定的信仰和愛；遑論若瑟神父不斷擴大的行動，以及他清晰、嚴謹、有力的論述。

從孩提時代起，他就認識到貧窮以及隨之而來的一切：不被理解、被看不起、嫉妒、仇恨。後來，他原本可以繼續做個礦業小鎮的本堂神父，參加他們的罷工，但他發現有一群人比這些工人、非技術工人更窮，罷工對這群更底層的人民沒有帶來任何好處，他發現了赤貧，一個悲慘世界。所以，他轉向這群人，此舉有時招致工人的敵意。

當他請求他的主教允許他在最貧窮的百姓中間行使他的牧職時，主教向他建議了諾瓦集貧民窟，然後他補充說：「如果你有辦法在那裡待上三個月，就已經很不錯了。」若瑟神父在那裡待了三十年。

對若瑟神父來說，諾瓦集是世界巨大苦難的縮影。他想知道造成這種赤貧苦難最致命的根源，他努力診斷病因，想找到藥方。就這樣，他走遍了世界各大洲，尋訪處境最艱辛的人群，不論是南美洲的貧民窟、印度的大城市或非洲的小村莊，他們或是擠在過小的空間，或是孤獨地死去。同時，他也不斷去敲各國權貴的門，追問他們這個嚴重的議題。

要怎樣談若瑟神父，才不至於片段，窄化，既不縮小他的慷慨，又不掩蓋

---

8. 譯按：Jean Marie Lucien Pierre Anouilh，1910－1987，法國已故戲劇家，他的主要作品是一九四三年的《安蒂岡妮》，改編自古希臘名劇作家索福克勒斯的作品。

他行動的嚴謹？他既虔誠，又充滿熱情。但這種熱情不是盲目的，他擁有行動的智慧：兩種經常對立的力量，在他身上卻相互加強，相得益彰。在同一個人身上，充滿了對天主的愛和對人的愛，兩者合而為一。一個上天特選的人（L'homme d'un choix irréversible.）。即使失敗了，還是充滿信心，就像每個創作者在生活中會遇到的那樣，失敗能激勵和鞏固，能醞釀和支持即將到來的創作；也像是意識在永無休止的探索著，目標似乎隨著我們的前進而遠離，覺今是而昨非，但，唯一重要的是前進，是朝向目標：知道還不是這個，要繼續朝向這個。

他身上的另一個面向是建設者。就像在他之前，隨著時間的推移，那些偉大的教會創始人，那些偉大的改革者，都具有深刻、清醒、接地氣的智慧。他的信仰與寂靜主義[10]無關，他的行為是建設者的行為，他不拒絕他那個時代的種種問題，他清楚地衡量人與事。他周圍都是社會學家和心理學家，他們說，要結構化，但從「諾瓦集營地」開始，他寧願熱情地以慈善事業的無政府主義來定義自己。

事實上，必須不斷地重新開闢各種途徑來護衛窮人，不能稍有懈怠，因為壓在他們身上的威脅、啃噬他們的禍患，總是隨著時間的推移而變化，而且頑固地以各種新的形式出現。

---

9. 譯按：莫里哀（Molière，1622－1673），十七世紀法國喜劇作家，法國芭蕾舞喜劇的創始人，也認為是西洋文學中最偉大的喜劇作家之一。

10. 譯按：寂靜主義（Quietism）是一種神祕的靈修神學，指信徒在靈修中，當單單享受與神交通的神祕經驗，而這經驗乃是神主動白白賜下的，並非來自個人修為。

我只能以若瑟神父最近寫給我的兩句話作為結束，深信這句話總結了他的所有行動：

「謙卑和弱小者帶領著我們，我們不知道他們會把我們帶到哪裡。不過，沒關係！因為我們知道他們要的只是真理。」

約翰・巴塞尼（Jean Bazaine）[11]

一九八四年七月二十五日

11. 譯按：約翰・巴塞尼（Jean Bazaine，1904－2001）法國有名的彩繪玻璃大師，一九五七年冬天，他第一次走訪諾瓦集貧民窟。寒冷的黃昏，在貧民窟的泥濘中，他看不到燈光，鐵皮屋上的煙囪也無炊煙，他哭了……此後，他成為第四世界的重要伙伴。一度，若瑟神父曾絕望地想放棄，約翰・巴塞尼說服他留下來，繼續奮鬥……。他為若瑟神父另一本書《給明天的話》（輔仁大學出版社）提供了很多幅動人的素描。

德文版序言

若瑟神父不曾想過要透過神職升等或社會成就來脫貧，來擺脫童年時遇到的窮人；因為對他來說，耶穌的世界，被耶穌稱為有福的窮人的世界，並不抽象，那就是他實實在在的生活圈，沒有時空的距離。

對若瑟神父來說，「你們貧窮的人是有福的」，這樣的表達並不陌生。他從母親的生命中學到這個活生生的事實，不曾或忘；對他來說，福音的世界並不是異國他鄉。童年的貧困經驗讓他對福音中出現的窮人感到熟悉，這種熟悉感對他的一生具有決定性的作用。當若瑟神父閱讀福音並與我們分享時，耶穌在加里肋亞和猶太地區的時代與今天之間並沒有所謂「難以跨越的鴻溝」，即使有些人這樣擔心；對他們來說，耶穌的時代和今日世界遙遙相隔，天差地別，因此，無法與之保持生動的接觸。他們只看到歷史的距離，看不到跨越時空一起同步的可能性。

這也造就了這本書模仿不來的獨特筆調，若瑟神父不僅透過四部福音書來閱讀福音，也在窮人的生活中閱讀福音，他將自己的一生無條件奉獻給這群子民。他所默想的福音書中的每一個場景都充滿了「他的」窮人們親身經歷過的考驗，同時，耶穌的福音也在「第四世界」子民的每一個生活處境中閃閃發光。

我從未見過若瑟神父，但我永遠不會忘記他的合作者艾瑞卡・萬德（Erika Wittal-Wandelt）和她的家人。應該是一九六五年左右，當時我還是一位「非常年輕」的道明會會士，在科隆（Cologne）附近的瓦爾貝格（Walberberg）修道院學習。那時候，教會的危機已經鋪天蓋地的蔓延到修道院的圍牆內：馬克思主義的吸引力，過時的生活方式與教會的運作模式，現有權威，包括教會權威，都受到徹底的質疑。是什麼激勵了我們這些年輕的道明會會士？想要擺脫既定的秩序嗎？當然也是。更重要的是，想要追尋真實、可靠的典範並體驗活生生的福音。在身負教會責任的今天，我看得更清楚，我們對當時的情況和當時的領導人所做的評斷是非常不公平的。儘管如此，在這段危機時期遇到了特別值得信賴的人具有決定性的影響力，在某種程度上，甚至有著拯救的效果。

儘管遇到了一些阻力，我們的神學教授溫保祿神父[12]還是成功邀請到社會學家豪瑟來跟我們交談。豪瑟從倫敦來到我們這邊；事實上，他出生於維也納，由於具有猶太人的身份，一九三八年被迫逃離奧地利。他與他的妻子何芙（Hefziba，著名小提琴家梅紐因〔Jehudi Menuhin〕的妹妹）一起展開各種社會行動方案，而且有越來越多的合作者響應了他們，首先在英國，然後在德國。在這些方案中，受邀參與的人並不是被當成社會行動的「客體」，而是被

12. 譯按：溫保祿神父（Paulus Engelhardt，1921－2014）是德國籍的天主教道明會神父，也是神學博士和哲學家。他的重要著作之一是關於聖多瑪斯・阿奎那（St. Thomas Aquinas），主題是希望。他的母親是猶太人，曾積極參與和解工作，特別是天主教和平運動「基督和平」（Pax Christi）。

視為「真正的專家」，因為他們親身經歷了各種處境。對我們中間的一些年輕的道明會士來說，這種新的視野為我們打開了一個嶄新的世界，一個我們所知甚少的世界。

正是在這種背景下，我們遇到了艾瑞卡和她的家人。她和家人住在德國哈士塔市[13]一個廢棄的軍營裡，周圍都是被邊緣化和受到排擠的人，我們受到相當大的震撼。當時，這些人被統稱為「不適應社會生活」的家庭。這是我第一次接觸「第四世界運動」。我自己在布勞恩韋勒（Braunsweiler）酒癮者強制治療中心與無家可歸者相處的經歷，還有在科隆附近的「新城」服務的經驗，都是刻骨銘心的記憶。新城是科隆最早的衛星城之一，存在著各種社會問題。他們都給了我窮人福音的具體「味道」，這始終是一種召喚、一種激勵，同時也是一種渴望。

在當時教會和社會動蕩的危機中，遇到像艾瑞卡這樣的人，幫助我不失去福音的喜樂、動力和熱情。但，不久之後，艾瑞卡就罹患了癌症，並很快就離開了她的家人和許多朋友。而她的生命見證對我來說卻永遠活著——我想對所有和她相遇過的人來說也是如此。

福音是活的，它繼續由那些完全讓自己被它塑造、被它決定的人所書寫。若瑟神父在本書中所看重的福音人物與今天的見證人之間，只存在非常表面的差距。讀了這本書，瑪利亞．瑪達肋納，善良的右盜，尤其是納匝肋的若瑟和

13. 譯按：哈士塔市（Rastatt）位於德國與法國邊界。

耶穌的母親瑪利亞，成為今天依然活著的歷史人物，他們的見證人就在我們中間，如果我們不對這些人閉上眼睛和心門，我們也能成為見證人，要知道耶穌來人間一遭，特別是為了他們。若瑟神父沒有降低標準，他敦促我們進入耶穌的朋友的世界、窮人的世界。他知道這是體驗福音喜樂的唯一方法，我們也因此得以更生動的理解福音本身。

儘管回顧了許多聖經的專業知識，但若瑟神父放棄了所有無關緊要的引經據典。例如，關於聖若瑟，我承認自己從來沒有讀過如此貼近生活，如此令人信服的的篇章。若瑟神父以一種如此強而有力，如此貼近現實的方式描繪了耶穌的養父、瑪利亞以及聖家的生活，特別是耶穌本身，讀者肯定能夠獲得一種嶄新的眼光來理解他們。最讓若瑟神父神往的是耶穌，祂為他指明了道路。他把他所有的愛，樸素而深刻的奉獻給祂和祂指出的道路，上主親自要耶穌走過的道路，成為窮人，在窮人中間。若瑟神父不希望我們錯過這條路，他是對的。

維也納總主教　**舒安邦**（Christoph Schönborn），樞機
二〇〇四年八月二十九日於維也納

本文作者

舒安邦樞機，或譯為順伯恩。生於一九四五年，一九七〇年在維也納成為天主教司鐸。他曾師從拉辛格神父（即日後的教宗本篤十六世）研究神學。

若瑟神父曾這樣寫道：「艾瑞卡．萬德（Erika Wandelt）是德國人，路德教派的教友，擁有語言博士學位。她當時十八歲，來法國來提升她的法語能力。某個午後她來到諾瓦集營區，之後兩年，她的寒暑假都和我們一起度過。然後，她開始感到畏懼，沒有再回來。但是，完成學業後，她加入了志願者團體。又過了兩年，她結了婚，和丈夫搬到一個人間地獄：德國哈士塔市（Rastatt）一個廢棄的軍營，那裡住了一些被稱為「不適應社會生活」的家庭，當時法國也給貧窮家庭貼上這樣的標籤。面對這些家庭，德國當局給的不是一般住房，而是臨時住所。住在那裡的時候，艾瑞卡生下兩個孩子，並且皈依為天主教徒。幾年前她因為癌症過世，一直到最後，她仍然忠於她平安喜樂的行事態度，請人把赤貧家庭的卷宗帶到病榻前。藉著不斷更新這些記錄，她知道自己為窮人留下歷史，也為他們的解放做出貢獻。」引用自《親吻窮人：若瑟神父與第四世界運動》，若瑟．赫忍斯基神父（Fr. Joseph Wresinski）著，心靈工坊，頁二五七。

引言
由最貧窮的人來閱讀的福音

對一個神父來說，能夠參與《由……讀的福音》系列叢書，是多麼大的良機！有機會告訴自己並告訴別人，他如何學會認識到福音中合一的光輝、完美無瑕的一致性和普世性，他如何看出福音是傳報給每個時代和每個人的好消息。這恩典是透過誰以及如何臨到他身上的？對我來說，最重要的是天主的這個恩典，這麼多年來，我覺得把它寫下來是自己對教會的一種義務。

然而，在接受邀請時，我確定自己充分理解了這項要求嗎？「由……讀的福音」，這不是由學者專家為那些已經非常內行的讀者重讀、甚至是重寫的福音嗎？本系列叢書的某些介紹可能會讓人這樣以為。「發明其他用詞，好在今日世界重述福音的訊息，這不只是一種翻譯的功夫，而是改編，推陳出新。……寫一個適合這個時代的比喻，耶穌自己會這麼做的……每個時代，每個人類團體，每個人不都受邀去撰寫自己的祈禱，寫出他的幸福計畫？說到底，就是寫他自己的福音？」這段描述出自《由夏勿略[13]所讀的福音》的書封封底，另外，本系列另一本由郭蕎[14]執筆的序言寫道：「有很多種方法可以回憶起耶穌，有好幾種善度門徒生活、實踐耶穌教導的方式……。」

發明其他的字詞，創造其他的比喻，翻譯福音，不斷更新，以傳新意，事實上，很多人在這方面做出努力，試著把自己的最好貢獻出來。他們在歷史深處尋找福音，當然不是要改變它的精神，而是要更新它的語言，好讓當代的人能夠理解。此乃必要的努力，因為人們覺得有需要。不過，是為了得到什麼結果，為了誰的利益，更新誰的語言？而且首先要釐清，在耶穌的時代，福音使用的語言，是對誰講話？我們確定在當時那個異質性極高的猶太社會中，那是當時的慣用語，是所有人都能馬上理解的嗎？如果吾主選擇的一些詞語、舉的一些例子、做的一些手勢，是為了讓某些人可以立即理解，但，其他人需要作出更大的努力才聽得懂，那會怎樣？透過練習各種翻譯，我們是否確定自己忠於他的初衷？

所有這些問題在在讓我感到困惑。這讓我更加猶豫是否要加入這種走向福音的方式，好像要穿越時光，走向一個古老的國度，得要透過翻譯才能溝通；但我從小至今所經歷的，卻是完全相反的旅程。對我來說，走向福音一直就像是回到故里一樣。進到主耶穌來來去去的那些地方，我發現自己重回老家，那麼熟悉，那麼有臨場感。作為貧窮的小孩，在家裡，三餐很少能吃得飽，我的母親由於一窮二白，不斷受到恥笑。也因此，那些圍繞在耶穌周圍的人，他們的面容和聲音對我來說是如此熟悉；但是，在學校或我們家聖雅各街附近其他

13. 譯按：夏勿略（Xavier de Chalendar，1926－2015）是「由……讀的福音」系列叢書的主編，也是本系列叢書的第一本及最後一本書的作者，這套叢書始於一九七九年，終於二〇〇二年。夏勿略是巴黎教區的神父，創立了《諾言》（Promesses），一份思考聖經的季刊，他也是許多關於聖經和宗教教導書籍的作者。

比較富裕的大戶人家，我找不到這些身影。走進福音的世界，我不需要別人翻譯，反倒是在面對身邊較富裕的生活圈時，才需要翻譯。

在童年時圍繞著我的世界裡，第一次和教會的相遇，是透過教區中代表教會的一些人，首先是我的本堂神父，一個非常聖潔的人，他後來成為我的主教；此外，還有善牧會的修女們，我還不到五歲的時候就在那裡擔任彌撒的輔祭。我已經寫過這個教會[15]，一個貧窮的教會，經常受到誹謗。但是，在我兒童的眼睛裡，她卻沒有任何一絲絲的傲慢。教會尊敬我那窮於應付的母親，左鄰右舍並不經常給得出這樣的尊重，當然更別提那些僱用她當女傭的名門顯貴。我從母親那裡學會祈禱並信任天父。夜晚，她經常坐在我們家的陋室裡，一動也不動，默默請求上主幫忙解決困境，不過，我們是那麼的窮，有解決辦法的話肯定是奇蹟。也許，她只是祈求上主幫助她承受難題無法解決，幫助她學會怎麼接受這個事實，湊合過日子，因為常常想到「總是還有人比我們更窮」？就這樣，我學到教會本身是謙卑的，而且她（教會）尊重那些比她還要卑微的人。對我來說，毫無疑問，上主是一位能夠理解並提供幫助的天父。在一窮二白的時刻出現的援助，即使是我自己想到的辦法，也讓我相信上帝不會拋棄我的母親。我童年時期的宗教教育就這樣開始。對我這樣的貧窮小孩來說，窮人的教會早在梵蒂岡第二屆大公會議[16]之前就已經存在。不過，走向出自窮人話語的福音，這部為了最貧窮的人所宣報的福音，則是出自當代赤貧者

14. 譯按：Georges Wierusz Kowalski（1931－1990），巴黎教區的神父，巴黎天主教學院（l'Institut catholique de Paris）神學教授。

15. 《親吻窮人：若瑟神父與第四世界運動》（二〇一三），若瑟・赫忍斯基神父（Fr. Joseph Wresinski）著，楊淑秀、蔡怡佳、林怡伶譯，心靈工坊。

的引領，他們慢慢引領我的步伐，一步一步走向它。

我們家經常面臨骨肉離散的威脅，由於我的母親依賴慈善救濟，因此永遠無法按照自己的心意做事，別人極力建議她把孩子送到歐特耶（Auteuil）的孤兒院。我們這一家，生活在兩個不同生活圈的邊界，一邊是因為赤貧而聲名狼藉的社區，一邊是大眾化的勞工社區。因此，我慢慢發現圍繞在耶穌周圍的群眾會有什麼樣的臉孔，他所說的話對不同出身的人意味著什麼。撒瑪黎雅婦人，客納罕婦人，善良的右盜，站在聖殿後方的稅吏[17]，因為找回一個「達瑪」而驚動朋友與鄰舍的婦女[18]，他們對我來說是如此熟悉。卑微的群眾，後面老是跟著一些處境更加窘迫的男女老少，總是遲到，推來擠去，讓大家覺得不舒服，還暴露他們的傷口、他們的疾病、他們的痛苦……這一切，我一點都不感到驚訝，甚至似曾相識。我總覺得早已見過他們了，而且確實如此。故鄉昂熱（Angers）下城區最貧窮的那些人，時而融入群眾當中，時而被排拒，退回自己的社區、閣樓，陰暗且沒有衛生設備的公寓。不管時空怎麼變化，這群人並沒有真正的差異，他們的言談舉止是一樣的。多虧了他們，我學到像回老家般在福音中自處。這種親切感不是一個人出生在哪個時代或那個國度的問題，而是跟一個人的社會條件有關，真正的差異在於你是窮人或條件優渥。前者可以理解耶穌的話，甚至因此歡欣鼓舞；後者無法進入狀況，甚至會批評他的言論，質疑他的奇蹟，拒絕聽從，不肯相信。我在很小的時候就極其幸運地

---

16. 編按：天主教會於一九六二年至一九六五年召開，是天主教會第二十一次大公會議。
17. 譯按：語出《路加福音》18，9－14：「耶穌也向幾個自充為義人，而輕視他人的人，設了這個比喻：「有兩個人上聖殿去祈禱：一個是法利塞人，另一個是稅吏。那個法利塞人立著，心裏這樣祈禱：天主，我感謝你，因為我不像其他的人，勒索、不義、姦淫，也不像這個稅吏。我每週兩次禁食，凡我所得的，都捐獻十分之一。那個稅吏卻遠遠地站着，連舉目望天都不敢，只是捶着自己的

結識了一些人，他們比其他任何人都更能充分意識到奇蹟的重要性。我身邊圍繞著許多家庭，他們能夠理解基督為最貧窮的人所做的選擇，理解此舉之不可思議、完全異乎尋常，而且前所未有。我不需要絞盡腦汁去想像吾主的目光與腳步經常轉向哪些人。瘸腿的、失明的，那些因為丟盡顏面而哭泣的人，那些急急忙忙跟隨耶穌而沒有準備口糧的人，每一個我都認識。

我可以說，我欠他們福音。意思不是說他們教我掌握福音複雜的歷史和靈修背景，也不是說他們對經文做出令人滿意的詳細解釋。我欠這些被時代粗暴對待的人，有時他們因苦難的折磨而面目全非，他們讓我感覺到自己一直浸泡在福音中，吾主就在巷口的轉角處，他所偏愛的人就在我身邊，他的精神無處不在，奇蹟就要發生。皈依和救贖就在一個母親的眼淚背後，或是一個男人的焦慮背後，他來告訴我：「神父，我撐不下去了……。」我深信最貧窮的人出現在耶穌的時代，並且千百年來，日復一日，他們依然在真實的福音中繼續生活著。不是說他們必然能夠給出各種有學問的解釋，但他們能夠立即感受到真理的本質和要義。由於他們所遭受的苦難，他們有一種直覺，也就是上帝的計劃是唯一可行的，而其他人則問自己千百個問題：「這真的是耶穌的意思嗎？」與享盡特權的人類同胞相比，最貧窮的人更能引導我們進入默觀和冥想。他們讓我們停止批評和推理，為愛的奧祕騰出空間，福音是最完美的活歷史，亙古通今，繼續在我們面前展開。

胸膛說：天主，可憐我這個罪人罷！我告訴你們：這人下去，到他家裏，成了正義的，而那個人卻不然。因為凡高舉自己的，必被貶抑；凡貶抑自己的，必被高舉。」

18. 譯按：語出《路加福音》15，8－10：「或者那個婦女，有十個『達瑪』，若遺失了一個『達瑪』，而不點上燈，打掃房屋，細心尋找，直到找着呢？待找著了，她就請女友及鄰人來說：你們與我同樂罷！因為我失去的那個『達瑪』又找到了。我告訴你們：對於一個罪人悔改，在天主的使者前，也是這樣歡樂。」

很久以後我才意識到，由於大家對耶穌的社會地位（social position）有歧見，所以，這個問題可能存在著誤解。祂選擇了哪一類的人所屬的社會階層？祂在哪一類人的人格和生存方式中誕生，並受到鑄造？他在那個模子裡被澆鑄到甚麼程度呢？他，上帝的兒子，是否只是為了策略或教學目的而選擇站在弱勢者這邊？還是他真的變成了一個貧窮的人，被塑造成一個「在各方面與我們相似，只是沒有罪過」[19]的貧窮人？如果他真的讓自己成為貧窮人，而不僅僅是宣稱自己站在窮人這邊，那麼，他的生活條件到底是有多窮？耶穌只是當時眾多窮人中的一員，僑居在貧窮和受壓迫的百姓中間，是一個工匠的兒子，在他所屬的卑微社群中擁有一席之地？許多人這樣介紹他。然而，他的出生和死亡，都被排拒在城外，不僅如此，他的整個存在和教導，不是都在召喚我們做出更進一步的辨識？

事實上，他是粗工的兒子，一個按件計酬的木工，做的是農民不願親自動手的粗活。這個粗工顯然外貌看起來就已經很窮，以至於抵達白冷城的客棧時，人家可以毫不猶豫地把他帶到附近的一個山洞裡；只有強盜和牧羊人的孩子才會出生在那種地方。在一個已經轉向定居、有序耕田種地的民族眼中，他們是跟不上時代、無法適應社會生活的一群人。在他們中間，不僅盜竊頻傳，而且他們還從事那些容易引發偷竊的行業，落入不潔，傷風敗俗。這個孩子在流浪中被養大，他的父母逃到內蓋夫（Néguev）[20]，在那裡，異鄉人注定要

19. 譯按：出自《希伯來書》4，15：「因為我們所有的，不是一位不能同情我們弱點的大司祭，而是一位在各方面與我們相似，受過試探的，只是沒有罪過。」

失業，除非他們接受奴隸幹的苦差事。這個年幼的孩子最終返回自己的故土時，他的父親得在一個日漸貧困的鄉土找到一席之地，他所屬的這個窮鄉，因為匱乏和沒甚麼文化而受到鄙視。在被羅馬人剝奪田地的百姓中當個木匠意味著什麼，失業的人民不得不坐在路邊等待地主，或許會被叫去做幾個小時的臨時工？在這個一天比一天還窮的納匝肋，一個粗木工能有什麼樣的客戶？耶穌是猶太人，不過，是哪個猶太人？他當然是達味家族的耶穌，還有加里肋亞的耶穌，一個被懷疑儀式不合禮節的百姓之子，那個地方道德敗壞，時有暴動發生，還湧入大批沒受過割禮的外邦人和異教徒。耶穌所屬的這個加里肋亞，因為被汙名化，又被當成沒有文化，是耶路撒冷的司祭和法利塞人極力避免接觸的。耶穌在這群百姓的赤貧者中間，也因此，我們可以說，他青少年的時候，一定已經認識了不虔敬（ungodly）的希臘人。

上帝不是在製作一齣戲，也不像今天的心理學家那樣，在玩「角色扮演」的遊戲，怎麼可能不認出這個事實？我們怎麼敢揣測祂任意用了一種「場面調度」的方式來啟迪人類？怎麼能夠不承認上帝毫無保留，愛人愛到底，從最底層將他的兒子引進世界，化身為窮人中最貧窮的一位？一個朋友最近還跟我說：「在耶穌那個時代，沒有所謂被排擠的百姓。」這樣的主張是對降生成人的上帝之子的認真解讀嗎？或者這僅僅是對人、對窮人，對貧窮和壓迫的一種最低程度的理解，認為弱弱相殘，受到壓迫的人遲早會反過來欺壓比他們更弱

20. 譯按：內蓋夫（Néguev）在《聖經》年代的希伯來語的意思就是「南部」。整個內蓋夫差不多占了以色列南部的大部份地域，幾乎是以色列國土面積一半以上。

勢的人？

如果上帝真的愛人愛到底，如果這不是一種假裝的手法，而是真正履行了祂對人類的承諾，那麼基督就完全領受了赤貧者的言行舉止。無論他說甚麼，做甚麼，他們都可以完全理解。而且更好的是：他們可以親自跟他交談，簡單地回應，甚至可以與他爭辯，但不是用富人那種方式，他們不會為了跟他爭辯，就故意設下陷阱。赤貧者可以挑戰他，像是一種激將法，駁得他無言以對，讓他確認你所希望的，並說出你希望從他口中聽到的話。物以類聚，人以群分，在福音中，耶穌在自己人的圈子裡，講話和做事，完全自由自在，他的同胞也跟他對答如流，不需要裝腔作勢。那些在今天繼續與赤貧者來往的人可以為這件事做見證。對最貧窮的人來說，他們彼此存在與說話的方式，一眼就可以認出來，亙古不變，一直到今天仍然是完全可以理解的。

在本書中，我們將試著談談最貧窮的人與耶穌之間的日常生活，兩者的相似性[21]（the kinship），他們如何與祂交談以及他們如何解讀祂的生平。我們也會發現，從古到今，赤貧者之間的相似性超越時空，這使所有的中介、所有的轉譯或換位都變得多餘。多虧了他們，福音已不僅僅是一個閱讀的文本，而是一片天地，我可以去到那裡，和一群人見面，他們的言談舉止是如此熟悉，有著如此值得被愛的個性。因為我深愛身邊那些被赤貧殘害而支離破碎的家庭，所以我一直急著想加入那些簇擁著基督的群眾，而且，很自然的，他們在我心中同樣珍貴，同樣動人。在福音中默想並愛耶穌（我不敢說：跟他來往），與那些祂如此憐憫的人來往，愛著他們，替他們感受到一種無限的感激之情，這實在是無法估量的恩典，只有非常窮的人才能為那些享盡各種資源的同胞獲得它。在福音中，有我的母親和我以前在聖雅各街的鄰居們，還有當神父之後，幾十年來認識的數不清的家庭，他們是這麼的貧窮，這麼的受到鄙視。我唯一能見證的是這樣的一部福音，其中的相遇，經常是苦樂參半。除此之外，我不認識別的。而我認識這部福音的唯一管道，是最貧窮的人教導我的默想和愛。正如聖保祿所說，這是一種透過心靈的眼睛獲得的知識，僅此一途，最貧窮的人沒有別的方法。

這樣的見證只能是一種恩典之舉，就像之前在本系列叢書的其他見證一樣。我的解讀，與最貧窮的人對福音的解讀，完全不會與他們的觀點發生矛盾。為了進入福音的核心精神，所有真誠的嘗試注定要相遇相通並互為補充。因為主基督，以生於赤貧的身份和最貧窮的人對話，也以同樣的溫柔，和有餘裕的人、和富人、和富人中的巨亨說話；他對知識分子、有權勢的達官顯要以及那些代表「眾生」的窮人講話；他不排斥任何人，他與所有人交談，無論他們是善意的、冷漠的還是充滿敵意的。不過，他要求一些人付出更大的努力來理解他立即向另一些人揭示的道理。對那些身居高位、掌握知識和權力的人，他希望他們努力領會他直接向弱小和卑微的人所透露的。亙古以來，一直都

---

21. 譯按：親屬關係，法文原文是parenté，英文譯本翻成the genuine kinship，多加了「真正的」（genuine）這個形容詞。Parenté有幾個意思，親族關係、親屬關係、親戚關係，〈轉義〉同源，同種，近似，相似。

是如此，我們也可以試著透過我們這個時代最貧窮的人的目光來理解這一點。重點是，每個人所處的條件不同，基督據此要求大家做出不同的努力，但他對所有人都表現出平等的愛。耶穌基督對富人提出其他的要求，是為了榮耀他們。他的教誨跟他們息息相關，他也同樣深深地愛著他們，即使他馬上就引領弱小者進入他的教導。透過最貧窮的人來閱讀福音，這愛散發出所有的光輝。

一路走來，我們最終會發現，即使謙卑和弱小的人理解福音的能力比其他人更強，但是，對他們來說，天國的實現並不必然就比較容易。他們自己似乎也深深同意，必須以一定的代價換取人與人之間的和平、團結和友愛，代價因每個人擁有的可能性而異。他們沒有跟天主要求各種權利，他們也不認為自己應該得到甚麼特權。他們請求寬恕，並希望參與共同的努力。這一點，我們也會試著提出說明。最貧窮的人從福音中為自己和全人類吸取了什麼樣的教導、甚麼樣的行為準則？

像最貧窮的人教導我的那樣去默想福音，去閱讀和體驗好消息：是的！但永遠不要忘記，他們與耶穌基督的親密關係將永遠是個奧祕，是人間的筆墨永遠無法交代清楚的奧祕。

第一章

曠野的誘惑，或不可逆的選擇

La tentation au désert ou le choix irréversible

本章譯者：楊淑秀

一個出生在貧困家庭，處於貧困階層的人，生活總是充滿焦慮，蒙羞受辱是家常便飯，他不可能想要維持這種生活處境。即使對自己所屬的階層有歸屬感，即使為了更美好的生活，他懷抱著需要團結一致的信念，依然不足以讓他甘心成為一個被鄙視的人，因為這與人的本性不合，而且違反人的天命。貧窮、物質的匱乏、遭受強者壓迫，這一切當然令人難以忍受。然而，第四世界的家庭日復一日教導我們的是：真正令人無法承受的是受到鄙視，並且別人不斷提醒：你是劣等人、寄生蟲，對社會沒有任何用處。令人無法忍受的是：連自己的親人都把你當成一個沒有尊嚴的人：「別人把我們當成沒有任何價值的廢物……我們又不是狗，為什麼在市政府受到這樣的羞辱？」

貧困和赤貧（極端貧困）的差別在哪裡？赤貧者處於一種令人難以忍受的情況，這般痛苦卻被漠視，或是更糟，被當成是本來就不應該出生的害蟲，可是，在內心深處，他知道自己畢竟是個人。想要尊嚴，夢想成為有用的人，卻一再被否定，連那些沒有比他富裕多少的鄰居、雜貨店老闆、郵差……都瞧不起他。這就是赤貧。這就是貧窮與排斥的差別。

我很小的時候就學到貧窮與赤貧之間，有一條看不見的界線，我看著界線兩邊的人馬保持距離，即使團結起來對他們更好。我看著我母親和那位鄰居大嬸間時好時壞的關係，這位大嬸比她更慘，被拋棄得更徹底，所以用酒精麻痺自己。我親眼目睹鄰舍發生一幕幕暴力的場景。同樣都很貧困的家庭，互相指責對方：「我跟他們不一樣，他們是小偷，我甚至不認識他們，看看他們是怎麼在照顧孩子的，根本沒在管。」

至於鄰居的小朋友，有飯當然一起吃，就像我媽媽也會請隔壁大嬸的兒子來吃飯，即便家裡只有一點點飯菜。但是，這樣就可以說彼此是朋友了嗎？還差得遠。此舉離所謂的敦親睦鄰、所謂的互相取暖，還差一大段，還有一步幾乎難以跨越的障礙。就好像如果你選擇和一個比自己更窮的人站在一起，就意味著否認自己，就意味著放棄自己的尊嚴。

透過日常生活的經歷學到的這一課，促使我不斷地轉向在沙漠中受試探的耶穌，此舉總是帶著恐懼，但，也總是飽含驚嘆。在我看來，這件事跟它所蘊含的奧祕實在很難用人的肉眼來衡量。即便如此，我還是忍不住一再默觀這一幕。其中蘊含天主子在世間的命運，赤貧者的解放，事實上，全人類的解放就在那裏上演著。

當我們想像耶穌在世界歷史進程中帶來的大逆轉時，怎麼可能不感到天旋地轉？從這一刻開始，萬事都跟從前截然不同，一切都變得可能，無論是富人，窮人還是受到排斥的人。敬畏、羞怯和無限的感激之情在我心中交織，因為打從少年時代，我就從至貧同胞身上學習，數不清的學習。

在抵達接受試探這一關之前，我們知道天主的意願是要祂的獨生子在最卑微的百姓中成為人。在伯利恆（或稱白冷），是天主在說話。因為，不管哪一對夫妻，即使在毫無準備的情況下抵達異鄉，也沒有人會帶他們去到一個山洞，連外來人口大量湧進的時候也不會這樣。無論是哪一個母親，不會被這麼無禮地對待，被囑咐要在那種環境下臨盆，迎接自己的頭胎男孩。只有牧羊人的孩子跟雌羔羊才會出生在那種地方。瑪利亞之所以被引領到那個地方，是因為按照天主的旨意，祂的兒子必須要誕生在這群露宿者之中；這群人沒去參加宗教儀式，遭人議論，因為他們的職業被視為不潔，所以法官不採用他們的見證。透過這群不上教堂的牧羊人，是天主自己在說話。就像祂今天透過這些在法庭被粗暴對待的家庭，繼續在跟我們說話：「拜託，閉嘴⋯像你們這種人，住在老舊的卡車，還到處撿破爛，你們要別人怎麼認真對待你們？」透過這些家庭，天主提醒我們祂對世界的計畫。天主還透過布尼（Burnier）一家人，清清楚楚跟我們說話。布尼這對年輕夫妻既沒有遮風避雨的房子，也沒有正規的工作。在嚴冬，大巴黎地區的區政府只提供他們一片遮雨布避寒。而同一時間，同一個區政府分配給孟籬（Meunier）家一套社會住宅，因為孟籬先生是一名合格的焊工，給政府提供了支付租金的保證。就在一九八三年的冬天，臨盆的時刻到了，因為沒辦法去醫院，布尼夫婦的兒子就出生在帳棚底下。

從伯利恆到納匝肋，天主聖言成了血肉，選擇出生在一個既沒有聲望、也沒有任何安全感的勞動者的家庭，甚至無法保證孩子能夠活下來。耶穌基督的童年就在赤貧的邊緣度過。他會有時間深入了解極端貧困的含義，而且我敢說是徹頭徹尾地理解。

他將體驗顛沛流離的滋味，理解流浪的家庭都被甚麼樣的氣氛籠罩；在流亡的生活中，得到處向人央求工作才能換口飯吃。他會發現重返故鄉的木匠怎麼過活，過去的木匠已經失去他在社區原有的位置，多年沒有操練的技能已經變得生疏。耶穌會知道，在一個已經很貧困的生活圈裡面，出生在比大多數人更貧窮的家庭意味著什麼。耶路撒冷當局完全看輕加里肋亞，他將生活在社會的最底層。

那樣的底層，無論在哪一個時代，哪一個地區和哪一種文化中，在這群沒有土地的本地苦力者身邊，總是混雜著各種身份不明的人、異鄉人和各式各樣的流浪者，被另眼看待的可疑人物或被視為不潔的人。

身為窮人，生活在一個物質匱乏的社區，大家多多少少都缺這少那，社區裡面的全體居民都因為嚴厲的緊縮政策勒緊肚皮，這是一回事。但是，如果你比大多數人更窮，因為居無定所，像失根的浮萍，別人用施捨的態度可憐你，甚至懷疑你，那又是另一回事了。

上主似乎要讓耶穌遇到極端貧困的犧牲者，希望祂能了解赤貧的粗暴在他們內心釀成的重擔，導致他們感受到笨拙和絕望。赤貧和排斥既不會讓你變得美好，也不會讓你更具魅力。赤貧和排斥不會教你使用優雅的語言，不會指導你合宜的舉止，當然也不會讓你變得更有自信。它們只會讓你變得破碎，就好像一個靈魂碎裂的人，得完全看別人的臉色過活，永遠不知道自己可以倚靠誰；讓你不知道對別人，甚至對自己可以有甚麼指望。耶穌會認識到貧窮和赤貧的差別。而且，在他的家庭裡面，他將學習到，經歷過流浪、排斥和屈辱，要付出多少外人難以想像的努力，才能保護到家庭的完整。他將與父母一起成長，他的雙親被視為義人，因為他們為了忠於天主的計劃，承擔了嚴重的孤立、貧困、不安和輕視。

因為認識並經歷了赤貧者的悲苦，所以耶穌與底層百姓十分親近，我們將在沙漠中，在他受到誘惑的現場，再次遇到這個耶穌。這個誘惑遲早要來。該來的終究要來，輪到兒子自由選擇父親為他擬定好的計劃。為了徹底地服從，這個選擇必須是基於對現實充分的理解，這就是基督的抉擇。對許多今天的基督徒來說，這樣的選擇似乎依然難以置信、無法接受。然而，主耶穌認識的，不僅是他選擇的生存處境，受試探時，他面臨的選擇不僅是他在世間將承擔的處境，在這個時刻，耶穌堅定選擇的，更是那些不得不忍受赤貧處境的百姓。在貧困的群眾裡面，耶穌偏愛的是那些除了他之外，沒有人會選擇的人，也就是那些跛腳的、患了痲瘋病的、聲名狼藉的、從娼的、癱瘓的，還有那些一般窮困者寧願視而不見的，也就是那些處境最悲慘、最脆弱的人。關於這點，我們是見證人，日復一日，在世界各地，在各種文化，我們都意識到這點。環繞在耶穌身邊的這些面貌和比喻萬古常新，適用於每個時代。

誰是世上最不幸的人？難道不是那個甚至無法自稱是勞工的男人？也因此，沒有任何形式的勞工組織會來找他，更不會替他維權。寂寞、卑屈和臨時的勞動磨損他的雙手，就業市場留給他的只剩打掃、卸貨和搬運，他的僱主常常也是跟不上那個時代的經濟生活的人。今天，他變成一個長期處於失業狀態的人，陷入失業之前，他甚至不曾有過真正的勞工生活。誰會比他的妻子更可憐？他們甚至沒有合法的婚約，懷孕了也不敢讓社工知道，被迫放棄產前檢查，因為害怕失去嬰兒的監護權。誰會比她的長子更可憐？上學的時候聽到同學說：「走開，臭死了！而且，我媽媽叫我不要跟你玩，因為你只不過是長滿頭蝨的骯髒鬼！」

一直到今天，殘障者仍然走在顛簸的路上，夜晚，被當成碰不得的賤民依然徘徊在街道上，等待救世軍或厄瑪烏協會的麵包車經過，等著別人提供熱湯和優格（或稱酸奶）。一如在撒哈拉沙漠南邊各城市的街頭，還有那麼多兒童和少年，他們不是被家人趕到大街上，而是因為飢餓而逃荒。一如在荒野或在舊棚子下面，依然可以發現被離棄的婦女，被指控施行巫術的寡婦，還有那些因為沙漠化鬧乾旱的村莊裡，被當成累贅的孤兒。痲瘋病人仍然在世界各地；當然，今天的痲瘋病人可以獲得耶穌那個時代無法得到的照顧，也不再被貼上可怕的標籤，即便如此，在缺乏醫療照護的地方，最窮困的痲瘋病人依然無法接觸到外界，或是被關在暗無天日的地方，或是被趕出部落社群，甚至被綁在樹上。在後面的章節中，我們將會見到許多最貧窮的人，他們是主所揀選的，他對他們認識很深。即使是現在，我們也很容易在我們中間認出他們。

耶穌基督既選擇了他們的生存境況又揀選了他們，對此，我們還有任何懷疑嗎？有些人認為耶穌那個時代沒有排斥這回事。他們說，排斥是一種現代的現象，而且是西方社會的特殊產物。這種說法對最貧窮的人造成了相當大的傷害，在發展中國家他們同樣被排除在外。這讓我們無視於他們極端的噩運，因為他們沒被看在眼裡，而其他窮人卻能對即將出頭的日子有所盼望。無視於他們的苦難，也是一種否認他們在天主的國度擁有貴賓席位的方式。

我們渴望看到窮人能夠團結起來，這樣的渴望有其正當性，但，卻還是有可能曲解了基督？他不斷打消我們這種念頭，他看到貧困百姓背後還有一群被排斥的至貧者，他把他們從陰影中帶出來。被排斥者確實存在，福音告訴我們耶穌對他們特別溫柔。如果古往今來，飽受排擠的赤貧者確實一直存在，那麼，如果我們聲稱主在降生成人的過程中半途而廢，那不是在冒犯主的真誠嗎？上主將自己的兒子放在馬槽裡，就意味著祂並非是一個只做半套的主。在沙漠接受試探的時刻，耶穌選擇完全順服他的父親時，他的答覆會有任何保留嗎？主會替自己的愛設定界線嗎？他化身為人，取了人的境況，他會停在半路不肯貫徹到底嗎？《瑪竇福音》的文本極其審慎，似乎不允許有這樣的解讀。

「你若是天主子，就命這些石頭變成餅吧！」（《瑪竇福音》4：3）飢餓的耶穌，飢餓者的兄長，拒絕將任何一塊石頭變成餅。他拒絕的不只是「某種權力」，他放棄的是這個世界上所有的經濟權力。就在四十天前，有聲音從天揭示：「這是我的愛子，我喜悅選擇的那位。」（《瑪竇福音》3：17）有三十年的時間，耶穌浸泡在窮人的境況中，他會從天父的肯認中汲取任何物質上的好處嗎？「人生活不只靠餅，也靠天主口中所發的一切言語。」耶穌自己就是天主的話。面對這個事實，石頭是否會變成麵包的問題就變得毫無意義，根本不需要再次追問。

然後魔鬼換了詭計，試圖提供政治權力、世俗的榮耀和力量：「你若是天主子，就跳下去吧！因經上記載：『他為你吩咐了天使，他們要用手托著你，免得你的腳碰在石頭上……。』」耶穌，最謙卑的長兄，是否想過要對這個世界進行反擊？「你不可試探上主，你的天主！」基督不可能將任何個人利益誤認為是上主的計劃。事實上，耶穌說：「對我來說，只有我父親的利益和關懷，此外，沒有其他的利益值得追求。」

最後，魔鬼帶他上了高山，將世上的一切國度指給他看：「你若俯伏朝拜我，我必把這一切交給你。」這是在把絕對的政治權力交給這個加里肋亞人，而他深刻意識到為政者的橫爭暴斂和壓迫。他能夠衡量一旦手中掌握了政治力量，可以為遭受壓迫者帶來立即的紓解。然而他卻說：「去吧！撒殫！因為經上記載：你要朝拜上主，你的天主，惟獨事奉他。」這句「去吧！」表達的難道不是一種無條件且永不回頭的選擇？藉此，耶穌難道不是在明確表明他堅定的意志？他要和那群百姓在一起，即使他們不會給他帶來任何權勢或聲譽，相反地，他會因為他們而蒙羞受辱。昨日一如今日，最貧窮的人，不僅不能給他帶來任何幫助，他們甚至會讓他受到更多的猜疑；更糟糕的是，他們將被誘導去否認他，這點，基督心知肚明。他非常了解自己人，他知道赤貧會驅動這些人背叛唯一可能會跟他們當朋友的人。

我們怎麼可能認為耶穌會為自己保留任何安全感，不管是多麼細微的一小片？面對他前所未有的多重捨棄，明確捨棄所有的權力，我們的懷疑難道不是一種侮辱？對於我們謹慎的解讀以及我們不願意接受他犧牲到底的事實，我能找到的唯一解釋就是我們害怕看到他選擇了絕對的脆弱並害怕必須徹底跟隨他。為什麼我們拒絕承認：基督在選擇脆弱無助時，選擇站在脆弱的無助者那邊，唯一的解釋是：我們害怕那些面容被嚴重損傷的同胞。你不可能選擇犧牲者的境況，卻不選擇犧牲者，果真如此，這就又是另一種半途而廢的方式，不但加劇排擠，而且名不副實：我會遭逢他們的境況，但是，我不會跟他們分享。

這將是一種濫用決定的權力來為自己贏取名聲的手段。果真如此，耶穌就逃避了最令人感到羞辱的境況：那就是沒有選擇，也沒有承受在他周圍最受誹謗的人所承受的恥辱。這就是被推擠在貧民住宅的家庭日復一日教導我們的。自己一個人過活，或許還可以避開羞辱，但是，一群人被趕到同一個地方，他們沒有任何機會抵禦羞辱和自卑。基督後來經常公開和貧困百姓中最被鄙棄的人來往，導致名譽受到連累，並非偶然。

但是，我們怎樣才能張開眼睛好好看看基督，看他自由做出這種選擇，而不感到暈眩？即使是最貧窮的人也無法做出這樣的選擇。至於我，滋養並讓我相信耶穌的天主性的，倒不是他行過許多神蹟或他的教義，而是因為他敢於其他人所不敢的，從古至今沒人做過他所做的，以後也不會有。他超越了自由選擇的貧困，因為發貧窮願的還是特權者，可是他完全認同當時和今天一直處於社會底層的人：被遺棄的痲瘋病人，無助的殘疾人士，求助無門的癱瘓者，附魔的人，或是被視為附魔者而被趕到城外山洞的，以及那些被唾棄的妓女，一言以蔽之，所有那些從古至今一直被排擠到邊緣的人。

我覺得這就是耶穌顯示自己是天主子的首要途徑，這不曾停止的實踐方式讓那些完全被拒絕的人成為麵團中的酵母、創建天國的先鋒。「罪人和娼妓要在你們之前……。」（《瑪竇福音》21：31）然而，我們都知道，在當時猶太民族的生活中，罪惡、不潔和極端貧窮是如何糾纏共存，壯大彼此的。當時有一個信念是，那些違法的人是會受到詛咒的，由此激發了輕蔑和歧視，不僅是宗教歧視，還包括社會和經濟歧視。因此，一大部分人落入貧困，而那些被視為受到天譴的人則完全被排除在外，被當成是無可救藥的不潔者，而且不潔之名父子相傳。耶穌在認同他們的時候，不就真正表現出神的境況？他說，異教徒和所有被你們同樣對待的人，還有因為無知被你們從聖殿驅逐出去的人，將來都會排在你們前面。

我覺得，試探的時刻一到，耶穌的選擇所聲明的，正是他的天主性。這個選擇之所以如此震撼人心，是因為他知道背後是為什麼，為了誰，他也知道為此他捨棄了甚麼。他完全知道這樣的決定是基於甚麼樣的原因，要承擔甚麼樣的後果，因為從某種程度來說，他有過雙重的經驗：除了赤貧，他也經歷了赤貧的反面，那就是權勢與光榮。

耶穌拒絕成為掌握權勢者，即便知道自己可以手握大權。他知道鄰居有需要時，把自己也同樣需要的東西分享出去的那種喜樂與驕傲。赤貧者的生活中充滿了這些善舉。他們或給、或借，因為他們自己經歷了那種難以忍受的剝奪與匱乏，他們自己無法接受這樣的困乏，也無法眼睜睜看著其他人缺吃少穿。但，他們之所以給予，也因為給予是最純粹的回報，它讓你更像一個人。要說服自己相信這點，只要稍微觀察一下這些表面看起來毫無道理的舉動：把自己的食物給了鄰居，可是家裡晚餐在哪裡都不知道；給送信的郵差一張鈔票或是給清潔隊員一個紅包，但是，家裡的荷包裏面卻連給孩子買新鞋的錢都沒有。就像我母親說的，他們給了自己所沒有的，他們把已經放到嘴邊的麵包抽回去。我母親為自己的孩子這麼做，也為鄰居那位喝酒的大嬸的兒子這麼做；也為一樣住在聖雅各路那位被拋棄的寡婦這麼做，這位女士，死後十五天才被發現餓死在家裡。

如果能把石頭變成麵包，會是多麼美好！可以讓飢餓的人吃飽，對窮人來說，這是多麼大的誘惑！耶穌深刻意識到這點，而且他放棄這麼做。當然，時刻要到，他會開始行奇蹟，讓餅增加。但是，這些奇蹟所象徵的完全相反於誘惑者想賦予的意義。這些奇蹟正是窮人的日常舉動，想表達給窮人的正是：基督是他們的一份子。耶穌的這些舉動總是讓我感到讚嘆。它們清楚地表明耶穌知道那些標記能夠讓至貧者解讀出他的生命和訊息，能夠認出沒有人能用語言向他們解釋的東西，那就是他認識他們而且愛他們。這些奇蹟，表達了耶穌與窮人及至貧者的親密關係和默契，一直是愛的信息，而非權力的取得。

耶穌也不願意利用自己的知識來獲得世俗的權力。然而，他知道因為博學多聞而受到關注和佩服是什麼滋味。十二歲的時候，這個出身加里肋亞的少年不是曾讓聖殿裡最有學問的經師大感驚訝？而加里肋亞的百姓不正因為無知而受到鄙視？他不是可以藉此再一次反擊這個世界？手握教導的權力，能夠激發眾人的欽佩和尊重，而不是憤慨、恐懼和仇恨，那種滿足和安全感不是很誘人嗎？上主賦予他的兒子獲得各種知識的手段，讓他有機會預感知識可以給出什麼樣的權力，耶穌心知肚明而且選擇捨棄。

簡而言之，耶穌知道他的子民中被排斥者和所有的窮人都渴望得到的一切，而且他也意識到自己有辦法把這一切送給他們。他可以著手重新組織這個社會，替所有人提供物質方面的保障。他可以建立新的社會秩序，確保他們的尊嚴，提供新技術來減輕他們日常的辛勞並增強他們的創造力。他可以推翻現有的結構，創造新的結構，當然，為此，他必須進入世俗體系所玩的遊戲。矛盾的是，他擁有各種可能性，交換條件是將他的神性屈服於世俗的遊戲規則。這正是魔鬼這個誘惑者所提出的建議，如果他的提議沒有實現的可能性，就不叫做誘惑。魔鬼的話語是有理性的，他說：你有權力獲得榮耀，贏得屬於國王的一切，戰勝你的敵人；你的口才足以讓群眾著迷，他們會死心塌地的跟隨你。在此塵世，你將無所畏懼，你不會失敗也不會被推翻，條件是，你要按照我的規則行事，那就是運用武力，警察和鎮壓的力量……，還有，你得要崇拜我。

毫無疑問，撒旦的承諾讓人陷入窘境，不管對信徒、對教會，或是為各種議題投身的鬥士都是如此。我們看到，想成為一個為正義而戰的政治人物，一個能夠青史留名的國家重臣，世人常常以某種方式與自己想要打敗的邪惡妥協。在立即紓解了受壓迫者的負擔之後，在人民短暫的熱情消逝之後，接下來，就是對撒旦的崇拜，就是流血和以暴易暴的時候，就是再一次造神的霸權，再一次恢復某些人的特權，以及箝制言論和強徵暴斂。然後誹謗、仇恨、腐敗和顛覆將不可避免地一再重演……。

魔鬼和耶穌玩牌，他把牌攤開放在桌面，福音也和我們玩牌，並無二致，此舉提供萬世最重要的政治課程：對受苦受難者而言，以世俗權力為基礎的王國只是騙人的伎倆。它或許會帶來麵包和短暫的滿足感，但很快地，人類發現自己又回到王國的反面，完全相反於正義、友愛和真理。基督不可能接受這種交易。

沙漠的誘惑告訴我們，遵循上主的道路意味著除了他之外沒有別的路徑，只能完全依賴他，就像被排斥者一樣。至此，我們學到的就是這點。福音邀請我們在基督面前跪下，他捨棄了世俗的權力，我們還不知道他將引領我們走向何方。急著想早點知道，反而可能讓我們錯過當下這場重要的會晤。我們預感到天父的事工再也不能與俗事混在一起，總之，不能像撒旦那樣。但就目前來說，重點不是設法了解這將帶領我們走向何方。我們首先要做的只是向基督祈禱，因為他宣布了一個令人費解的選擇。事實上，我覺得福音建議我們在這個時候停下腳步，給自己一段靜默的時間，好能接近耶穌本人。

這肯定是我們這個時代的窮人看事情的方式，耶穌選擇像他們一樣脆弱，當然會讓他們感到驚訝，但也引發讚嘆和喜樂。對他們來說，這是一個經歷強烈體驗的時刻，也是讓人經常咀嚼回味的事件，好充分內化。對許多人來說，這是一場盛宴，原本在黑暗中的期待突然實現了。第四世界的家庭教導我要停下來默觀，不急著理解下一步會怎樣。事實上，如果我們不在沙漠稍作停留，我們就無法理解接下來要發生的一切。

難道不是因為我們不肯保留一點默想的時間，以至於如此輕易誤解福音中的其他事件，並且搞錯我們應當從中汲取的教導？正因為如此，才會有人說耶穌把窮人拋棄在世界的不公不義中，天主的國晚一點才會開始。或者，還有人把耶穌看成革命者，把爭取窮人的福祉當成是一種對其他人的鬥爭，以為透過槍桿子才能解放窮人。如果我們肯花時間默想沙漠中的誘惑，就可以避免這類結論。基督既沒有延遲窮人的解放，也沒有拖延人類的救贖。福音也不允許我們將基督簡化成一個「領袖」，或者更糟糕，把他當成世俗領袖的象徵。上主的視野跟我們天差地別，他將這場奮鬥提升到其他高度，提供其他利器。就在耶穌與撒旦交鋒的時刻，耶穌做出了決定性的選擇，從那一刻開始，一切都必重新思考。

後來，耶穌會說：「我會同你們天天在一起，直到今世的終結。」我將在人間，想看到我，你們只需睜開雙眼，無須再杜撰一個。但耶穌將如何臨在我們中間，我們可以在誰身上認出他來？通過沙漠中的誘惑，他一勞永逸地告訴我們；他不會任憑他的子民感到立場不明。我將與最貧窮、最受羞辱、最被漠視的人站在一起。我將和他們一樣，繼續被遺棄，孤立無助，投告無門，蒙受各種不公不義。這個甚至被公正人士和人權的護衛者所忽視的漢子和家庭，就是我……。

耶穌告訴我們：「我將和你在一起。」但他也說：「你們將和我一起。」所有那些在沙漠中，在聖殿屋脊，在高山上跟我做出同樣選擇的人，你們都將跟我在一起。每當你們可以利用權勢來壯大自己，卻選擇放棄，為了能夠和我的子民中最弱小的人群站在一起，好讓他們獲得自由，你們就和我在一起。每次你們放棄某種特權，某種利益，每次你們冒著失去身份和安全的風險，好使最貧窮的人可以挺立，你們就是在跟隨我。上主會為你們提供選擇，一如他也給了我選擇的空間，你們可以自由接受或拒絕。

事實上，耶穌所受的試探告訴我們，基督拯救世界，不僅是透過他的出生和像窮人般被釘十字架，被當成罪犯，被不公平地對待。耶穌透過自由選擇被排斥者的命運，心甘情願和他們一起蹚渾水，來拯救世界。他的犧牲之所以完美，是因為他自由選擇了這條路。亞西西的聖方濟很可能是最理解這點的人，他可能是最認同耶穌同時是天主子、窮人和受釘刑者的少數人。

幾世紀以來，這樣的認同將成為教會最焦慮的一點，她也必須不斷面對試探。有時她難免覺得誘惑難以抗拒？關於認同赤貧者的必要性，有時教會可能會有所疏失。在那樣的時刻，赤貧者會用種種方式提醒教會：搶奪她的財產，燒毀她的建築物，彷彿在盲目和絕望地抗議自己被她拋棄。教會活力充沛的時代將是她被帶回社會底層，同時也是帶回十字架下。教會活力充沛的時代也將是她不僅發現自己和最弱勢者結合，而且她還要聲明他們是教會的本質；活力也來自於她願意讓自己和赤貧者在此塵世一道墜落，為了和他們一起贏得世界。這將是教會重溫曠野試探的時代，並且跟隨主的腳蹤，拒絕世俗的力量，好讓眾人贏得自由。

這個誘惑，是耶穌生命中的關鍵時刻，這個誘惑，教會、基督徒和眾生早晚都會遇到。當然，每個人會根據他的處境，以自己的方式面對，不但逃也逃不掉，而且誘惑可能會多次造訪。窮人，還有最窮的人一樣必須面對這個挑戰。一個出生貧窮的神父，並且一心想要留在底層同胞中間，也無法逃避它。我經常面對這樣的經驗，在我當工人的時候如此，晉鐸為神父之後依然如此，我經常被帶回上主生命中那個決定性的時刻，那個關鍵的選擇。我總是帶著同樣的恐懼和謙卑重新回到那一刻，在這一點上面，我和這個時代其他許多和不義交鋒的神父、工人和基督徒並沒有什麼不同。在某些時刻，我們中誰不曾受到誘惑，想要晉升為工會或政治領袖？想要運用能言善道的天才，吸引志同道合者，想要展現自己的分析能力，以正義之名，替自己贏得權力和地位？

我從未忘記自己在法國北部泰爾尼耶（Tergnier）當副本堂神父那些年，堂區教友中有許多鐵路工人，年輕的我也加入他們的罷工。我問那些留在自家門口的婦女們：「你們不是最重要的當事人嗎？為什麼不站出來支持自己的丈夫，和他們一起為一個更有尊嚴的生活奮鬥？」記得當時我把教區儲藏室的食物都發光了，那批物資原本是為了兒童夏令營而募集的，而且我費了好大的勁才把儲藏室裝滿。可我卻把這些麵條、白米和紅糖全都轉送給了罷工者的家屬。然後，出現了令人不快的結果，那些曾經協助提供兒童夏令營物資的人，拒絕再次幫助，因為他們認為，我不該冒失地把這些存糧發放給那些罷工者的家庭。

要怎麼承認自己堂區的教友覺得這場勞工的奮鬥事不關己，而且拒絕採取立場？為一個更加公義的社會做出貢獻，並讓社會的結構因此發生改變，難道不是他們作為教友的天職嗎？直至今日，我仍然相信這一點。但是，在擔任副本堂的經歷中，透過參與勞工的奮鬥，我理解到，加入罷工者的行列，並鼓勵他們的妻子積極參與的同時，我卻在不知不覺中遠離了最受壓迫的人，那些更加窮困的下層無產階級：他們在鄰近的柏托爾（Beautor）鎮受雇於法國雅皮（Jappy）家族的工廠，沒有技術，沒有真正的職業，處境最不利、最辛苦，受僱於最低薪、最不穩定、環境最骯髒的工作；他們當然也分霑不到罷工的鐵路工人取得的一些成果。他們不屬於同一類勞工，尤有甚者，他們的情況因此變得更糟。當時雖然沒意識到這一點，但是，日復一日，有一股力量推動我花更多時間與他們及他們的家人相處；眼見著自己被漠視，或被當成不值得為之奮鬥的一群，他們覺得心痛，受到羞辱。鐵路工人和雅皮工廠的非技術勞工之間的關係，顯然沒有因為罷工者的奮鬥獲得改善。

這只是普通的偶發事件嗎？對我這個打從神學院開始，就一直試圖臨在於赤貧社區的人來說，這是一個寶貴的教訓。我讓自己參與一場奮鬥，找到了我的位置，並在那裡品嘗到一種滿足感，結果，就已經開始和赤貧同胞產生了距離。後來，我才更加理解，並因此非常佩服那些工廠較低級別的工會成員拒絕升等的勇氣，因為升等之後，他們就會和工作條件最差的非技術同事離得更遠。在今天所謂的為了「新窮人」所展開的各種奮鬥中，我深信大家應該以他們為榜樣。自七零年代的經濟危機以來，被解僱的這些工人的利益當然應該得到有力的護衛。但是，這些工人昨天還有工作，而且明天可能就可以討回飯碗，我們可以和他們站在一起，卻忽略那些沒有學歷和技能，長期就業不足的人嗎？他們在未來沒有任何機會參與現代化的經濟重組。事實上，基督在面對試探的時候，他的答覆不就是：讓這些最底層的勞動者考驗我們在各種奮鬥中的效率，在每一場奮鬥中，以他們為出發點，接受自己的效率看起來不太有說服力？

當然，誘惑我們的，不僅僅是在奮鬥過程中選擇那些比較容易脫貧的群體，或不去確認從各種計畫中受益的到底是誰？相較於耶穌面對誘惑時那種絕不妥協的態度，我發現自己經常失去平衡。因為做出忠於赤貧同胞的選擇之後，還必須挑選奮鬥的路徑與裝備。這個真正的問題每天都來敲門。因為一個人不能生活在窮人中間，卻袖手旁觀，或只分享他們的悲傷。與最貧窮的人在一起，成為他們中的一員，特別要緊的是分享他們的希望，理解他們如何想方設法過上有尊嚴的生活，如何奮力擺脫過分的剝削。選擇被排除者，就是選擇一場必然涉及日常生活的奮鬥：食物、住房、社會福利和各種援助。在這場奮鬥中缺席，意味著在這些家庭的日常生活和他們的各種希望中缺席。耶穌並不是日常生活的局外人。他實實在在介入了這群子民的生活，而且，在實作的過程中，他從未背叛過他對撒旦的回答：「人活著，不只靠餅……」……「你不可試探上主，你的天主……」、「你要朝拜上主，你的天主，惟獨事奉他。」隨著第四世界運動的擴展，我不得不經常重複告訴自己這點，因為這個運動是由最弱勢的家庭和我們一起創立的。隨著我成為法國經濟社會理事會的成員，定期會見國家元首，在聯合國的重要會議發言，從歐洲經濟共同體或歐洲理事會得到公家的資助，無論如何，我在公開生活中有了一席之地。在那些時刻，我是否仍然忠於耶穌的選擇？第四世界的家庭是我的子民，我無法想像自己的生活和他們有了隔閡。

但是，還是要追問，我是否遵照福音的要求，依然和他們同在？我是否是這群受苦和盼望的子民的聲音？還是說，我所作所為，只是為了自己，我贏得了聲望——假如有的話——那也是他們的嗎？他們的尊嚴終於得到承認了嗎？

最重要的是：我是否身體力行了自己對這些家庭提出的建議，意即隨時準備好要放棄既得利益和地位，好能去尋找比自己更貧窮、更被遺棄的人？我有辦法像基督一樣，放棄各種形式的權力和世俗體系，並且日日新、又日新嗎？面對那些因為過度的痛苦和孤單，而依然被孤立在所有結構之外的同胞，包括那些被第四世界運動排除在外的家庭，我是否依然能夠自由地發現和愛，沒有羈絆地展開行動？赤貧家庭是否能夠依此解讀我的生活，他們能否意識到我的宣講，我在他們的會議中所發出的言論並不是我自己的，而是由聖神啟發，我的日常生活也因此被定義？他們有沒有看到，上主託付我去為他們提供的服務，實際上首先要用來服務他們中最受摒棄、最被譴責的人，即使冒著讓其他人失望的風險？我還是他們中的一員嗎？我是否意識到，沒有他們的話，我什麼都不是，什麼都做不了？

第二章

群眾，總是率先奔向耶穌

La foule, toujours au premier rang

本章譯者：楊淑秀、林立涵
校正：楊淑秀

耶穌已經證明了他對上主和人類的承諾。從現在開始，他的天父為他計劃的生命屬於世人。他將走向何方，將好消息帶給誰？

「耶穌聽到若翰被監禁以後，就退避到加里肋亞去了；後來又離開納匝肋，住在葛法翁，那地方靠海，在則步隆和納斐塔里境內。這應驗了依撒意亞先知所說的話：『〈……〉外方人的加里肋亞，那坐在黑暗中的百姓，看見了浩光；那些坐在死亡陰影之地的人，光輝為他們升起。』」（《瑪竇福音》4：12－16）

依撒意亞說：「外方人的加里肋亞」，而新約聖史瑪竇在此補充並強調耶穌的天命是選擇和各國人民接觸。這個部分的世界代表著一直受到異教徒入侵威脅的邊界，一些外方的社群已在那裏定居。基督將藉著他們向各國人民講話，毫無疑問，就是這麼回事，但是這樣的評論似乎並不完整。

這「外方人的加里肋亞」是片開放與相遇的沃土嗎？難道貧困且倍受其他猶太人歧視的加里肋亞人，竟是促進各種文化交匯相容的首選嗎？我們深切需要跟隨耶穌的腳蹤，跟他一起上路，體會這些加里肋亞人的人性。耶穌在施教時，首先選擇了他們，為了更深刻地認識他們，且讓我們好好默觀。透過他們，我們能更好的理解耶穌如何實現祂在曠野中許下的承諾。這很重要，這對基督的教會、基督徒、乃至眾人而言，是直到末世都至關重大的指導方針。而且，當代的赤貧者要求遇見、認識這些加里肋亞人，好與他們產生共嗚，他們在基督的生命中坐了上位，登上高座。那麼，我們究竟該如何具體呈現這群人的樣貌？

我將目光轉向歐洲、非洲、拉丁美洲極度貧困的地方。看啊，這個在法國南部馬賽市邊緣飽受窮困打擊的貧民窟，那個在荷蘭海牙市的破敗社區，早就排定要整修翻新，卻一再拖延；再往遠處看，在拉丁美洲的某個國家，有一個非常貧窮的小鎮，但它的四周圍繞著幾個更加困乏的小村莊；我還看到撒哈拉沙漠以南一片座落在兩國交界處的荒漠地區，那裡的河水日漸乾枯、土地逐漸龜裂後，將只剩下滾滾塵沙。在所有這些地方，不同的種族混居在一起，來自四面八方的男人與家庭來來去去，彼此的文化與表達方式各不相同。在馬賽與海牙的貧困社區，一如同西歐所有的貧困地帶，在社會的最底層，凝聚了原住民族、移民或各國移工中最窮苦的一群、流浪民族中最貧寒的家庭，還有非法移民，加上其他被禁止居留的人群。我提到的那個拉丁美洲的小鎮，那裡的居民被稱作「拉美移工」，他們雖窮，還是掌握了當地最好的土地以及頗受敬重的工作職位，即使位階不高，對社區還是有一定程度的影響力。小鎮周圍的村莊住的則是美洲印地安原住民的後代，他們是如此的貧困，以至於沒有留下任何得以表達自身文化的外在記號，傳統穿著的習俗遺失殆盡，僅剩下一些表達日常用語的簡單方言，難以表達人類細膩的情感和思想。至於撒哈拉沙漠以南的這塊沙漠化的地區，人口外流，只有最疲憊、最貧苦的人才會繼續依附這片土地。此外，這個地方也會有一些過客，他們是那些因為飢荒或戰爭而逃難的難民、士兵，不管是不是逃兵；另外的過客則是我們在世界各地的貧困地帶都會遇到的商人，他們利用當地窮人的無知和匱乏，撈一點油水，占一點便宜。

在西方城市中最貧窮的家庭、在發展中國家的國境交界處無地可耕的鄉村農民、在世界各大洲被窮困化的少數民族，他們都處於類似的生存條件。無論國籍為何，他們經常混居在一起，同樣缺乏謀生技能、都無力持守各自獨特的文化。他們邀請我們重新思考古時候加里肋亞人的處境：耶穌才剛揀選了最脆弱的一群，現在，來到各國匯聚的十字路口，祂會先向代表各國豐富文化的精英們傳報好消息嗎？或者祂偏愛了一群文化貧脊、漂泊無根的百姓，他們聚集在這塊土地上，甚至無法因為歸屬於某個民族而握有傳遞自身文化的媒介？難道基督不會自然而然就選了後者嗎？祂知道貧窮超出某種底線、飽受拒絕，而且文化失根之後，這群百姓因著他們經歷的苦難，更能立即領悟福音的真義，並且成為福音的傳揚者。就我個人而言，我難以想像加里肋亞的耶穌會做出別種選擇。

可以確定的是，如同古時的加里肋亞——這片外方人的土地——直到如今，貧困者仍然經常準備上路或正在路上，如有需要就跨越國境，只為尋找稍微好一點的生存環境。不過，當時在外方人中的「貧窮人的加里肋亞」也包括猶太人中的赤貧者，「那坐在黑暗中的百姓」包含許多受過割損禮的猶太人。按猶太教義來說，他們並不像異教徒那樣，因為不認識天主而處於黑暗中。然而，他們還是處在黑暗中，因為當時的法利塞人和經師，阻礙貧窮的百姓去理解天主律法的真義。我們會毫不驚訝的發現這些百姓「坐在死亡陰影之地」，他們被認為不潔、有罪，被迫在危險的邊境生活，那裡在外族入侵後，時而發生殺人流血的事件。我們面對的加里肋亞就是其中一片這樣的土地，在此，國族之間的戰爭衝突，以窮人的性命為代價。這裡也經常發生暴亂、反抗強權之事，因為農村與小農的土地被奪走，併入強權的產業之中，小農因為繳不起各種捐稅，加上還不起債務，就一個又一個相繼被迫放棄土地，大地主的產業就越來越無邊無際。

如果在加里肋亞這片土地上仍有富人存在，至少有部分原因是由於赤貧者太多了，不是嗎？想要剝削這群無依無靠的貧困者，對那些宗教知識的掌權者、大地主及奸商來說，根本就不費吹灰之力。幾世紀以來，這樣的事實一直伴隨著人類的生活。其實，經常直接剝削赤貧者的，不見得是最富有的人，而是承包商、小店家這些大富翁瞧不起的小角色，不過把他們當成中間人來利用還不錯。當然也會有打腫臉充胖子的窮人，面對比他們更窮的人，還是有辦法占一點便宜。無論如何，這種社會失衡的情況只會越來越嚴重，因為小農的土地所有權逐漸被剝奪，加上人與土地的關係發生改變，在在嚴重破壞人與人的關係，深刻改變人與家庭和社區的關係。季節性工人、臨時工及長期失業的人口不成比例的快速增加；過去那種互相尊重且穩定安全的關係被新的勞資關係取代了，變得不確定且貶低勞工人格，這一切也影響了他們與外方人的關係。

這就是當時的加里肋亞，那裏住著一群瀕臨解體的子民，什一稅[22]已經讓他們難以負荷，各種新增的苛捐雜稅雪上加霜，把他們壓得喘不過氣，社會秩序也逐漸瓦解。耶穌正是在這片土地上來回奔波。我想就是因著這個確切的理由，基督揀選了加里肋亞，這是他偏愛的地方。福音中的每個主角、見證人，就站在他們所當站的位置，圍繞著這個核心的挑戰：如何將這群無依無靠的子民從赤貧和壓迫中解放出來，好能贏得自由。只有這樣的解放能讓人類充分想像天主無邊無際的慈愛。在加里肋亞，基督不只要解放最脆弱的族群，而是要親自成為他們的解放。

現在讓我們跟隨耶穌，從今以後他把自己交付給群眾，聖史瑪竇總是如此言簡意賅，他似乎把握住每個機會，把我們放在耶穌面前，他身邊一直環繞著卑微者：

「於是有許多群眾從加里肋亞、『十城區』、耶路撒冷、猶太和約但河東岸來跟隨了他。」

「耶穌一見群眾，就上了山。」

「耶穌從山上下來，有許多群眾跟隨他。」

「他一見到群眾，就憐憫他們⋯。」

「有許多群眾集合到他跟前⋯。」

「群眾聽說了，就從各城裏步行跟了他去。」

「那地方的人一認出是耶穌，就打發人到周圍整個地方，把一切患病的人，都帶到耶穌跟前」

「於是有許多群眾帶着瘸子、殘廢、瞎子、啞吧，和許多其他的病人來到耶穌跟前⋯⋯。」

22. 譯按：在耶穌那個時代，什一稅是課加在土地總產品上的稅，要繳納收成的十分之一，例如穀物及蔬果。在《路加福音》11：42，耶穌說：「但是，禍哉，你們法利塞人！因為你們把薄荷、茴香及各種菜蔬捐獻十分之一，反而將公義及愛天主的義務忽略過去。」

「有許多群眾跟隨他，他就在那裏醫好了他們。」

「耶穌講完了這些話，群眾都驚奇他的教訓……。」

「很多群眾，把自己的外衣鋪在路上……。」

「群眾說：『這是加里肋亞納匝肋的先知耶穌。』」

（《瑪竇福音》：4，25；5，1；8，1；9，36；13，2；14，13；14，35；15，30；19，2；7，28；21，8；11）

聖經的第一部福音向我們指出：毫無疑問，群眾，而且最貧窮的人就在群眾裡面，他們是救主首要的合作夥伴。聖史瑪竇讓我們遇到被群眾推擠和搞得疲憊不堪的耶穌，這種場景不斷重複，以至於我們好像聽到了喧鬧與喊叫。我們看到男男女女湧向耶穌，互相推擠，甚至把門徒和他們的師傅分開，只為了更靠近他、觸摸他。此外，群眾裡面有很多家庭，全家一起出動，父親和母親帶著孩子匆忙趕來。群眾裡的這些家庭，有時來自很遙遠的地方，有時急忙出發，碰在一塊。耶穌偶爾想避開群眾，這時候他必須想方設法，才能掙脫，才有時間喘口氣，才能祈禱。毫無疑問，有時他必須避開群眾，就像我也常常如此，不堪重負的時候，只有一個願望：不想再見到這些男人和女人。他的耐心一定是無邊無際的。他進入城鎮，在猶太教堂裡施教，跟法利塞人交談。撒杜塞人試著把他拉到一邊，向他提出問題。他進了一戶人家，但是，永遠有群眾圍繞，他們擠在門口，或者湧入室內，他們專心聽著，感到驚奇，讚嘆耶穌，你一言我一語，無所不談！耶穌對撒杜塞人講話，「群眾都驚奇他的教訓」。耶穌與他的門徒在家裡用餐，然後「有許多稅吏和罪人」，自己找位子跟他坐在一起，沒在客套。好像無論吾主身在何處，無論他做什麼，無論他的聽眾是誰，總是有這些群眾如影隨形，他們向他大吐苦水，把殘廢和瞎眼的都放在他腳下。好像這群吵鬧失序，一直想擠到前排的群眾是他最關切的子民，在他的心裡，在他的柔情和他整個救贖計畫裡，這群人確實有著頭等重要的位子。他所有的耐心，他所有的教導首先是為了他們，當然也是為了其他人，為了全人類，但是，最貧窮的人永遠在第一排。

福音的註釋者傾向於強調基督聽眾的多樣性：朋友和敵人，有錢有勢的人和無權無勢的人，博學多聞者和目不識丁者，猶太人和外邦人。然而，跟隨耶穌時，我們會發現，儘管不同的聽眾輪流上場，但群眾和門徒始終是最忠實的一群。事實上，群眾只在基督被捕的時候，才被大司祭暫時驅散：「他們共同議決要用詭計捉拿耶穌，加以殺害。但是他們說：『不可在慶節期內，免得民間發生暴動。』」（《瑪竇福音》26：4－5）

群眾是主的原鄉，他所歸屬的地方。根據福音，耶穌透過群眾向自己的門徒講話，然後才私下將他們聚集在他周圍，好把使命交付給他們。即使面對他親自挑選的門徒，他旅程的夥伴，群眾依然是他宣講時的首要例證和渠道？我認為群眾的存在幫助門徒理解到他們將要接受的使命，而且這一點不斷讓聖經註解者感到好奇：

「外邦人的路，你們不要走；撒瑪黎雅人的城你們不要進，你們寧可往以色列家迷失了的羊那裏去。你們在路上應宣講說：天國臨近了。病人，你們要治好；死人，你們要復活；癩病人，你們要潔淨；魔鬼，你們要驅逐；你們白白得來的，也要白白分施。」

（《瑪竇福音》10：5－8）

耶穌自己是「**外方人的加里肋亞**」的老師，卻敦促門徒不要去外邦人的城市？一些聖經的評論者感到奇怪，師傅和門徒的取徑有甚麼差別嗎？我一點都不這麼認為。就像耶穌說的，最重要的是去尋找迷失了的羊：尋找那些以色列家迷失的羊，以便跟所有的猶太人宣講；尋找撒瑪利亞人中迷失的羊，以便跟所有的撒瑪利亞人宣講。我慢慢才理解到這點，因為非常貧窮的人幫助我靠近耶穌那個時代的群眾。

回憶帶我回到一九六〇年一個寒冷的早晨，在諾瓦集的無家可歸者營區。許多人以為在一九六〇年代後期，這個貧民窟從一開始就已經是貧窮的極致；以為這裡凝聚了清一色的赤貧家庭，完全被社會拋棄在一旁。其實在一九六〇年的情況還不是這樣，雖然一排排冰屋形狀的鐵皮屋都同樣豎立在冬天的泥濘裡，但是住在裡面的家庭，貧困程度各不相同。有些是法國勞工階級的家庭，收入太少，所以連社會住宅的廉價租金都付不起；其他人從以前的殖民地剛被遣返回法國，暫時被連根拔起，找不到棲身之所；也有失業的移工家庭或是才剛剛定居下來的流浪民族，最後才是長期貧困的家庭，自本世紀初或更早以前，就已經處於極度貧困的狀態，一代又一代，全都經歷了就業不足，忍受著無知和疾病、居無定所、捉襟見肘。我記得那天早晨在諾瓦集營區，因為省長代表來訪，最貧窮的人、身強體健的人，一如那些比較不那麼窮而且善於規劃的人，大家都紛紛走出家門。

站在人群中，有一個剛下班的夜班門衛，一旁則是他失業的鄰居，靠著資源回收養家餬口，他的手推車裡裝了幾個剛撿到的廢五金，他旁邊則是另一個失業的父親，他甚至沒有力氣翻找路邊的垃圾桶，或走到公共垃圾場撿破爛，他整天就睡在一個直接放在地面的床墊上。也有些婦女，身邊跟著已屆學齡卻沒去上學的孩子。還有羅薩妮奶奶（Lassagne）帶著兩個有智能障礙的孫子，平常有社工在的話，她是會把他們藏起來的；而那位眼盲的小提琴家則是跟著鄰居碎步前進。在這個寒冷的冬天早晨，他們都走出家門，大聲哭喊他們的貧窮，抱怨自己生活在這個該死的地方。

而我，他們的神父，就在那兒，試圖跟官員說理，同時也保護他免受居民的推擠和威脅。看著這群人，心裡想到福音裡的這段話，心裡一驚：「他一見到群眾，就對他們動了憐憫之心，因為他們困苦流離，好像沒有牧人的羊群。」（《瑪竇福音》9：36）

同樣的群眾，我也在諾瓦集遇見了，聖週五晚上，住在貧困區的家庭參與苦路敬禮，我們跟隨耶穌的腳蹤，因為這些家庭繼續走在這條苦路上。我也在主日彌撒中迎接他們，聖誕夜和復活節前夕，參加的群眾就更多了。隨著歲月的流逝，這群人變得愈來愈窮苦，因為條件比較好的家庭陸續搬離這個人間地獄。群眾裡面浮現出更多跛腳的人，還有因為風溼、脊椎側彎、痀僂症而身體變形的人，他們移動著顫抖的四肢，年紀還小就已經滿口爛牙。男人，女人和小孩，在每條路的轉角處上前找我攀談，我無法避開他們，反正為了靠近我，他們也會繞道或是在夜裡來敲門：「神父，快來，我的孩子快死了！」、「神父，我沒錢給孩子買牛奶了」……。這些事發生在一九六〇年代，之後，隨著第四世界運動的擴展，我在大巴黎週邊的斯坦（Stains）、克雷泰伊（Créteil）、新庭（La Courneuve）、聖但尼（Saint Denis）等地的貧困區重新遇到這些群眾，然後，在法國各省各城、乃至整個歐盟國家，我都一再遇到這些群眾。

在所有這些極度貧困、名聲又差的地方，我的心裡不斷浮現這個預言：「他將被稱為納匝肋人[23]」，同時浮現的也是提及基督的出生地時黏著不放的毀謗：「從納匝肋還能出什麼好東西嗎？[24]」這也是每個時代、每個國家的所有窮人都經歷過的輕視，我重覆聽到他們說：「如果我把貧民窟的地址拿給老闆，他一定會馬上炒我魷魚！」、「就因為我們住在貧民窟，我們家的小孩就被放在教室最後一排。」某個聖誕節，一位母親驚慌地向我解釋：「我昨晚破水，但是寶寶一生下來就沒氣了，我不敢去報出生，人家要是知道我們住在貧民窟，一定會說是我們故意弄死他的！到時候又會發生甚麼壞事？」耶穌自己、古加里肋亞的群眾裡面的貧困家庭、當代工業化國家眾多貧民窟的底層家

---

23. 譯按：這段話出自《瑪竇福音》2：23，「他」指的是基督耶穌。

24. 譯按：這段話出自《若望福音》1：46。

庭……福音從哪裡開始，又從哪裡結束？對我來說，基督之道無他，都是由同一個根本道理在貫穿的。

群眾的日子太悽慘，怎麼可能縮在角落，不引起注目？群眾之所以隨傳隨到，是因為沒有什麼重要的工作可以讓他們行程滿滿……那些稍微有點小資本的人，如正規工人、小商人等，都沒有辦法像赤貧者這樣，可以沒有事先規劃就成群結隊，可以隨時準備出發去尋找可能的好運。在我先前待過的教區，沒看過居民會突然出門的，可是，在諾瓦集，你會聽到：「方太太告訴我今天是聖枝主日，我得快點趕過去……。」、「第四世界的志願者來幼稚園開會，我馬上過去……。」。那些有田要犁、上班要打卡、做生意要開店的人，都有套規律的生活模式。他們當然有事要忙，也可能是忙著天主的事，大家按表操課，都有事先安排好的行程。在「慈善的撒瑪黎雅人」的比喻裡，司祭和肋未人看到受傷的路人，卻沒時間為他停下腳步[25]，這樣的事不是一直重複發生嗎？

其實，最重要的是，那些有辦法滿足自身需求、且多少能夠掌控生活的人，不需要一聽說有什麼好消息，就急忙前往。他們並沒有被折磨到精疲力竭、沒有極端焦慮到要時刻引頸渴盼好消息、各種援助以及救主，不是嗎？除了卑微、貧窮、被排擠的人以外，誰會隨時等候那個能夠帶來徹底改變的領導大師？解經學家曾多方解釋當時分屬不同群體的猶太人聚集在基督身邊的理由，他們注意到，根據先知的預言，當時的政治潮流在尋找一個能解放以色列並重建社會秩序的領導者。我們是否充分理解到，當時極度貧窮的群眾也以他們獨特的方式參與了這場運動？他們勢必不像那些有一定資產的猶太人那樣，帶著明確的政治意識在參與，但他們懷抱著極深的渴望在等待救主。就我個人的經驗來說，所有我接觸過的赤貧者——無論他們是在法國或是海地、荷蘭或是中非、瓜地馬拉或是泰國——大家都以自己的方式表達他們對救主的渴望，這位救主不只要改變眼前某些生存條件，而是要徹底的改變全人類的處境。

也因此，打從我在一群法國的赤貧子民中間擔任神職，對我來說，和這些家庭在一起，就變成和圍繞著耶穌的群眾在一起。這些家庭，這群無處可去的窮人，不就是耶穌眼中的群眾嗎？他們「困苦流離，像沒有牧人的羊[26]」。幾個禮拜前，當我走過非洲荒漠地區的幾個偏僻的小村莊時，這段經文繼續在我心頭浮現。我們決定在這裡建立一個第四世界的志願者團隊，偕同我們在那邊的一位首批志願者，在一條難以通行的小路盡頭，或是蹲在樹下或是在草棚底下和村民交談，他們問：「所以，你們會留下來嗎？」「現在還不會，我們想先問問你們的意見，如果你們同意，我們就回來。」「那你們為什麼不乾脆現在就留下來？」當然，在這個因為沙漠化而人口遽減的偏遠地區，沒有大批的群眾，但是，那種著急的心情都是一樣的，即使被酷暑和高燒侵襲，依然希望會發生意想不到的好事。盧德（Ruth）是預計要重返此地的持久志願者，婦女們把手搭在她的肩膀上：「留下來嘛，明天就是聖誕節了。」盧德這名年輕的

25. 譯按：完整故事請見《路加福音》10：25－37。

26. 譯按：這段話出自《瑪竇福音》9：36。

白人婦女，身上既沒有預防和治療瘧疾的奎寧，也還不會講她們的語言，她們在她身上期待什麼呢？

今天的貧苦者再次把我們帶回福音的核心、帶回耶穌的面前，他的目光始終注視著當時卑微的群眾。我覺得當時的群眾和今天的貧苦眾生簡直是一模一樣。群眾在福音書裡來來去去，他們匆匆忙忙離開村莊，無暇顧及明天；他們一走就是好幾個小時，就像今天中非的這些村民一樣，太陽還沒露臉就出發，走好幾公里的路，為了參加彌撒；群眾有著各種自發的反應，他們對耶穌感到驚訝與讚嘆，他們不曾把耶穌扯進空泛的討論。而耶穌對群眾是何等的溫柔、他是何等的敏感於他們的存在，敏感於他們所承受的，他們的期盼以及他們所能理解的程度。在耶穌與群眾之間有種深刻的密契，因此，即使一時散去，但只要耶穌一出現，不論在哪裡，他們就又立刻重新聚集。他們跟隨基督，甚至預言：「賀三納於達味之子！[27]」這些舉動卻總是激起大司祭更強烈的憤怒。

話說回來，既然群眾終將拋棄耶穌，還能談他們之間有甚麼密契嗎？我們一直被灌輸，認為群眾最後背叛了他們的救主，「猶太人拒絕相信祂」[28]。不過，當代各貧民窟的底層家庭教導我們另一種目光，引導我們以完全不同的方式去默想。他們告訴我們，一個人如果沒甚麼文化，而且連接受基本教育的機會都沒有，那麼，要建立合乎邏輯的思考方式、發展有深度的觀點、保持堅定的態度，當然就會變得十分困難。幾世紀來，群眾被形容為像幼稚的兒童般，

27. 譯按：這段話出自《瑪竇福音》21：9。按《思高聖經》的經文註解：「『賀三納』意謂『求你施救』，後來變為歡呼祝賀之辭，如今人所說的『萬歲』。」

28. 法語聖經的普世教會合一譯本，《新約聖瑪竇福音》的引言，第40頁。

盲目輕信，又或者被說成三心二意，搖擺不定，思維膚淺，容易操弄，說只要給他們麵包和一點好處，他們就會乖乖聽話。這種立論是在汙辱窮人。他們真正的不幸是沒有機會受教育，而且面對各種事件，也沒有管道可以獲得客觀的訊息。那些知識的占有者，把這些資源和管道據為己有。

在一九八三年，歐盟的成員國約有八百萬貧窮且不識字的公民，至今，這個情況還沒有太多改善。在種種限制下，被當成愚夫愚婦的這些人，已經盡力運用自己日常的經驗、記憶、感受，去理解人事物。如果在貧困地區，我們能夠提供更好的條件，讓窮困者擁有更多的自由度，他們最後必能建立自己的邏輯，並將過往的記憶做更好的組織與整理。這麼一來，他們就能夠更加堅信他們之所是，也就是耶穌願意他們成為的樣貌——意即赤貧的專家、人性的導師。那時候，他們就會馬上跟基督處於同一波長，完全理解彼此，因為他選擇成為他們當中的一份子，與他們同在。

然而，今天在各大城市，各個村莊中，貧困家庭不得安寧，就如同過去，法利塞人和經師讓以色列的窮人不得安寧一樣。總是會有個機關團體，或是各色人等，對窮人說長道短，說他們搞不清狀況、做甚麼錯甚麼，說他們怎麼會把日子過成這樣：「你們最好把小孩托給政府養，那樣負擔也比較輕一點。」；「妳先生沒工作又愛喝酒，妳何苦繼續留在他身邊？我可以幫妳申請單親媽媽補助。」這位婦女嚇壞了，當下不知該如何回答；稍後，她在夜裡跑來找我：「神父，我先生跟我，我們深愛彼此，他是孩子們的父親，對我也很好，我總不能在他最失意的時候離開他吧？」但她和我，我們彼此心知肚明，除非她下定決心，拿出鋼鐵般的意志，並且想方設法，否則她終將屈服於另一種邏輯。我看過太多家庭，為了抵抗外界的看法，動員了內在不可思議的力量，最終還是屈服於那些有學識的人編出來的大道理，為此，我無法接受強加在群眾身上的論斷，硬說他們放棄了耶穌。

不管怎麼樣，耶穌本人從未說過群眾「會拒絕相信」他，而且，他將區分出兩種人，一種是拒絕他的人，也就是法利塞人、法學士、經師等；另一種是想要相信、卻被這些權威人士阻礙的人，也就是窮人，特別是最底層、最弱勢的人。面對生存的各種無力感，窮人比任何人都更需要能夠相信和盼望某人某事。對這點一無所知的人，不能理解他們的熱情，不懂他們為何不經思考就被那些強而有力的人士深深吸引，也無法接受群眾一直痴痴等待奇蹟的發生。但是，耶穌太認識這群屬於祂的子民，他知道他們唯一的渴望就是相信他，他意識到這些群眾驚奇地說：「這個人不就是達味的子孫嗎？[29]」他並沒有讓他們輕輕鬆鬆就步上這條走近天主的路，他也沒有降低信仰的要求，但他抓住每個機會區別兩者的不同，也就是教義及合法性的守門人與這些輕信的群眾，後者很容易被感動，因為無知而屈從。他嚴厲斥責那些妨礙卑微者去相信的人：

29. 譯按：這段話出自《瑪竇福音》12：23。

禍哉，
你們經師和法利塞假善人！
因為你們給人封閉了天國：
你們不進去，
也不讓願意進去的人進去。
（《瑪竇福音》23：13）

禍哉，你們法學士！
因為你們拿走了智慧的鑰匙，
自己不進去，
那願意進去的，
你們也加以阻止。
（《路加福音》11：52）

他們這些人究竟如何阻礙善男信女進入天國呢？法利塞人和經師沒有踐行慈悲；法學士加給人難以負荷的重擔，「但自己連一根指頭也不肯動一下[30]」。在此，清楚說明指涉對象是重要的，因為這就解釋了究竟是誰被阻礙，以至於無法接近天主及相信耶穌——就是那群被富人不必背負的重擔壓得喘不過氣的

30. 譯按：這段話出自《瑪竇福音》23：4。

人，就是那些需要看到慈悲之舉才有辦法相信的人，但是，他們卻一直看不到慈悲。

耶穌知道小人物並不比大人物更加有德行，或是更正直，他們不見得就對那些比他們更弱小的人表現出慈悲與友愛。耶穌之所以加入赤貧界，並不是因為那裏充滿美德，而是因為赤貧的世界依然是個苦海，面對不幸時，還是求助無門；因為這個赤貧的世界裡匯聚了生命的各種挑戰、各種社會的錯誤、各種不公不義、剝削、壓迫、以及——這點很重要——各種不擇手段的利用。這就是為什麼當我們放棄自己的特權，前去苦難之處尋找迷羊時，我們可以謙卑地感受到自己跟耶穌是如此的親近，他知道我們每天經歷的一切：對稀缺資源的獨佔、懷疑和敵意、還有窮人經常面對的誘惑——為了脫貧，粗暴對待或放棄比自己更弱小的人。但是，耶穌知道他們脆弱的源由、知道為什麼他們容易被騙，也知道他們在面對飽學之士時，沒有足夠的口才來捍衛自己的信念。

耶穌意識到無論最貧窮的人內心深處的感受如何，都將受制於其他人的擺佈，這些人憑藉著學歷和社會地位的優勢，將迫使他們高喊：「巴辣巴！[31]」。不只是法利塞人、經師和法學士如此煽動群眾，另一部分的猶太人也會這麼做，他們是小農、商販與工匠，這些人發展出一種政治意識，他們期待耶穌把自己的國家從占領者手中解放出來。可是，耶穌讓他們相當失望，他不但沒有把羅馬人趕出國界，也沒有恢復經濟的繁榮，這些不是那麼窮的人很容易

31. 譯按：這段話出自《瑪竇福音》27：15－21：「每逢節日，總督慣常給民眾釋放一個他們願意釋放的囚犯。那時，正有一個出名的囚犯，名叫巴辣巴。當他們聚集在一起時，比拉多對他們說：「你們願意我給你們釋放那一個？巴辣巴，或是那稱為默西亞的耶穌？」原來他知道，他們是由於嫉忌纔把他解送來的。比拉多正坐堂時，他的妻子差人到他跟前說：「你千萬不要干涉那義人的事，因為我為他，今天在夢中受了許多苦。」司祭長和長老卻說服了民眾，叫他們要求

被帶風向，大聲要求要把耶穌釘在十字架上。然後，他們也學會帶風向，試圖左右最貧窮的人。他們比法利塞人更接近底層，某方面來說，他們是窮人可以效法的榜樣：「如果連他們都棄絕耶穌，肯定是有幾分道理……。」

赤貧者要捍衛他們想要相信的價值，是多麼不容易，這方面，我有很多次的經驗，特別是在諾瓦集貧困區的時候。有段時間，當地政府卯足全力，試圖說服貧困區的家庭，讓他們相信如果我離開這個地方，一切都會變得更好。當夜晚降臨，官員離開，只剩下我們自己：這些家庭、首批志願者，還有我。就像趁著黑夜才敢去拜訪耶穌的那個尼苛德摩[32]，好幾個男人來找我，就是那些要大家簽署請願書、要求我離開的同一幫人：「神父，你不會真的要離開我們吧？」、「神父，要是他們真的把你的破房子拆了，我們就跟你一起走，我們給你蓋間更漂亮的小屋，你等著瞧！」難道基督不比我更全然理解窮人的這種惶恐嗎？他們永遠不知道究竟可以信任誰、哪裡能找到安全和依靠？

耶路撒冷！耶路撒冷！
你常殘殺先知，
用石頭砸死那些派遣到你這裏來的人。
我多少次願意聚集你的子女，
有如母雞把自己的幼雛聚集在翅膀底下，

巴辣巴，而除掉耶穌。總督又向他們發言說：「這兩個人中，你們願意我給你們釋放那一個？」他們說：「巴辣巴。」

32. 譯按：這段記載出自《若望福音》3：1－15。

但你卻不願意！

（《瑪竇福音》23：37）

在耶穌的眼裡，究竟是誰砸死天主所差遣的使者呢？他所說的這個聚集，是什麼意思？也就是說，這樣的聚集所要解除的是一種怎樣的分裂？如果真有這樣的聚集、慈悲、分擔重負，群眾還會被誘導去背棄他們的主嗎？耶穌還會被自己的子民所拒絕嗎？當我注視著身邊的第四世界家庭和我們這個時代比較沒有受到排擠的窮人時，我認為耶穌和歷代的群眾之間牢不可破的結盟就這樣被否認，實在令人無法忍受。看著這扇得以默想謙卑群眾的門被關起來，對我們來說，這真是一個不可估算的損失。群眾對於天主的尋求，並不是真的那麼搖擺不定，他們只是比較脆弱。耶穌不正是因為這些人的脆弱而愛上他們的嗎？把這些家庭描繪成一群沒有主見的群眾，我們將錯失在赤貧的苦難中看見自身責任，以及學習謙卑的機會。終其一生，基督都在拒絕群眾被奴役，他不只拒絕他們在物質方面被奴役、也拒絕他們在智性和靈性上被奴役，他一直在捍衛卑微者的聰明和信仰。

基督和貧窮者的結盟之所以深刻，正因為這個盟約是清醒的。他並沒有把對不義的極端敏感與踐行正義的能力混為一談。當貧窮演變為赤貧的時候，就沒有太多空間能留給正義、友愛或慈悲，對此，最貧窮的人心知肚明，他們因而迫切尋求救贖，絕望地希望能夠贖罪。而且，基督並沒有把窮人視為義人，他們是首先聽到福音的人：你們悔改吧，天主是愛和寬恕。

有多少次，我聽到貧困區的居民這樣跟市府雇員、工會代表、辦案的警察或社福機構的工作人員聲明：「我鄰居這個懶鬼，我跟他沒有任何瓜葛，我根本就不理這些人，而且他們都是大尾的流氓。」在這樣的地方，的確發生了竊案，也有鬥毆發生。然而就算這個人在次日背棄了他的鄰居，要知道，他前一晚才把自己的腳踏車借給他，還接待他家的小孩到家裡吃飯，不管他們是不是「流氓」，現況就是隔壁這戶人家沒米可以煮飯。毫無疑問，在古時候的加里肋亞和猶大，最貧窮的人有什麼更好的條件可以避免這種背棄的行為？在否認鄰居以圖擺脫困境，和敦親睦鄰這種深刻的需要間，他們的掙扎會比較少嗎？當貧窮、無力感和不安全感超越某個界線，它們會耗損人心最美好的質素。也因此，他們奮力避免自暴自棄的各種努力就更讓我震撼。在那些因長期貧困而陷入絕境的社區，我常因為人們的潛力感到驚嘆，他們繼續做出友善的舉動，互相幫助，表達愛意。但是，要能看出這一切，得要有專注的目光與非凡的心靈，因為這些舉動有時看起來是這樣的微不足道，甚至有點笨拙，在那些不了解赤貧束縛的人眼裡，這些舉動甚至是無關緊要，毫無價值的。

事實上，重點不在於評斷這些不斷更新的努力有甚麼真正的價值，這件事由不得我們代替天主來做。重要的難道不是作為見證人，並且有辦法告訴對方：「我看見你為自己的行為負責，你其實有很多選擇，你挑了對別人有益的選項。」耶穌和群眾之間奧祕的契合常表現在對事物本質的認同上：甚麼是人必須負起責任的，而且能讓人成長；另一方面，甚麼是人無法掌控的，所以天主介入、理解、寬恕並拯救。在這個不曾間斷的對話中，從頭到尾在其他聽眾面前，不曾發生任何走調的時刻：「這部分是天主賜給的，這部份則是你們這些謙卑的人，做為天主的孩子，虧欠天主的。」在這樣的對話中，最貧窮的人將要發揮核心的作用。

因為正是在群眾中，或是在他們後面，我們發現了最不堪重負、最貧困，同時也是最被其他人排擠的百姓，他們會使我們真正理解耶穌對大批「群眾」的警告，他們聽得「很爽心」：

你們要謹防經師：
他們喜歡穿上長袍遊行，
在街上受人請安，
在會堂裏坐上座，
在筵席上坐首席；
他們吞沒了寡婦的家產，
而以長久的祈禱作掩飾。
（《馬爾谷福音》12：38－40）

當心，不要跟他們一樣，你們也會受到同樣的誘惑，跟隨他們的壞榜樣會使你們遭受同樣的結局，受到「更嚴厲的懲罰[33]」。換句話說，也許你們的老師誤導你們，但這不表示你們就是義人，也不表示你們就不需要謹防自己誤入歧途。

關心最貧窮的人和他們在社群中的位子，是耶穌和群眾之間將要發生的一切事件的核心，也是一切對話的核心。這群人環繞著耶穌，他們焦慮、讚嘆或瘋狂地盼望著。群眾裡面主要是窮人，在那裡貧窮和赤貧的界線不是那麼顯眼，而且不斷變化。身體強健的人群中參雜著癩病人和殘疾人士，受人敬重的良家婦女中也參雜著從娼的妓女。讓我們在群眾中凝視耶穌，他將不停地把他們的希望帶到天父的台前，直到今世的終結。

第三章

「瘸子、殘廢、瞎子、啞吧，和許多其他的病人……[34]」

《De grandes foules vinrent à lui, avec des boiteux, des aveugles, des estropiés, des muets et bien d'autres encore》

本章譯者：林立涵

校閱：楊淑秀

並非所有基督徒都以相同的眼光看待這群男男女女，他們把大街小巷擠得水洩不通、帶著孩子沿著河岸趕路，不確定要往哪裡去，也不知道會待多久。基督選擇和這群男男女女常相左右，也因此，和第四世界的家庭一起生活、祈禱和行動，確實是一條與主相遇的幸運之道。因為怎麼可能愛基督，卻不愛他所偏愛的這群人呢？我們怎麼可能愛上這些群眾，卻無法辨識他們的面孔呢？第四世界的家庭為我提供了途徑、路標和辨識的記號。在我眼中，最貧窮的人是很好的嚮導。但是當代有許多人卻讓自己被其他人引導，生活在其他的現實中；到最後，彼此眼中的基督不見得有著相同的面容，不再是這個放棄所有政治權力的基督，不再置身於精疲力竭、垂頭喪氣的群眾當中，不再走上崎嶇難行的路徑，在那裡，沿路住的都是被排擠的群體。

不過，這些差異不該把我們引入無謂的辯論，我深信大家都試圖在他們認為最不堪重負、最被遺棄的人身上，尋求基督的面容；最重要的，是一起尋求基督，不讓自己的視線被我們比較熟悉的人群所阻擋，以致於看不見背後被遮蔽的、更窮困的一群。一如在基督的時代，比其他人更受排擠的癩病人、傷殘者、附魔者，都被藏到村子的外圍、田野，甚至是洞穴裡。

幾世紀以來，教會重拾基督親自傳授的這種作法。教會一直是這個奧妙的命運共同體的見證人，見證著主基督與那個時代的赤貧地區和群眾間緊密的連

34. 譯按：標題名稱出自《瑪竇福音》15：30。

結，他憐憫了他們，他治癒了最貧窮的人。在漫長的歷史中，教會謹記基督的警告：「一直會有窮人跟你們在一起[35]」。教會的軟弱在於太過健忘，記不住赤貧的普世性記號，遺忘赤貧者的生命與面容。這樣的健忘導致一堆無濟於事的論述：「耶穌那個年代的窮人和我們這個年頭在西歐和拉美各大都會遇到的窮人差別很大，不可同日而語」、「今天的窮人和中世紀的窮人沒有任何共通之處」、「非洲的貧窮和在紐約或芝加哥蔓延的窮困無法相提並論」……。我們知道些甚麼？這類論述到底是建基於甚麼樣的觀察、甚麼樣的記憶、甚麼樣的默觀？為此，我們應該做的不是展開辯論，而是和教會想辦法記住每個時代的窮人和最貧困的人，因為他們就是古早加里肋亞和耶路撒冷的那些群眾的後裔。

沒做到這步是我們的軟弱，也是整個教會的軟弱，這表示我們都沒有與時俱進地更新這份記憶，就是攸關教會身份的核心記憶，亦即對群眾的記憶。教會不曾完全背棄窮人，即使她並不總是那麼鏗鏘有力地重申自己對他們的忠誠。教會對窮人的歷史所知有限，可是自己卻又是這段歷史的利害關係人，以至於別人控訴她老是與最弱勢的群體串通時，她不知如何為自己辯護。她沒在傳授這段歷史。或許這就是為什麼她在認識與教導這些圍繞著基督的貧苦者與被排擠者的歷史時，也顯得相當吃力。因為要怎麼走向基督，走向那些環繞他身邊的群眾？除非透過這些從古至今，繼續以生命當他們的見證人的窮困者。今天，教會的使命與過去一樣，就是要在尋找赤貧者的過程中找回自己，並回

35. 譯按：這段話出自《瑪竇福音》26：11。

想起兩千多年來學到的教訓和記號。

我們都可以參與教會的這項任務，也就是梳理這些簡單且來自日常生活的知識，這是一筆難以估量的遺產。我們都做得到，只要在默想中慢慢進步，默想赤貧的基督對我們的愛（教宗若望保祿二世在一九八二年於岡多菲堡（Castel Gandolfo）接見第四世界的青年代表時說過：「耶穌曾非常貧困。」（Jesus was terribly poor [36]）；我們都做得到，只要我們親近那些體現人類苦難的群體。我自己的經驗是，由於一直生活在赤貧界，我學習並意識到，底層的殘疾人士、盲人和身心障礙者所遭受的苦難比其他階層更加深重，更加求助無門。面對他們，我不得不正視耶穌那個時代所有殘疾、癱瘓及聾啞人士所面對的問題，於是，在每一個貧困社區遇到的跛腳者、癲癇患者及智能障礙者，都成了我的嚮導，教我很多功課。

他們迫使我更仔細地端詳出現在加里肋亞小徑上的殘疾者。首先，他們使我明白，不要以為我們這個時代的所有身障者都遭受到同樣的貧困與歧視；接著，他們也教導我張開眼睛凝視非洲和亞洲貧窮國家的身障同胞。即使在貧困的族群中間，病人與殘疾人士遭受的待遇也可能千差萬別，如果他們歸屬於一個多少有組織起來的家庭、部落或社區，就多少能夠獲得一點保護；可是，那些極端貧困社群中的身心障礙者卻活在地獄裡。

這些人經常出現在大街小巷，端著破碗在寺廟門口或市場乞討。即使有些

36. 譯按：「耶穌曾非常貧困」，法文用了misérable這個字 ，misérable可當形容詞，意思是悲慘的，赤貧的，極端貧窮的；也可當名詞，意思是悲慘的人，不幸的人，赤貧的人。雨果的著名小說《悲慘世界》（*Les misérables*），原意是赤貧的眾生。

民族的習俗是將身心障礙者留在家裡的院子或茅屋內，但由於貧困，也會任憑他們出現在大庭廣眾之中。殘障群體中的赤貧者，或更確切地說，出身赤貧的殘障者比其他人更常被放任自生自滅，在市場爬行，等待施捨。這樣令人羞愧的乞討，有時候正是他們的親屬在背後推逼的，因為自己實在沒有能力養活他們。同樣地，在世界的某些角落，癲癇患者還是會被扔進火中，因為那裡也沒有任何資源可以讓他們有尊嚴的活下去。

這些人所面對的處境和耶穌時代的殘疾人士有甚麼不同嗎？當我遇見福音書中那個癱瘓的人，無親無故，獨自在貝特匝達（Bethesda）水池邊等候水動，卻沒辦法在水動時搶先進入水池[37]，我不禁想起被遺棄在諾瓦集貧困區的一個盲人，沒有人可以帶他到巴黎地鐵，他曾經在那裏靠一把破提琴賣藝，養活自己和同是殘疾的老母親。當我走近福音中的群眾，他們總是急著把殘疾和附魔的親友帶到耶穌跟前，我無法不告訴自己，假如基督在今天穿越我們的各大城鎮，那些住在緊急庇護所、貧民窟、社會住宅的群眾一定會率先奔向耶穌。如同古時的群眾，在擁擠與吵雜聲中，他們蜂擁而至，既不看時間，也不管秩序，這種有點瘋狂的信心在他們身上發酵，因為他們是一群無權無勢，沒有太多學識的人，因此，心中沒有一絲懷疑。

必須意識到暴露自己的傷疤需要多大的信任：坦承可怕的疾病、揭開畸形的身軀、走樣的面容，目睹這種種，連最美好的靈魂都會被嚇到後退，感到嫌

37. 譯按：完整故事請見《若望福音》第 5 章。

惡。一個人不會帶著恨意和激憤來展現自己的殘缺，相反地，不管在那一種文化，只要有辦法，大家總是刻意掩蓋自己的缺陷。有些像百夫長那樣家境富裕又頗有聲譽的人會要求耶穌到他們家去，這樣的做法不應該讓我們感到驚訝；因為只有最貧窮的人，才會在眾目睽睽之下，把自己的殘疾親友帶到耶穌跟前，徹底的無助促使他們抱著最瘋狂的盼望，不管三七二十一地採取行動。耶穌所到之處，窮人多於不窮的人；貧窮的病患多於環境好一點的病患，因為，窮人、最窮的人和他們的病患更容易被耶穌吸引。所以，怎麼可能看不出來，一直圍繞在耶穌身邊的並不是所謂的「好人家」，而是這群處境堪憐的男男女女和小孩？一旦理解這點，怎麼可能不欽佩耶穌與這群精疲力竭的窮人間，那種不可思議的相互理解與默契，一次又一次，耶穌重複說：「你痊癒了，你得救了。」

事實上，醫治最貧窮的人自然而然帶來群眾對耶穌的全然信靠，而且似乎成為耶穌和群眾間始終不變的語言：「你的信德救了你，平安去罷！……你相信了我，相信了天主，為信的人，一切都是可能的！天主不會拋棄那些到他台前的人，因為除了天主，他們沒有別的依靠。」對其他比較沒有那麼消沉沮喪的人，耶穌也會這樣說話跟行動嗎？果真如此，他傳達的訊息不會被完全扭曲嗎？當然，我們說過，耶穌有時也會醫治那些並不窮困的人，甚至讓他們死而復活，但那是比較例外的情況，奇蹟發生都有特殊理由，而且每次都會被明確指出。這不禁讓我們這樣思量，對群眾以及他們中間最受排擠的人來說，奇蹟的發生不需要多餘的解釋，醫治的動作本身就足以說明耶穌和他們是休戚與共的命運共同體，這個共同體非常具體：「我認識你的處境，因為我分享了你的處境，我知道你渴望得到醫治，而且你只能向天主尋求醫治，因為世界遺棄了你。」

當我注視今天的窮人，更窮的人就在他們身邊，或甚至被他們所排擠，這使我意識到，耶穌和他們的關係不是別的，就是基於完全的慈悲。他怎麼可能不慈悲？今日正如同古時，天主的慈悲成為人類理性思考的主題之一。法利塞人以為他們可以給天主的慈悲加上許多條件，為此，耶穌曾嚴厲斥責他們；今天，我們也發展出一套辦法使慈悲合理化，並開出條件，想要變得更有效率。然而，耶穌降世，不正是為了重建天主眼中的效率嗎？「因為除了天主之外，你無依無靠，所以，天主一定不會拋棄你。」

我想起那些來辦公室找我談話的婦女，她們的窮酸與難堪總是暴露無遺，她們的身體因為多次艱難的懷孕走樣變形、臉龐也常因醉酒而漲紅。她們就杵在那裡，有時一坐好就是好幾個鐘頭，抱怨東抱怨西，再跟我要點錢，最後，經過一段很長的靜默，終於說出縈繞不去的心事：「神父，我的孩子都沒把我看在眼裡……神父，鄰居都嫌棄我，老公又動手打我。沒錯，孩子們是沒鞋穿，但我已經盡力了，你也知道我生病……。」我也知道其中一位婦女家裡連炒菜的鍋子都沒有，在他們全家只能在吃飽和穿暖間做選擇時，鄰居還用高價向他們兜售鍋具；另一位婦女則剛被丈夫拋棄。這些婦女來找我，只是希望找到一點建議，一絲絲被理解的感覺，但是，面對我，她們總是要繞一大圈，才敢說出真正的困擾。我告訴自己，面對耶穌，她們一定連話都不必說，就被完全理解了。他只需要一個手勢，就有辦法告訴她們：我知道，我能理解。跟這些婦女相處，我特別記得其中一段最美好的時光，艾絲丹女士（Madame Estampe）就只是沉默地坐著，直到慢慢找回平靜，面容變得好美，最後，她起身對我說：「神父，真謝謝你。」便走了，彷彿話已說盡，全被理解，生命的價值被再次確認了。

這樣的時刻總是讓人感覺自己離耶穌更近，他是赤貧者的兄弟，教導我們恢復事情應有的次序與天父的慈悲。我把口袋裡剩下的錢全都掏給了艾斯丹女士，我本該更理性地運用這些錢；我也花了大把時間陪她，我本該更有效率地運用時間。但是，在貧民窟，這位母親在她絕望的時刻，給我機會去感受她的苦痛、要求與盼望。有些人可能會說我這樣做根本無法「改變社會結構」，也無法促進改革或伸張正義。對此，我不予置評。我只知道自己當時站在翻轉世界次序的源頭，因為我又一次把效率、對事物的掌控拋諸腦後，為了讓第四世界的家庭知道他們的重要性，畢竟，在結構與各種方案背後，他們真正在乎的，是友愛，是尊嚴，是尊重其他人的想法。

艾絲丹女士已經過世了。儘管偶有爭吵，她的先生一直留在她身邊，後來還一度熱心參與第四世界運動，她的一個女兒現在是某政黨的活躍成員。我當時認識的很多夫婦與他們的子女，都走上相似的道路。我覺得他們不需要我才挺得過來，他們首先需要的，是深刻意識到，極度貧困不能稍微減損他們的人性與身為天主兒女的地位；他們最需要的，是再次獲得確認，天主已經抹除他們做過的蠢事、有過的粗暴行為、還有夫妻或鄰居間的永無寧日；他們需要知道，他們每次和解的努力都被認可、每個絕望的追問都被諒解：「我該怎麼做，我的小孩才會以我為榮，才會愛我？」、「我該怎麼做，老公才不會繼續對我咆哮？」艾絲丹女士在我辦公室的沉默所表達的正是這種思緒：「我無法繼續在羞愧中承擔這一切，也沒辦法忍受對家人的罪惡感，還有鄰居那種鄙夷的目光。我知道自己臭罵過他們，我知道自己把家庭經營得很失敗……。」她用自己的方式向我坦露這一切，有時還會無緣無故地提醒我，她知道如何分辨善惡，也有榮譽感，她會說：「我是修女帶大的。」她這麼說，不是為了在神父面前誇獎自己，而是提醒我，彼此的關係應該建立在哪一種水平。

如果艾絲丹女士曾與耶穌相遇，她和她的孩子一定會加入群眾的行列，追隨耶穌。對這些極度貧困的人來說，能夠說服他們的只有這則雙重訊息：「天主治癒了你，天主拯救了你」。對其他人來說，也許光是被治癒或是被拯救就已經心滿意足；但是，對於極度貧窮的人來說，兩者缺一不可，否則就失去實質的意義，也無法讓他們得到釋放。對他們來說，耶穌的話語和行動同樣缺一不可；兩者並存，他們才能夠理解這句話的全部意義：「你們悔改罷！因為天國臨近了。」（《瑪竇福音》4：17），他們的耳朵也特別敏感於耶穌宣告的這個訊息：「宣講天國的福音，治好民間各種疾病，各種災殃。」（《瑪竇福音》4：23）

至於洗者若翰，他差人去問耶穌：「你就是要來的那一位嗎？」他的門徒向他回報了這個毫不含糊的回答：「瞎子看見，瘸子行走，癩病人得了潔淨，聾子聽見，死人復活，窮苦人得了喜訊。」（《瑪竇福音》11：3－5）熟讀先知書的若翰，立時領悟天主所規劃的重大歷史階段已經來到。天主為此所規劃的進程毫無瑕疵：首先，天主子降生為一個被排斥的嬰孩，經歷了曠野的試探，最後羞辱地死在十字架上。其中，醫治窮苦人並向他們宣講福音，是耶穌來到世間實現天國最明確的記號。

在天國，立即的憐憫和最終的救贖密切相關。從這個角度來看，也就是透過赤貧者的眼光，我們就更能理解耶穌對試探者的回答：「人不該認為他可以單靠麵包生活，他應該好好想想靈魂的得救。」對一無所有的人來說，這已經是再明白不過的事，這點，第四世界的家庭經常重複：「家裡沒水，加上到處都是泥濘，這的確讓人精疲力盡，但，最糟的是去搭公車時，鞋子沾滿爛泥，大家一看就知道你從哪裡來，然後對你指指點點……。」、「小時候跟著我媽，我也是吃不飽，現在，我還是常常沒辦法讓孩子填飽肚子。但，兩者還是不一樣，至少，他們知道自己有一個愛他們的媽媽。」我覺得「人生活不只靠餅」，對富人來說確實是重要的提醒，這樣他們才會學到，光是分享食物是不夠的，還要分享生存的榮耀；但是，對窮人來說，這個提醒是多餘的，因為這是他們每天的痛苦經歷，是活生生的事實。

讓事實更加艱難的是，底層這些家庭苦苦追求尊重、愛與和平，卻得不到回應，更讓他們受苦的是，連在自己的家庭、社區或村落，也很難實現這些願望。我已經說過，他們也必須重複經歷耶穌在曠野所受的試探：「我向市政府申請的社會住宅已經進入審核階段，若瑟神父說我也許可以再等一下，他要我留下來繼續幫助其他人……這當然是美事一樁，但是，我可不想錯過離開這裡的機會……。」

我們在極度貧困的社區和拉丁美洲飽受飢荒之苦的村落，也會看到這種自顧不暇、各自逃命的情況，或是意圖剝削更窮鄰居的誘惑。團結關懷的網絡發生嚴重破口的情形，也蔓延在非洲大陸的某些村落，即便他們素以強烈的家庭與社群意識而名聞遐邇。或許我們早該料想到這種情況？

當一個人的自信被極度貧困所摧殘，他們還能自尊自重，信守承諾，並跟親友和諧相處嗎？我們能夠期待那些一貧如洗又缺乏外援的家庭、社區、部落等，繼續敦親睦鄰、團結互助並自我犧牲嗎？放眼世界各處，會發現情況完全相反：在無立錐之地的至貧社區，暴力猖獗，親友間可能因為一點意見不合就大打出手；部落與部落間、同一個屋簷下的婦女，都可能因為一點點的忌妒而觸發恨意，而且有時候，最弱勢的群體就成為真正暴行的受害者。

每當我觀察並默想這一切，我就更加喜樂地回到福音裡面。基督竟然完全進入這種卑微者與受排擠者所過的現實生活！他一進入公開生活的階段，就帶來他們苦苦等待的答覆。耶穌用比喻、圖像和類比講論了很多事，這表明他以最貧窮的人為談話對象。他當然也跟富人交談，為了教導他們，而且經常也是為了推翻他們的邏輯，讓他們啞口無言；不過，重點是，他深知赤貧者不知如何運用一連串的抽象概念來練習深度思考，所以他們需要圖像，需要貼近日常生活的描述。而且，最重要的是，他以至貧者為聽眾所設計的比喻，充滿讓他們聽得津津有味的教導和指引。耶穌不只是告訴他們，他分擔他們的苦楚；他也不只是讓他們高度意識到他們承受的不義處境；他首先告訴他們的，是他們身上背負的重任，是他們虧欠天主與近人的地方。

真福八端的教導[38]不該讓我們誤以為窮困和卑微的人就超凡入聖，天主的法則一向適用所有人：「你們不要以為我來是廢除法律或先知，我來不是為廢除，而是為成全。」（《瑪竇福音》5：17）而且，聖史瑪竇在真福八端後面紀錄的所有「聖訓[39]」，適用於最貧窮的人、門徒和所有聚在一起的百姓：與人和好、拒絕貪戀、對配偶忠誠、信守誓願、愛仇人、施捨時要低調、祈禱與禁食要真誠而不做作……窮困的人不也迫切需要這方面的教導與鼓勵嗎？難道耶穌在他無盡的溫柔慈愛中，不知道這些人有多麼需要被安慰、被肯認，以及所謂的「被重新賦予責任」？貧苦人所領受的重責大任，並不是法利塞人根據外在行為所訂的那些規條，而是在天主與鄰人面前的責任，持守純淨的心，並且做出可能的努力。基督從未把一個人的貧困視為他的義，他也從未把窮人當成毫無責任能力的受害者，彷彿他們無份於促進天國的到來，彷彿他們對他所宣告的正義、友愛與真理的天國根本發生不了作用——他從不曾以這種態度羞辱他們。相反地，他明確宣告他們是天主的子女，因此和其他所有天主的孩子一樣，被賦予了選擇的自由，無論這個自由多麼少，都還是能夠去寬恕、去愛、去選擇忠誠、去犧牲自己以造福他人。耶穌做了世人顯然一直沒有能力做到的事：他信任最貧窮的人，相信他們能夠放自己自由。他爽直地給了他們一個非凡的應許，要不是有這個應許，他的勸勉就近乎愚弄了：「你們求，必要給你們；你們找，必要找着；你們敲，必要給你們開（《瑪竇福音》7：7）」，換句話說，耶穌所要表明的是：「我知道這對你們來說很難，但不要害怕，天主與你

38. 譯按：真福八端的內容請參閱《瑪竇福音》5：3－12。
39. 譯按：此指收錄於《瑪竇福音》5：12－7：27 中的耶穌教導。

們同在。」

我的生活讓我每天都有機會去衡量這個應許對赤貧者來說是多麼重要。如果你被迫住在過度擁擠的公寓大樓，樓梯間堆滿垃圾，大家都知道你遭遇了甚麼不幸、都看到你流淚哭泣、發生爭執；別人家的狗跑來你家門口大小便，鄰居的小孩跑來偷走你在地下室辛苦存放的回收物。我們能不能想像，在這樣的情況下，要求居民互相寬恕意味著甚麼？當鄰居的小孩打群架，引來警察盤查，還把你家的小孩也牽扯進去，我們可以想像在這時候，要一個人不憎恨自己的鄰居，得付出多大的代價嗎？還有，這些破敗公寓大樓的居民，臉龐因為營養不良而枯槁，為了在吵雜的環境裡被聽見，他們的聲音變得刺耳，不僅令人生厭，簡直就是讓人避之唯恐不及。當你因為無知與笨拙，老是被當成次等人，變成大家的笑柄；當你總是穿得邋裡邋遢，住在令人羞愧的地方，你很難不把責任推到鄰居上：「就是因為他們幹的一堆蠢事，老闆才會看不起我！」、「就是因為他們，警察才會一天到晚來這裡巡邏！」

不會有人比這些家庭更需要敦親睦鄰、守望相助了，他們老是需要開口請求幫助，就算他們有千萬種理由討厭對方。「他們又打破樓梯間的燈泡了，害我帶小孩下樓時一片烏漆嘛黑的！」、「隔壁鄰居又把她家的垃圾丟到我家門口了，結果是我挨罵，被說成都不打掃樓梯！」光是為了在每天的生活中維持最低限度的和諧，他們就必須學會寬恕和遺忘。但是，不管是親眼目睹或臆測，如果鄰居犯下的錯誤讓你如此傷心，該如何不讓自己被苦毒淹沒呢？在第四世界，我們有時會跟一個失聯多年的家庭重逢，發現子女還在為同一個問題怪罪父母害他們失去工作或借錢不還害他們得要面對討債者。一個四十五歲的男子可能還在細數過往，彷彿那些事昨天才剛發生：「我父親非常暴力，他傷害我母親，就是因為他，她才會生病，而且，他還跟我說不爽就滾！」這番話他已經跟我們說了不下二十次，十年後，又重複同樣的哀嘆。原本就消瘦的他，在搬負重物扭到腰後，身體就更虛弱了，加上容易激動，講話又太尖銳，種種原因都讓他很難交到朋友。他肯定比其他任何人都更需要知道他出自一對相愛的父母，而且父母很愛他，唯有如此，他才不會一直浸泡在怨恨中。

這種無止盡的憤恨當然不會只出現在赤貧者身上，類似的情況發生在多數村莊的各階層，但對於那些格外依賴彼此、沒有外部資源又缺乏休閒娛樂的家庭來說，這種恨意發生的頻率更高。在之前待過的鄉間教區，我已經見識過這種世代結怨的家族。這些家庭越是生活在孤立的村莊，他們就必須更加用心守護屈指可數的家產，以免落入窮困，也因此，他們心中的怨恨似乎就更加難以平息。至於最貧窮的家庭，他們往往必須面對全村由來已久的責難，所以，他們家的小孩在村子裡幾乎交不到朋友。

我想這些群男男女女生命中發生的簡單事實，普世皆然，我在世界各大洲反覆看到類似的景況。因此，當我再次默想被群眾環繞的耶穌，不得不驚嘆其中跨越時空環境，連結普世人性的元素。聆聽耶穌對那個時代的窮人所宣講的話語，全都取材於他們真實的生活，我便想，我唯一要做的，就是向今天的窮人重述這些話語，除此之外，我不知道還有什麼言詞會更動聽，會更適合今日赤貧者的心靈和智慧。聖殿中被派去逮捕耶穌的差役說：「從來沒有人像他這樣講話的！（《若望福音》7：46）」博吉農（Paquignon）先生也說：「如果耶穌真的這樣說，那我相信他！」他和六個孩子住在法國貝桑庫爾市（Bessancourt）附近的鄉下，全家擠在田邊搭蓋的一間棚子裡，那地方原本是用來存放農具的。

難怪聖史瑪竇會觀察到這樣的景象：「耶穌講完了這些話，群眾都驚奇他的教訓，因為他教訓他們，正像有權威的人，不像他們的經師。」（《瑪竇福音》7：28－29）解經學者說這段記載表明耶穌身為天主子的權威，但我想，當群眾認可基督的權威，可能也是因為他們認出他是一位天主派遣的使者，聽出他十分了解人類的生命經驗。想想看，世界各地的窮人認同權威的首要標準，是這個人是否瞭解民間的真實情況，特別是他們遭遇的疾苦。「這個人知道民生疾苦，他理解人生！」這樣的評價呈現出人民對發言者真誠的敬重，但，這不多見，因為這群人聽完專家學者、知識分子、經師說話後，最常見的反應是聳聳肩：「他們永遠無法理解！」

群眾顯然把耶穌視為理解一切的人，耶穌也透過醫治他在旅程中遇到的又窮又苦又頹喪的病患來印證他們的想法；群眾心知肚明，他根本無需多作解釋。面對承受深沉苦痛的人們，天主所採取的首要且關鍵的舉動就是醫治，這樣的舉動不只是要減輕痛苦，更是要徹底摧毀赤貧，好拯救他們擺脫無法忍受的深淵。如果你不僅生活在赤貧中，還失明、癱瘓、染上癩病，這意味著你無法做出任何微小的規畫以展現自己身為天主兒女的身份。

貧病交加，就意味著不被當人看。又貧又病就意味著，別人認為你泥菩薩過河自身難保，因此，他們認為你不會有甚麼想法，你沒辦法再幫助別人，而且，你也無法引起親友的共鳴。在極度貧困的環境中，殘疾對其他人來說會變得難以忍受。身處福利國家、擁有先進醫療體系的我們，可能很容易忘記這一點，但，對於那些住在西歐都柏林貧困區、格拉斯哥破敗巷弄或巴塞隆納社會住宅的人來說，他們可不會忘記；那些在中非或查得忍受連年乾旱的人，也絕對忘不了。被赤貧烙印的身軀已令人不忍直視，想想看，赤貧再加上跛腳、失明、聾啞、癩病……。

我想基督正是以醫治這些病體的方式，嚴格執行天父的旨意，置身赤貧者中間，他只能這麼做，沒有其他選項。因為你只能選擇一樣，或者因為同胞變得不成人形給嚇退，或者擁抱他們；或者冷漠地向準備進村的癩病患者丟石子，或者熱情地向他們敞開雙臂，不冷不熱的中間地帶並不存在。我身邊的第四世界持久志願者似乎都肯認這種態度，他們選擇去服事最貧窮、最匱乏、最被赤貧烙印的人。既已如此選擇，就沒有任何惡臭或貧民窟能嚇退他們。我想起一位年輕的耶穌會神父德格林（de Ghellinck），他已經當了十多年的志願者。當他帶著一位貧病交迫的列日（Liège）市民參加彌撒時，原本坐在附近座位的教友紛紛走避，因為這位行動不便、衣衫不整，而且很久沒機會換洗的男子渾身惡臭。「其實我開車載他的時候，也覺得有點難以呼吸，」德格林神父為那些在教堂中和他們保持距離的教友找臺階下，即便如此，他無法想像在教區的所有窮人中，不去優先服事這位弟兄。

愛上最窮苦的人、接觸生病的人、擁抱癩病患者，都是同一個道理，這不就是基督教導我們的嗎？住在赤貧蔓延之處就是住在福音裡，不就是這個意思嗎？誠然如此——只要我們堅定不移地保持在祈禱狀態中，就是追隨一以貫之的基督之道。

第四章

「主！你若願意，就能潔淨我。[40]」

《 *Seigneur, si tu le veux, tu peux me purifier* 》

本章譯者：楊淑秀、林立涵

校正：楊淑秀

在某次第四世界平民大學[41]，我聽到有人說：「你知道，如果我有一棟房子，沒錯，我是沒有，但是，如果我有，假設我有，那麼，我一定不會讓朋友流落街頭。你知道，這才叫做團結關懷。你有一棟房子，你一定不會讓你的朋友睡在外頭。」、「假如老闆娘跟我說，沒工可以給你做，你得走路了，你一定會很難過，對不對？你一定會很傷心。這就是友誼，會替對方擔心，不會沒有感覺。」

耶穌講話，不就跟這些第四世界家庭一樣嗎？我這樣想，有錯嗎？但是，假如說他講話的時候，就像窮人中的一位，他不是像某些人跟兒童講話那樣，故意模仿童言童語，耶穌不是在施展甚麼教學方法，不是在挪用小老百姓的語言，不像一些大學生去鄉下對農民進行那種掃盲教育，耶穌講話就像窮人中的一位，那就是他本然的樣子。而且跟他們一模一樣，他不只用圖像說話，為了更容易被理解，他在舉手投足間創造了圖像。

《瑪竇福音》第八章1－4節記載，耶穌治好癩病人：

> 耶穌從山上下來，有許多群眾跟隨他。看，有一個癩病人前來叩拜耶穌說：「主！你若願意，就能潔淨我。」耶穌就伸手撫摸他說：「我願意，你潔淨了罷！」他的癩病立刻就潔淨了。耶穌對他說：「小心，不要對任何人

---

40. 譯按：標題名稱出自《瑪竇福音》8：2。

41. 第四世界在一九七二年創辦平民大學，作為赤貧者與社會大眾相互學習的平台。這個組織已經遍布歐洲、美洲和亞洲的菲律賓，詳情請參閱《讓發聲發生：第四世界平民大學五十年紀實》（星火文化）。

說！但去叫司祭檢驗你，獻上梅瑟所規定的禮物，給他們當做證據。」

走進福音，從一個地方走往另一個地方，駐足在人群中，注視著主，看著他舉手投足，我相信自己找到了他的真理。他的真理不僅存在於他的教導與宣講中，不僅發生在他生命中的重大事件或宣講的高峰，更在他與鄰里來往的方式裡面，在他每天的一舉一動中。正是在這個癩病人和其他那麼多人身上，我找到活生生的基督，是真正的天主子，也是真人。救世主不曾有過絲毫的作假，人的處境也好，神的處境也好，他不曾賤賣過一分一秒。這就是為什麼，他告訴我們，告訴所有信眾，特別是神職人員，特別是過獻身生活的人，特別是充滿活力的平信徒：成為窮人，成為一個貼近赤貧者處境的窮人不僅是可能的，更是自然而然，甚至是必要的；而且，雖入世卻不屬於這個世界，完全獻身於天主的事功。

我們曾經談過，在這件事上頭，有些人選擇看到矛盾。他們認為，如果耶穌真的成為赤貧者的一員，卻又拒絕為他們施展世俗的權力，豈不是有點不近人情，甚至不人道。但，耶穌的一生都在駁斥這種觀點。耶穌知道自己是天主子，作為天主子，他甘冒風險，甚至在這世間一敗塗地。與此同時，當他向窮人宣告天主的時候，就已大獲全勝。最貧窮的人已經獲得解放，而且那種解放不是任何一種革命可以獲致的。但是，唯有日復一日跟隨耶穌，跟圍繞他身邊的謙卑者密切來往，熟悉彼此，而非逢場作戲；唯有如此，我們才能在我們自身內向窮人傳報福音；不是在學一門功課，而是活出一個活生生的事實。這樣，我們才能體會到，傳福音事實上是讓自己從知識與金錢的權勢中解放出來。

耶穌沒有教導我們真理，他說：「我就是真理。」為了闡明這點，他做出真理的舉動。耶穌的一言一行，舉手投足，都沒有絲毫的算計。他不是在演戲，也沒有刻意安排痲瘋病患或癱瘓者走上舞台。生活方式使然，他經常遇到痲瘋病患再自然不過。他所選擇的道路注定讓他不斷遇到障礙者。當然，現在是這位，接下來是另一位出來作見證也是理所當然的，因為他的內心，他的敏銳度和他的眼睛不能不從人群中認出他們。有一天，一位猶太朋友告訴我：「儘管我已經在美國生活了很多年，但我從來沒有擺脫過一個行之有年的習慣，也就是說，不管在哪一種類型的聚會中，我總是非常本能地辨識出與會的每一個猶太人。」同樣，耶穌也是本能地轉向他的子民，如果他們沒有出現在他面前，他也能感覺到他們就在他身後。他比任何人都清楚地知道，赤貧者更能見證天主的仁慈、寬恕和愛。最窮的人最有能力見證這種看似瘋狂的信任：「我跪在你面前，因為你是上主，你若願意，就能治癒我。」

有好幾次，耶穌說能否治癒依靠的不僅是殘疾者的信德，也依靠治療者的信德。而且我們知道，有無數個窮苦的病患和肢體殘疾者得到治癒，不管是自己舉步維艱地走到他身邊，還是由親友攙扶著，他們應該都對耶穌滿懷信心，相信他能夠治癒他們。山腳下的這位痲瘋病人就是其中一位，而且是命運最悲慼的百姓中的一位，所以，他是耶穌特選的同行者，也是最佳的見證人。

對我來說，耶穌的這種陪伴關係一直是默想的基本主題。耶穌在我們面前醫治受苦者時，向我們展示了跟隨他的真理之路。這就是為什麼我經常在他與這位無名的痲瘋病人發生的奧蹟中，俯首默思的原因。他們的短暫相遇被描述成無數次相遇中的一次。然而，那次卻發生了非凡的奇蹟：「你被治癒了，你被拯救了。」從中，我們看到什麼私密的協議，什麼樣的承諾，什麼樣的解放，何種無聲希望的實現？

多年來，我看到如此多的男人和女人把他們的信任寄託在初次遇到的陌生人身上，把信任寄託在那些偶然經過貧民窟或社會住宅的人，這些過客，面對如此嚴重的匱乏，很難不做點表示，很難不伸出援手，不管是給一點錢或承諾要幫點忙。來到貧困社區或貧民窟「看看」的「有錢人」，面對眾多苦難，很難低頭謙卑承認：「我無能為力，我來自一個截然不同的生活圈，對赤貧一無所知，又毫無準備，我可以奉獻甚麼呢？」在這樣的場合，感到自己無力無助、派不上用場的，正是那些加入耶穌的義人。但是，大多數人卻認為自己有辦法，認為自己必須表現出一些自發的善行，他們不能不從口袋裡掏出一些物資來發放。他們不懂得靜默，忍不住要做出倉促的承諾。瘋狂的盼望於焉而生：「我剛才遇到一個人，他甚至來到我家，還找我說話。他說他一定會幫助我找到像樣的房子！」這樣的希望不會持續很久，很快就會出現抱怨：「我就知道他只是隨便說說……。」但是，一個人在灰暗沮喪的時刻，怎麼可能不緊抓著那根可能救命的稻草。

這就是赤貧者那種令人目瞪口呆的信任之心？從一個村落到另一個村落，從一個社區到另一個社區，他們聽到傳言：耶穌使啞吧說話，殘廢康復，瘸子行走，瞎子看見？或者，更進一步，有這樣的傳聞：「他既不是經師，也不是大司祭，他跟我們一樣都是艱苦人？」我想像現今在世界各角落的貧困區，底層百姓可能口耳相傳：「他知道他在說甚麼，他的父母曾經被迫流亡海外，他們的生活也是捉襟見肘，從小窮到大；跟我們的小孩一樣，他在學校也沒學到甚麼。在聖殿，看到他對答如流，知道的東西還真不少，那些大人物可驚訝了⋯⋯。」這就是今天的貧困家庭一起看聖經的時候說出來的話。耶穌是他們中的一位，別無他途，他只能愛他們，因為他是天主子。

窮人認為只要耶穌願意就可以成就，而且他們認為耶穌不可能不願意，因為他知道，他了解。日復一日，看到極端貧窮的百姓度日如年，苦苦掙扎，我們體驗到這是他們對天主和他的獨生子所能抱持的唯一觀點。「如果他知道我所知道的，如果他了解我們的經歷，如果他經歷我們所經歷的，那麼他不得不應許我們所願意的。他不能接受赤貧、羞辱和歧視；他必須終結赤貧。」這就是窮人的天主，他一直緊貼著他們的生活和心思，緊貼著他們的記憶。或許我們經常忽略這件事實，就是這位窮人的天主一直臨在於他們中間，不管是以何種方式。他不能不在那裡，赤貧本身要求他的臨在，上主的臨在參與他們的悲傷，看到人與人之間的相愛如此淡薄，看到人們如此不公不義，而且謊話連篇。上主之所以臨在，不是因為你上過主日學，或神父講道的時候告訴過你，也不是因為兒時別人跟你說不要忘記祈禱。他之所以在，是因為他不能不在，他拒絕赤貧者陷入絕望，他拒絕窮人不被當人看。

在山腳下，這個俯伏在地的痲瘋病人，等待著被耶穌觸摸，他相信他，不曾像他那樣被排擠的人是做不到的。在這幕經常發生以至於看似平庸的場景前，輪到我們俯首遙想，我們會感覺到，懷疑這位癩病人的心，可以說就是懷疑上主，就是懷疑所有被治癒者的心、懷疑奧蹟本身、懷疑耶穌和窮人之間不可思議的情誼。

耶穌能夠憐憫這些窮人和群眾，我們卻無法憐憫他們，或者我們的憐憫方式無法與之相比，但，至少，我們的憐憫總要摻雜著謙卑和感謝？我們知道，窮人在邁向天國的路上早已遙遙領先我們，過去一如現在。

生命中遭受的無盡苦難，讓他們不可避免地認出天主子，沒有他們，誰能教導我們無邊的信德和無條件的望德？沒有福音中的痲瘋病人，沒有今天的赤貧家庭，我們可能不會無知於教會的教導和由此建構出來的天主；因為這部分的天主被封閉在教堂的牆垣中，被限制在我們有限的智力與經驗中，讓我們對生活的大小事還是擁有某種把握。這樣的耶穌基督是我們死背出來的，這樣的一個愛人的天主是被放在一個框架裡面的，然而，窮人心中的天主是超越各種框架的、超越人類自己立下的各種界線、超越人的一切理智。

這就是約伯的天主，讓他即使遭遇各種挑戰，仍然頑強不屈、賣命相信的天主。就是這位不可思議的天主，超越各種智力的限制。他是處境過於悽慘者的天主，他們悽慘地陷入不見天日的深淵，為了能夠瞥見他的一點輪廓。而且，這也是一位不能不存在的天主，因為人創造出來的深淵太不公道，令人無法忍受，天主不能不來終結如此黑暗的深淵。

這個痲瘋病人對基督說：「你是全能的，你和我都知道，對你來說，沒有甚麼是不可能的。」這個痲瘋病人教導我：望德超越世人的理智，他教導我這個愛人的天主就像一股激流，沖走所有的障礙，圍剿謊言造成的傷害，除掉壓迫與剝削。

想到這個痲瘋病人，想到所有的痲瘋病人，所有的聾啞人士，所有的盲人，他們出門上路，走向耶穌，每思及此，我常常感到不安；因為一直到今天，我還是繼續看到赤貧界有那麼多的男男女女走向神父或牧師。如果他們中有人得到窮人的認同，窮人就會上前和他攀談，一如過去群眾試圖靠近耶穌，想辦法和他搭訕。然而，我經常造訪的街坊和社區，人們在談論教會時，已經很少說她的好話了。這些家庭認識的神職人員已經不像我母親所認識的本堂神父，他總是來到家裡，單純地聊聊、聆聽，也了解到在生命中的某些時刻，就只剩下默默的互助，左手給的，右手不知道。

一直到今天，我還繼續看到，一些家庭的父親與母親，在極端焦慮的時刻，在生命的轉折處，冒險走到神父的宅院，或是走向偶然經過他們部落的牧師。他們之所以這樣做，當然是為了獲得實質的協助，因為教會人士在他們眼中，依然是握有某種權力的人。但是，我確信，他們之所以走向神職人員，還有更深的緣由。因為一個神父或牧師，理應是一個天主的人，一個祈禱的人，他應該跟耶穌一樣，都在尋找迷失的羊。不管怎麼樣，你無法想像一個神父或牧師會不願意走到世界的深淵，而待在深淵裡的人，沒人疼愛，當然也就沒人去造訪。他們在深淵，不用互看，不必開口，就知道他們分享著同樣的處境。

最貧窮的人在記憶深處，還保留著這種神父的形象，即使，他已經不再去造訪他們，不再痛斥他們沒把孩子送去主日學，不再鼓勵他們在重重困境中繼續相親相愛。他們記憶中還有神父造訪的圖像，但是，我不得不追問，今天，對那些絕望者來說，還有甚麼元素讓他們依戀教會？基督徒的團體變得越來越有組織，這樣一來，教會還可以把天主的意義傳達給窮人嗎？還可以跟他們創造一種教會的記憶嗎？教會如果沒分享窮人的日常，那麼福音有可能在這些痛苦之地產生共鳴嗎？日常的所謂愛與關心，轉變成各式各樣的組織和參與模式，讓人害怕成為被利用的對象，這樣的堂區很難讓人對福音發出共鳴。對最貧窮的人來說，神父和修女就是一群獻身給受苦者和救主耶穌的人，我常想，這種圖像是怎麼來的？這樣的表述，並不是我發明的，不管我去到哪個赤貧地區，同樣的表述不斷出現。作為神父，去貧困區就好像是回到自己家裡，那種歸屬感在別處找不到。好像他那雙手仍然是基督的手，伸手要給出麵包和寬恕。無論走到哪裡，在法國西部康城的貧困社區也好，一個偏遠的村莊也罷，或是非洲的一座重刑犯監獄，也許是在瓜地馬拉的一個被飢荒肆虐的小村莊，或是紐約的一處遊民收容所，我都可以凝聚眾生，將他們的手緊緊握在我的手中，沒有任何人會因此感到驚訝。因為這是再自然不過的事情，在一個神父的身邊，被棄者的雙手緊緊握住彼此，團結在一起，心中只有一個願望，就是分享麵包、平安、和諧和希望，並且確信每個人都是人，都是天主的兒女。

群眾對耶穌說：「你能治癒我。」、「你能潔淨我。」可惜，一直以來，註解聖經的學者的解釋不夠充分，沒能好好說出這個潔淨的動作是一個普世性的解放，不僅對每一個時代都有效，而且在每個文化都是如此。因為在這個世界上，不管在哪一個民族，若出了一個兄弟，由於疾病變成拖累，或是因為赤貧，變成太過沉重的負擔，總是被說成有罪、不潔，他的不幸被解釋成因果報應，被當成命中帶剋，是掃把星，會給周圍的人帶來不幸，所以要把他趕出部落或社區？人們認為他們的不潔招致了天譴，並因此把各種排擠合理化，在每個時代，最貧窮的人都因此受到打擊，一直到今天還是這樣。那些罹患癲癇的兒童，或是一出生，他們的母親就因難產而死亡的嬰孩，那些被視為已經沒有生產力的寡婦，那些被學校視為多餘又麻煩的學生，那些日日憂煩纏心的家庭，被封閉在不適合人居的住宅，他們全都被堵在死胡同，求助無門，因為他們也以各種不同的理由被當成不潔，令人退避三舍？

仍有一些母親來到教堂，希望自己的孩子能夠領洗，她們對神父說：「你能潔淨我，因為你是天主的人。」仍有這樣的男人來敲神父的門，心裡想：「你可以為我做點甚麼，你不能拒絕見我。」因為緊張加上笨拙，他表面上就只是要求一點錢，藉口是太太生病了。如果這個神父有時間聽聽他，這個男人將吐露真情，甚至讓他進一步領悟自己當神父的初衷。

耶穌那個時代的窮人並不需要給出一長串的解釋，不需要杜撰悲慘的故事以贏得同情與理解。他們坦露自己：「主，我在你面前，我的慘狀你一清二楚，請治癒我，拯救我。」我焦慮地想到這個慈愛的天主當時的激動，想到這位痲瘋病人瘋狂的信任。我想到這些男人，來到我在諾瓦集貧困區的棚屋敲門，用他們的方式告訴我：「請幫幫我，我知道我錯了，我不應該打架鬧事，更不應該辱罵『條子』。」他們難道不是在用他們的方式說：「請治癒我」？而且，當他們請求原諒，他們所等待的，就只是這位慈愛的天主斬釘截鐵的答覆：「平安去吧！你已經獲得拯救，你的罪債已透過你所經受的痛苦得到補償，你的罪過是強加在你身上的生活處境造成的，導致你無法承受。平安去吧，你必得痊癒！你的信德救了你。」窮人憑直覺知道這點。如果有一天，我們這些神父，不再有勇氣去聆聽他們的告解，那麼，對這些謙卑者來說，將是多麼大的損失！這樣一來，我們是要怎樣對他們顯示出這位群眾的天主，這位救世主？

就像我們之前說過的，耶穌並沒有因此就使天主的兒女擺脫自己應盡的責任，無論是富人或窮人。但是，他心知肚明，當一個人受盡折磨，走到絕境，只聽得進這幾個字：「你的信德救了你。」我之所以惶恐是想到我們可能不懂得跟隨基督的腳步，也不懂得善用他的方法，所以在必要時刻，無法像他那樣與受苦者共融，告訴對方：「上主正如你所相信的那樣，他就是這個無法想像的愛，我們都只是他遙遠的倒影，幸好有你來提醒我。你知道我可能已經忘記的真相：你是天主的孩子，天父是不能否認你的，就像兒子不能否認自己的父親。」

對我來說，耶穌面前的這個癩病人並不是一個普通的抽象圖像，也不是信德百戰百勝的表達。他是我日常生活的永恆追問：你看看，一個被折磨得不成人形的人竟能這樣繼續相信！圍繞在我身邊的也是這樣的男男女女。信仰之路若要貫徹到底，我敢不敢走到那一步，成為他們中的一位，能夠擁有這樣一種直觀的信德，跟他們的信德產生共鳴，懂得像他們那樣預感，見證天主的愛。

如果說，最貧窮的人能夠預感天主的愛，那麼，該如何理解另一次的治癒，十個被治癒的癩病人裡面，只有一個回到耶穌跟前？

耶穌往耶路撒冷去的時候，經過撒瑪黎雅及加里肋亞中間，
走進一個村莊的時候，有十個癩病人迎面而來，遠遠地站著。
他們提高聲音說：「師傅，耶穌，可憐我們罷！」
耶穌定睛一看，向他們說：「你們去，叫司祭們檢驗你們罷！」他們去的時候便潔淨了。其中一個，看見自己痊癒了，就回來大聲光榮天主，
並且跪伏在耶穌足前，感謝他；他是一個撒瑪黎雅人。
耶穌便說道：「潔淨了的不是十個人嗎？那九個人在那裏呢？」
除了這個外邦人，就沒有別人回來歸光榮於天主嗎？」
耶穌遂給那人說：「起來，去罷！你的信德救了你。」
（《路加福音》17：11－19）

要如何看待這九名癩病人，被治癒了，卻不懂得感恩？我覺得這種事重複發生，再熟悉不過，讓我們和每個時代的窮人更加接近！我想到彌撒中許多關於忘恩負義的講道，都會引用這段福音。可是，我還很小的時候，就對這樣的解讀感到困擾。鄰居也希望我的母親懂得感恩，他們甚至沒給她時間稍微享受一下外界善舉帶給來的喜樂，她都還來不及告訴自己：「這下，問題解決了！終於可以鬆一口氣，我真的好感激！」

我想到這十名癩病人，一定因為被治癒而感到驚訝不已，還搞不清楚這是怎麼回事，更不知道該如何解釋發生在自己身上的事。我們能想像在會堂，司祭和會眾當時是如何接待他們的嗎？「又是這些製造麻煩的不潔之人，自稱被耶穌醫治了！這些人甚麼時候才會閉嘴？也不想想自己是甚麼身分，想來教訓我們，質疑我們的權威！來這裡讓我們瞧瞧，你們這些聲稱癩病已被治癒的傢伙？你們總不會說，是因為奇蹟，你們就變潔淨了吧？不要以為事情這麼容易解決，我們必須仔細檢查一下，還要等一段時間才能確認。你們總不會以為光憑耶穌一句：『你們去，叫司祭們檢驗你們罷！』就可以讓你們過關？他只是觸摸了你們，還是給了你們甚麼藥方？」

癩病人肯定會受到更多的懷疑，並引起不快，因為每次治癒的傳聞都會讓猶太教堂和聖殿的領導人感到困擾。我經常遇到類似的不信任感，好像最貧窮的人不配遇到好運。有一天，看到一個非常貧窮的家庭遷出貧民窟，有人告訴我：「這事不太尋常，肯定大有文章。」這戶人家在極度喜樂中，把自己的幾個破爛家具留給鄰居。如果真有甚麼「文章」，就只不過是他們繼承了一筆小小的遺產。眼看著這個原本倚靠救助過日子的家庭展顏歡笑，突然間獨立自主起來，不僅讓人跌破眼鏡，甚至還引起某些人的憤慨。

大家不僅認為奇蹟不應該發生在窮人身上，而且也不期望他們會做出甚麼努力。我遇到那麼多母親，每天殫精竭慮，讓孩子奇蹟般生存下來。我記得胡琦珥女士（Mme Rouquier），她的小女兒被強制寄養。兒童保護局的社工承諾，如果她把家裡整理得好一點，就把小女兒還給她，於是她做了令人難以置信的努力。她把那間接合不良的木板屋裡的每個縫隙都塞緊了，還用心刷洗水泥地面，並在沒人相信會黏得住的牆面上貼了壁紙。負責安排讓小女孩返家的社工督導在進入小屋時只問了一個問題：「屋裡這麼多改變，誰幫你的？你有付錢請人嗎？」這個母親反駁：「我沒請人，壁紙是我自己貼的，我希望小女兒擁有自己的房間，希望她在這裡會快樂。」社工督導允許孩子返家，但是她離開時，囑咐我說：「不要輕易相信這些人，他們總是謊話連篇。」

赤貧者發現自己總是不被信任，連在他們身上發生好事的時候也被懷疑。對一個終於找到工作的男人，總會有人說：「看他能堅持多久？」對一位試圖戒酒的父親，總會有人問他：「你確定你辦得到嗎？」對一個夢想自己的孩子能有好成績的母親，旁人會評論說：「有夢是很好啦，但是，她甚至沒送孩子去上學。」這是真的，但是，他們並沒有想到，這個母親連給孩子做早餐的食材都沒有。沒有人可以想像，強迫餓著肚子的孩子上學是一件多麼殘酷的事，而且是去一所嫌棄他們的學校，在那裡，他們甚麼都學不到。誰會相信這位母親真的希望孩子能夠擁有更美好的未來？

先是牧羊人在法官面前的證詞不被採信，接著是癩病患者在會堂中被控虛構故事，如今是赤貧者被認為「總是謊話連篇」。赤貧者說的話，甚麼時候被信任過？既然如此，對福音中這些被治癒的癩病患者，為什麼要因為他們不知回頭感恩而覺得驚訝，甚至憤慨呢？或許，我們更該保持緘默，自我詰問：「為了讓窮人的謝意能夠自然流露，我做了甚麼？怎樣做，才不會讓窮人的謝忱被嘲笑、被扼殺，甚至轉變成怨恨？」

如果我們要稱之為「不知感恩」的話，那麼，這就是打從一開始，我在諾瓦集的無家者營區遇到的情況，整整二十七年，不斷有朋友問我：「你們的行動至少有結果吧？這些人至少懂得感謝你辛苦付出的一切吧？」該怎麼解釋呢？事實上，「結果」愈好時，「這些人表達的感激」往往愈少，這的確常常讓我們覺得受傷。志願者團體需要時間、愛、深刻的共融，才有辦法理解感恩之情所以無法流露的千百種原因。

首要原因很可能出自外部社福單位對持久志願者的貶損，而這些貧困家庭首當其衝：「又是你們，又要來請求協助，你們社區有那麼多志願者有甚麼用呢？那些志願者自以為勝人一籌，結果呢，你們還不是需要我們的幫助！」、「有志願者跟你們在一起是不錯，但我注意到你們家小孩今天早上又沒去上學了！」類似的嘲諷不斷重複，而且不止於此，林林總總，在在讓這些家庭也跟著辱罵這些以敬意和他們來往的志願者，這群放棄職業生涯與高薪，選擇與他們共享生活的人。一位公職人員明明知道志願者當時領取的生活津貼比政府發放的社會補助金還少，卻跟這些家庭說：「這些人為你們提供服務是有拿錢的。」此話一出，這些被搞糊塗的家庭開始抱怨：「這些人一定把錢都放進自己的口袋裡……我丈夫出院時他們也沒有去幫忙接送……根本就是佔著茅坑不拉屎。」不過這類憤怒往往很快就平息了，因為到頭來，沒有人會因為發怒而沾沾自喜，但這也說明了想要在窮人的圈子裡撥弄是非、混淆視聽是多麼輕而易舉，因為他們可以把握的事物那麼少，可以信靠對象又屈指可數。

我不相信有任何一個家庭懷疑過志願者的真誠，我更不認為有任何一個圍繞在基督身邊的赤貧者會看錯人。但我太清楚富人有辦法貶損、嘲弄他們的信任，有時這些人這麼做是因為惱羞成怒或是挫折氣餒：「為什麼他們可以贏得他們的友誼？我們也試過，也盡力了啊！為什麼他們搶走我們的個案！」在猶太會堂，那些得到醫治的癩病患者會獲得更多溫柔有禮的對待嗎？司祭和法利塞人有辦法克制自己，不去散播疑雲，免得破壞癩病患者對基督的信任，那個唯一真正憐憫了他們的人？

除了這些常見的貶損，赤貧者還有其他不想表達感謝的理由。日子稍微好過一點的時候，光是想到那些在最悲慘的年月幫助過他們的人，就可能叫人難以忍受；想起那些曾經助他們一臂之力的人，就意味著回想起充滿羞愧的歲月，那些不被當人看，覺得自己一文不值的日子；想到自己是倚靠別人的幫助才站起來，就讓他們覺得丟臉，甚至懷疑自己過去是否真的什麼都不是，或許，就連現在也什麼都不是？阿朗（Alain）先生說：「我現在住的房子是他們幫忙找到的，但我甚麼都沒欠他們！」要忘懷經年累月的羞辱，需要的不只是時間，還要有辦法證明自己不靠志願者團體也可以站起來，他們也知道這個團體不會看不起任何人，更不會拋棄任何人。

我認識一些家庭，一旦搬家，在一個離志願者團隊很遠的地方找到工作，就要等上好幾年才會再次連繫，他們通常只在兩種情況下才會與之重新連繫：一是他們終於成功脫貧；二是每況愈下，再次落入貧困的處境。

最後還有一個原因，赤貧者發現，各種解決方案都會衍生新的問題，他們就更加恐懼，怎麼可能讓自己被感激之情淹沒？誰知道接下來會發生甚麼事？不管你是貧病交加、目不識丁，還是被眾人排擠，每個赤貧者都會發展出一套自己賴以為生的平衡，當一個人發現自己再也沒有辦法為生活做出更多的改善時，他就學著忍受目前的狀態。對他來說這是求生之道，但總會有人急躁地對他做出判斷：「他這個人就是安於現狀，不思上進……。」其他不明就理、不知道自己的評價有多傷人的所謂善心人士，甚至聲稱這個人根本是擺爛，缺乏克服困難的決心。他們忽視每個人都有自己懷抱的生活藝術，這樣的藝術激發每個人生存的勇氣與自尊，即使他們賴以求生的方法看似非常平庸。

印度和穆斯林國家並非唯一賦予某些貧窮及殘疾人士一個社會身份的國家，當然是窮人的身分，或許是乞丐的位階，不管怎麼樣，這都代表了一種安全感。每個時代和文化都發展出類似的機制，有些是整個社會的共同創造、另一些是個人的見解，但都獲得了大家的默許。即便在一個不肯承認赤貧繼續存在的社會，第四世界的家庭也在福利系統取得某種資格，以獲得最基本的幫助，包括被當成智能障礙這種讓人蒙羞的身份。如果這種身份忽然被取消、習慣的社會位階忽然被拿掉，這個人和他的家庭很可能會頓失所依，因為，僅有的一點安全保障也崩解了。在這種情況下，如果沒有全新的勇氣、能量、創造力、甚至是難以想像的膽識，幾乎不可能重新來過。

我親眼目睹了這樣的混亂和煎熬，有些人的殘障手冊突然被取消，醫療社福單位宣布他們可以重返工作崗位，面對這種突如其來的決定，他們的生存焦慮迅速飆到極點。我還記得，有位底層的勞工因為職業災害，一隻手被切斷，但他逐漸適應新的殘疾身份，新的生活也帶給他一些未曾經歷過的安全感。即使殘障津貼少得可憐，但是，他在道德和社會層面的安全卻變得較為穩妥，因為這是生平第一次，沒有太多人會因為他賦閒在家而苛責他。但是，一群外科醫師靈機一動，想幫他裝上義肢。於是，過去的磨難再次啟動，他仍是那個不識字、條件又差的底層工人，應付不了稍微體面一點的工作，但是，現在裝了義肢，人工手指可以稍微活動，他就得重新去就業服務處報到。想到自己又得日復一日各處求職，簡直像場惡夢，我看出他想盡辦法要延長復健的療程，可是他周圍的人對他即將面臨的悲劇絲毫未察，還在熱烈恭賀他的康復。

對於那些三十多歲才有機會學習讀書寫字的人來說，情況也差不多。忽然之間，他們必須面對先前無法想像的各種責任，這讓他們非常驚慌，我甚至看過其中一些人面臨崩潰。我也看過一些住在貧民窟的家庭，在最後一刻拒絕搬遷到條件更好的住處，因為改變環境意味著失去僅存的幾個社會連結，往後可能無法繼續仰賴左鄰右舍的幫助了，或許不能再跟雜貨店賒帳了，也沒法再向隔壁有老公在上班的大嬸借點錢了。剛出監獄的更生人也面臨類似的挑戰，因為很難找到工作，不容易租屋，更沒有朋友可以倚靠。

因此，怎麼可能不想到這些癩病患者，他們該如何面對這個事前毫無準備的劇烈轉變：「我再也不用和人群保持距離，再也不用大聲警告大家，要他們與我保持距離了，但是，今後，再也沒有人會為我把剩飯放到村莊入口了。我該怎麼辦？該怎麼謀生？有人會想僱用我嗎？說不定司祭說得對，最好再等等看，說不定我根本還沒好，說不定這樣也好……。」

想到那九個沒有回頭找耶穌謝恩的癩病患者，我試著想像自己是那個經常在彭圖瓦茲（Pontoise）天主堂大門口徘徊的男子。堂區的教友都認得他，大家都叫他「要飯的」，有些人對他視而不見，另一些人會給他幾個零錢，還有一些人會隨口貶損他幾句；不管怎樣，大家都默許這樣的情況。當彌撒進行到全體教友進行平安禮時，這名男子就會走進教堂，繞行一圈，跟大家握手，這時，沒有人會拒絕他。他是禮儀的一環、信眾的一員、一名貧困的弟兄。他沒有引起過份的關注，只是信守這神聖盟約中的本份，以換得他在這個信仰團體所應得的位置，一名貧窮信徒所當得的位置，被其他信徒所肯認的。

當然，這不是問題最理想的解方；不過，我每次都會告訴自己，幸好到目前為止，還沒有任何人冒出來，搬出什麼奇怪的名堂，試圖打亂這個人的生活。他的存在自有其意義，就算凡人看不出來，天主卻清楚曉得。

至於那些癩病患者，耶穌曉得他對他們做的是什麼，他也曉得司祭和猶太群體會要求他們通過何種步驟和檢驗，才能從原先緩慢步向死亡的狀態中，回歸活人的社群。他的確詢問了那些沒有回來稱頌天主的被治癒者的下落，但他並沒有說他們不知感恩，他太清楚那些被社會排除的人擁有怎樣的心思意念與生存方式，他並不覺得他們忘恩負義。他肯定會感到憂傷，這種憂傷預示了他將經歷的種種磨難，直到最終的受難，但他從沒有說自己被這些最貧窮的群眾給放棄，他太清楚他們懷抱的信德；他也知道，面對欺壓、輕視他們的壓迫者或毀謗者，他們的意見根本就不被看在眼裡。他對於富人、法利塞人、其他所有阻礙貧窮人進入天國的人態度嚴厲，不容置疑；但在我看來，那九位沒有回來的癩病患者，他們所經歷的就是法利塞人阻礙窮人接近天主的具體例證。當耶穌問：「他們不是被醫治了嗎？」這句話是對我們眾人說的。

不管是基督與過去的癩病患者，還是基督與現今繼續被社會排除的公民，都是我們必須持續默想的奧祕。

第五章

「你們也不要被稱為導師……」

《Ne vous faites pas non plus appeler Docteurs...》

本章譯者：林立涵

校正：楊淑秀

去那裡尋找耶穌？在他每天接觸的群眾中尋找，聞到人群的氣味，聽到那些激動的窮人哭泣，他們因為煩躁不安而高聲喊叫；被觸動，看到他們的眼裡只有耶穌，以至於彼此推擠，吵來吵去：「給我一點位子，別這樣推，我比你先到。」跟著可怕的隊伍，裡面擠滿各種有病的身軀，遇見盲目摸索的人，他們不知所措，焦急地問：「他在哪裡？我會在這個嘈雜的人群中找到他嗎？」在苦難的深處尋求主，不僅在某人一生堆疊的痛苦中尋找，更是在整個受苦族群的集體生命中找尋，他們累積起來的痛苦如無底深淵，以致於他們的命運看起來根本不可能改變。只有透過奇蹟，只有救主降臨才能讓人獲得釋放……尋找耶穌，一次比一次走得更遠，但是，深知你即將抵達時，他已經離開，他已再次上路，也正朝著最悲苦的人群走去，直到耶路撒冷，在那裡，赤貧者的苦難達到頂點……。

前幾天，我在中非的博桑戈（Bossangoa）[42] 市場停下腳步。這裡與阿比讓[43]，達卡[44]，布瓦凱[45] 的遊客所造訪的市場天差地別，和從科托努[46] 到阿波美[47] 的路上所穿越的市場相比，也截然不同。這是一個窮人的市場，他們只有一丁點商品可以交換：幾個煎餅，綁成一小把的五根火柴，幾個橘子……所有的村民似乎都聚集在那兒，包括站得遠遠的幾個已經痊癒的痲瘋病人。人類苦難的海洋，赤貧者被那些比他們好不到哪兒去的窮人剝削：講豪薩語（Haoussa）[48] 的小商販，就被認為是有錢人了。我不禁再次追問，此情此景，

42. 譯按：博桑戈阿是中非共和國的城市，也是瓦姆省的首府，位於首都班基以北 303 公里。
43. 譯按：阿比讓（Abidjan）是象牙海岸的最大都市（港口）和經濟首都。
44. 譯按：達卡（Dakar）是塞內加爾的首都。
45. 譯按：布瓦凱（Bouaké）是象牙海岸繼阿比讓之後的第二大城市。

像不像當初圍繞在耶穌周圍的群眾？這群男男女女，聚集在一個充分反映出他們的窮困的市場，黯淡無光，沒有顏色，沒有由他們親手製成的手工藝品，也沒有陳列得五花十色的農產品。如果耶穌今天去到非洲，這群百姓難道不是基督最急切尋找的夥伴？我不禁再次告訴自己，千萬不要搞錯，而且永遠不要停下追尋的腳步。

我不需要根據我個人的喜好，去虛構那些圍繞在耶穌身邊的人，或去臆測基督日常生活的氛圍，還有他在人群中所選擇的病人。但是，如何才能理解主耶穌？不管是透過他的偉大時刻，還是他給予的重大教導。除非更深入了解主的日常生活，否則我怎麼能認出主來？除非嘗試和他選擇親近的百姓來往，除非我也選擇和那些最先感受過他的溫柔、耐心和憐憫的人在一起，否則我如何能在祈禱中不斷親近主，並深愛他？

我不必費心去杜撰耶穌所深愛的百姓，我已經說過：耶穌並沒有給我們這種自由。我也不認為他希望我們每個人都去進行高超的歷史和社會學研究，或把過去的窮人與今天的窮人進行比較。但是我深信，他邀請我們反覆默想福音和當代赤貧者間的連結。「主啊，當你看到這些身上布滿膿包，穿著破爛的癩病人時，你的憐憫和痛苦讓你處在怎樣的一種狀態？你太了解你的子民，你怎麼會不知道十個被治好的癩病人裡面，會有九個一去不回頭？……主啊，我將我的痛苦獻給你。目睹這些家庭，找不到工作，身上只能套上別人贈與

46. 譯按：科托努（Cotonou）位於非洲西部貝寧灣畔，是貝寧的經濟首都，也是該國最大的城市。
47. 譯按：阿波美（Abomey）是貝寧南部的一座城市，人口約 12 萬。
48. 譯按：豪薩語（Haoussa）是非洲最重要的三大語言之一，它不是任何一個國家的官方語言，但它歷來是西非地區公認的一種商業交際語。

的舊衣，當我們一起找到辦法，解救了他們的孩子，他們就安心離去了。我將我的痛苦獻給你，因為這些父母從一個神父或一個志願者團體那裡得到關懷與幫助之後，就一去不回頭，他們因此被那些眼紅的人嘲笑：「你的本堂神父神通廣大，沒房子住，再去找他想辦法不就得了。」

當我置身在博桑戈的人群中，被大家左推右擠時，這些思緒湧上心頭；我也想到不遠處那群謙卑的修女，她們在城市的近郊照料癩病患者，幫助婦女在極端的痛苦中分娩，這些待產的女人的背脊因為過度的勞動而變形。沒有人會認為這些修女的服事對國家的發展能夠產生什麼助益，有人甚至譏諷她們完全無益於「結構性的改變」。一個歐洲人當著我的面批評：「這裡的修女不像那些巴西的修女，她們創建充滿活力的社區組織，思考土地改革的方法。」他說的話當然有幾分道理，但在巴西活潑的社區和中非博桑戈的癩病院之間，耶穌會去哪裡？在福音的記載中，他的腳步走向何方？他是去到一個充滿幹勁的村莊，還是去到一個處境艱難的村落？前者，村裡的農民政治意識抬頭，知道如何組織合作社來購買作物的種子；後者，村民由於生活條件嚴酷，人際關係緊張，大家在絕望中尋找救世主，以至於連癩病得到醫治也高興不起來。說不定他兩個地方都會去，但會在第二個村子逗留得久一點？

現今，基督會出現在那裡？是大都會的街道、廣場、市集，還是博桑戈的市集？在大都會，鈔票從一隻手轉到另一隻手，大家各忙各的；可是，在博桑戈的市集，人們因為瘧疾而汗流滿面（他們會說：「我有點感冒了。」）；在那裡，商業被外國人掌控；在那裡，民眾身上穿的既不是傳統的纏腰布，也不是非洲特有的長袍，而是大批由歐洲進口的二手衣物，這些老舊的T恤和牛仔褲，全都雜亂無章地堆疊在路邊，好讓窮人「挑選」。從城市進入鄉間，耶穌會選擇那些模範村落嗎？那裡的農民已經組織起來，道路依然通行無阻。無庸置疑，他當然會，但他難道不會更偏愛通往娜巴卡薩（Nana Bakassa）、庫奇（Kuki）、馬庫達（Markuda）的小徑？在那些地方，每逢雨季過後，乾季復來，龜裂的路面就變得更加崎嶇難行；在那裡，人們因為營養不良和阿米巴寄生蟲導致的高燒而形容枯槁，難展笑顏。疲累的農人向我們伸出雙手，試著撐起身子，最後還是無以為繼。看起來，這些村落住的盡是小孩和老人，一方面，極端疲憊加速人的老化，當地村民的平均壽命不過四十，這群求告無門的百姓眼睜睜看著比較有活力的村民和年輕人都逃往氣候可能溫和一點的地方去了。

在這個國境交界之處，時有難民來來去去，他們至少還帶著一點盤纏；但是，世界銀行的發展計畫不會光顧這種地方。世界衛生組織（WHO）、聯合國兒童基金會（UNICEF）、國際開發協會（IDA）等組織都到哪裡去了？在這些窮鄉僻壤，沒有人知道這些國際組織在做什麼，有時人們會拿到一包印著WFP[49]（世界糧食計畫署）的糧袋，但他們都不曉得這三個英文字母是什麼意思，而且此事由來已久。「說不定外界的人根本不知道我們的存在？」被問到國際非營利組織在此地的活動狀況時，他們會說：「我們不知道那是什麼？他們不曾來過我們這邊，我們只認識神父和修女……。」

為了更好地默想福音書記載的一切，我們不會優先拜訪那座為了治理塞內加爾河而興建的大水壩，也許我們會選擇走向中非南部正在致力提升棉花收成的地區？但是，在重點發展區域以外，還有那些「只有神父和修女才會去」的地方，他們唯一的使命是宣告：「你的信德救了你，你的靈魂不會被吃掉，她會一直活著。」你的信德救了你，因為你身無長物，只剩信德；因為在你的天空下，沒有興建中的水壩會帶給你甚麼希望，路上也不會出現棉花專家來跟你解釋如何得到加倍的收成。

教會決意來到這些荒蕪之地，她並沒有走錯路。然而，這項決定不就是她遭受質疑的主要原因嗎？那些懷疑教會的人沒有體悟到：效率並非王道。第四世界的團隊派駐之處也遭受類似的嘲諷：「幹嘛浪費精力在這群人身上？他們既沒有組織合作社的能力，也不懂得運用集體的力量爭取購買肥料的補助。我敢說這些志願者一定是蕭規曹隨，走那些老修女走過的路線，教婦女打毛線？」修女們確實曾致力於此事，而且，為此，她們得發展出一種獨特的敏銳度，意識到這群人辛苦勞動的成果不斷被剝削，他們汗流浹背所種出的棉花被低價收購。只有願意共同背負生命重軛的人才會理解，赤貧者的雙手所期待的是什麼：親自將棉花紡成棉線，然後再將棉線織成手工藝品，好能裝飾身體、小屋、環境、禮儀和祭典。那些在所謂較不發達國家主導發展計劃的專業人士，可曾像耶穌或這群修女那樣，花時間和當地的人們深刻共感、融為一體？

發展出苦人所苦的敏感度：「我們同甘苦，共患難，一起生活和盼望，我

49. 譯按：WFP是World Food Programme的縮寫，指「世界糧食計劃署」。

能夠受到你所感受的。」吾主在人間三十年的歲月，只有這種經過時間考驗的共融，才能讓他以這樣的質地回應這個獨一無二的時刻：

有一個患血漏十二年的女人，
從後面走近，摸了他的衣服縫頭，
因為她心裏想：
「只要一摸他的衣服，我就會好了。」
耶穌轉過身來，看着她說：
「女兒，放心罷！你的信德救了你。」
從那時起，那女人就好了。
（《瑪竇福音》9：20－22）

她在耶穌後頭，盡量不引人注目，彎著腰，面朝下，觸摸他的衣服。其他任何人一定會繼續往前走，壓根不會注意到她的存在；但基督不是其他任何人，他對人類的苦痛有著不可思議的敏感度，他可以感受到每個受苦者的痛楚。

福音書記載，耶穌對她很好。如果按照法律和習俗，大家一定會把這個被視為不潔、無用的女人給打發走；然而，耶穌卻推翻傳統，從芸芸眾生中辨識出她來，凸顯她的存在。這些都值得我們好好默想。不過，首先最令我們感到讚嘆的，難道不是耶穌竟能察覺到她就在身後，並感受到她的焦慮和無邊的盼望？十二年沒能獲得醫治的血漏、十二年的筋疲力竭，更難以忍受的是十二年來蒙受的輕蔑，被視為不潔、被列為賤民：「別靠近我！」而基督，在還沒看見她之前，就已經感受到她身邊的人拒絕看到的面向：十二年的孤獨和病痛造成的重擔。

別忘了，耶穌此行本來是受邀到別的地方，他和門徒正要前往一位會堂長的家中，他懇求耶穌救活他剛斷氣的女兒。這是福音經常發生的相遇和醫治：耶穌正要去處理一件重要的事，但是，他的注意力似乎在其他地方，他會在中途停下腳步，因為他遇到一樁太過沉重的苦難。連他的門徒也不會為此放慢腳步，我們通常也都視而不見。難怪第四世界的家庭常說：「他們沒有時間理我們，他們不關心我們。」然後又補上一句：「他們忙著開會。」基督卻沒辦法轉面不顧，他總是顧念最卑微的人，因為他們遭受各種打擊，他沒有辦法視而不見，更不可能加快腳步說：「我現在顧不了那麼多，下次再說。」這位婦女身心俱疲，耶穌完全感同身受，在她開口以前，他已經感受到她的苦楚。

《路加福音》的作者喜歡提供細節，他補充耶穌是如何察覺到有一隻手觸摸了他，於是才轉身[50]。即便如此，耶穌與這名婦女間共感共融的奧祕仍是完整無缺的。當耶穌問：「誰摸了我？」伯多祿不耐煩地回道：「老師，群眾都在擁擠着你！」既然如此，何必在乎有沒有人伸手觸摸主呢？《路加福音》的作者說：因為他覺得有能力從他身上出去了。但是，若非耶穌深刻感應到這位素未謀面的婦女承受的痛苦，何來這股「能力」呢？一位聖經註解專家審慎解釋這股「能力」的意涵：「一種獨立於基督意志而運作的能量，但他能清楚感知這股能量的流動。[51]」這不正清楚解釋了基督如何透過自己與加里肋亞境內貧困與受輕視者的朝夕相處，而使這樣的敏感度（sensibilité）成了他人格的一部份？

再一次，我想到狄阿邦修士（Albin Descombes）在非洲的經歷，有一天，他湊巧經過一間小茅屋，有名婦女在屋旁的蔭涼處坐著。她一句話都沒說，也沒有刻意引起他的注意，只是注視著他。是什麼讓狄阿邦修士忽然停下腳步，轉向這位坐在陰影中的婦女？「妳看起來不太好，我給妳一些藥，希望妳能慢慢恢復，妳現在先吃兩顆，晚上再吃兩顆……。」

我們對基督那無與倫比的敏感度的默觀永遠不夠，我們有尋找各種方法去發展那種敏感度嗎？當狄阿邦修士去到這座村落時，另一名歐洲人也在非洲，他是歐洲共同體的委員，正在視察一座歐洲資助興建的水壩，目的是要改善這一帶的農田水利。他是個正直清廉的人，致力於對抗貧困，但是，他有機會感受到那些因為興建水壩而失去土地的農民所感受到的絕望嗎？他被允許看到什麼？他都遇到什麼樣的人？現代化的社會結構讓他成了一個由技術專家治國

50. 譯按：詳見《路加福音》8：43－48。

51. 原註：請見大公聖經譯本（Traduction œcuménique de la Bible）新約第 222 頁，註釋q。

的囚徒，他們失去閉嘴與聆聽的能力，也無法讓人民真實的心聲打亂既定的計畫。他是一個被專家圍繞的高階公職人員，他會遇見一些有組織的農民、觸摸他們種出來的高品質白米、看到他們在理論上可以如何提升作物產能，他也會收到一些頭頭是道的評估報告。但是，誰能幫助他遇見這些因水壩而失去家園、失去耕地的人們？他們被剝奪用雙手耕作的生存機會。誰能幫助他注視這群人的雙眼，感受他們無聲的痛苦？

當我們談及基督如何以他的敏感度承接住窮人的焦慮，那種富人無法覺知到的焦慮；當我們談及基督徒應如何承擔起守護者的角色，有些人就會轉移話題：「所以你們反對水壩的興建囉？」但，這不是問題所在，想要更好地治理環境當然值得稱許，但耶穌難道沒有提醒過我們，某些人增加的掌控力常是以犧牲其他人為代價，而且無助於救人免於剝削與奴役？

事情經常往相反的方向走，其他人手中握有的新權力常給弱勢者帶來新的壓迫。事實上，在一片乾涸的土地中築起一座水壩意味著巨大的權力。忽然變得豐沛的水流不見得能洗淨人與人之間的競爭和權力慾。耶穌並沒有要求我們反對水壩的興築，他要我們親近那些無法從中獲益的受壓迫者，也親近那些從中獲益的人，好讓每個人都能得到公平的份額。我們所關注的並不是灌溉工程，甚至不是整個計畫會造成何種不平等的利益分配，我們要追問的是圍繞在高階公職人員周圍的這些人（我們不敢說他們是發展計劃中的法利塞人），他們阻止一個充滿善意的領導人去聆聽赤貧者的控訴，不讓他認識他們的面容。安排行程的這些人，甚至不讓這名領導有機會與貧困者見面。技術專家治國的意識形態甚囂塵上，以至於這位領導人聽不見那些已經上路跟隨耶穌腳蹤的人，他們跟他一樣，都渴望阻止新的不公義產生。

羅患血漏的婦女獲得醫治當然再次確認一件事，那就是耶穌和這些被視為不潔、不名譽的人來往必須付出名譽掃地的代價，但是，他卻不惜賠上一切。我們已經看到耶穌在曠野受試探時所展現的決心，但單憑此事，還無法想像耶穌可以自我捨棄到什麼地步；我們若更深入默觀福音書，就會不斷發現這些精確且讓人目瞪口呆的跡象。耶穌對聲譽的棄絕，並不限於僅和那些「好窮人」、「新窮人」或其他所謂值得幫助但不會危及社群聲譽的人分享生命。耶穌真有必要去和那些受到詛咒的群體為伍嗎？事實上，雖然他的門徒對此滿腹狐疑，耶穌卻不急著以口語直接給出答案，他以生命當作回應。他以一輩子的生活明確表示：「若我不打從一開始就和他們同行、分擔他們的生命、分享他們的盼望，我如何能全然順服？我如何走到蒙羞受辱和被咒詛者的髑髏地，直到被釘上十字架？」就這樣，日復一日，他透過實際行動表達自己的決志：

到了晚上，人們給他送來了許多附魔的人，他一句話就驅逐了惡神；治好了一切有病的人。這樣，就應驗了那藉依撒意亞先知所說的話：「他承受我們的脆弱，背負了我們的疾病。」

（《瑪竇福音》8：16—17）

關於承擔殘疾人士的病痛，有必要想像這只是有限度的承擔嗎？耶穌在接下這些附魔的殘疾者時，他能夠不同時接下他們所遭遇的拒絕、嫌惡、以及他們在各處引發的驚恐嗎？同一天晚上，全城的居民竟然請他離開他們的地盤……[52]。當耶穌分擔癩病患者與罹患血漏的婦女的痛苦時，他能不分擔這些疾病所沾染的汙名嗎？

耶穌回答這些問題的方式，並非先靠口沫橫飛的講道，而是先透過他的日常生活。我們可以確定，最終把他釘上十字架的，並非只是他的講道內容、也不只因他自稱為默西亞或他充滿慈悲的行動；最終把他釘上十字架的，更是他認同那些被唾棄的「敗類」，他竟然揀選這些人為他的知己與信使，這就注定了他在髑髏地的命運。耶穌不僅激起神學的爭論，他的教導與言行更是背離了世俗的秩序：「有許多在先的要成為在後的，在後的要成為在先的（《瑪竇福音》19：30）」，事實上，基督藉由選擇甚麼樣的朋友與同伴，實現了這則預言。在所有意義上，天國早已實現了；這樣的天國在過去不為人所接受，今天依然如此。

這也是艾蘭女士（Hélène Monnier）不久前才了解到的事實。她的市長請她協助建立赤貧家庭與市府社會局處間的連結。她很快就發現，被排擠的族群如何顛覆萬事的秩序。例如社會救濟對求助無門的家庭來說其實緩不濟急，而且育兒津貼也沒有準時發放；她也很快發現，子女眾多的家庭根本無法透過

52. 譯按：作者在此所指的出自這段經文「全城的人就出來會見耶穌，一見了他，就求他離開他們的地區。」（《瑪竇福音》8：34）

「無殼蝸牛重新安置計劃」（Programme Social de Relogement）去尋得住所，現有的供給面只夠應付育有一、兩個小孩的小家庭；其他困難還包括學業成績嚴重落後的孩童找不到學校就讀、多年來無法領取任何補助的失業父親就業困難。這些困境之所以被看見，是由於第四世界的家庭成員終於能透過艾蘭女士為自己發聲，不必再坐等其他人來定義他們的需要。

簡而言之，必須調整現行的人權落實方式，才有辦法回應底層人民的期待。這意味著必須全盤調整現行社會法規，但是，這樣的提議肯定會被否決。於是乎，艾蘭女士在市政府就變成了公職人員眼中不甚討喜的貧困者代言人，她頂多被當成代表第四世界家庭的善心人士；事實上，政府機關不只認為她對窮困家庭毫無益處，甚至還把她視為干擾。

艾蘭女士只是簡樸地踐行耶穌說過的話：「你們也不要被稱為導師，因為你們的導師只有一位，就是默西亞。」（《瑪竇福音》23：10）但是，這就冒犯了現行的等級制度，讓體制內的人難以忍受。一如耶穌居然揀選了一位撒瑪黎雅婦女作為和他討論重要神學議題的首位密友，他選擇和她探討一個通常只有最頂尖的學者和司祭才可以討論的議題。

在那裏有「雅各伯泉」。
耶穌因行路疲倦，就坐在井旁；

那時，大約是第六時辰。
有一個撒瑪黎雅婦人來汲水，
耶穌向她說：「請給我點水喝！」
那時，他的門徒已往城裏買食物去了。
那撒瑪黎雅婦人就回答說：
「你既是個猶太人，怎麼向我一個撒瑪黎雅婦人要水喝呢？」
原來，猶太人和撒瑪黎雅人不相往來。
耶穌回答她說：「若是你知道天主的恩賜，
並知道向你說：給我水喝的人是誰，
你或許早求了他，而他也早賜給了你活水。」
那婦人問說：「先生，你連汲水器也沒有，
而井又深，你從那裏得那活水呢？
難道你比我們的祖先雅各伯還大嗎？
他留給了我們這口井，
他和他的子孫以及他的牲畜，都曾喝過這井裏的水。」
耶穌回答說：「凡喝這水的，還要再渴；
但誰若喝了我賜與他的水，他將永遠不渴；
並且我賜給他的水，將在他內成為湧到永生的水泉。」

婦人說：「先生，請給我這水罷！
免得我再渴，也免得我再來這裏汲水。」
耶穌向她說：「去，叫你的丈夫，再回這裏來。」
那婦人回答說：「我沒有丈夫。」
耶穌說：「你說：我沒有丈夫，正對；
因為你曾有過五個丈夫，而你現在所有的，也不是你的丈夫：
你說的這話真對。」

婦人向他說：「先生，我看你是個先知。
我們的祖先一向在這座山上朝拜天主，
你們卻說：應該朝拜的地方是在耶路撒冷。」
耶穌回答說：「女人，你相信我罷！
到了時候，你們將不在這座山，也不在耶路撒冷朝拜父。
你們朝拜你們所不認識的，我們朝拜我們所認識的，
因為救恩是出自猶太人。
然而時候要到，且現在就是，
那些真正朝拜的人，將以心神以真理朝拜父，
因為父就是尋找這樣朝拜他的人。

天主是神，朝拜他的人，應當以心神以真理去朝拜他。」
婦人說：「我知道默西亞——意即基督——要來，
他一來了，必會告訴我們一切。」
耶穌向她說：「同你談話的我就是。」
（《若望福音》4：6－26）

這事超過我們所能理解的範圍，就如同當時的門徒也目瞪口呆，以致於連問都問不出口：「你想從她那裏得到甚麼？」或「你為什麼跟她講話？」這些門徒一向很會向他們的師傅提出一堆問題，到底發生甚麼情況讓他們驚愕到說不出話呢？

一個撒瑪黎雅婦女到井邊汲水，她在正午時分抵達，此舉無疑是為了避開其他結伴取水的婦女，她們通常不會在這個時間點出門。這是一個連同族的人都唾棄的婦女，她肯定也非常貧困，因為正經男子不會娶這種已經跟許多男人有過關係的女人。對一個身為猶太人的耶穌來說，如果有所謂不潔的女人，那麼這裡就有一個，而且是兩倍、甚至是三倍的不潔。也因此，他們接下來這段簡單的對話是多麼奇妙啊！我的經驗是，只有最貧困的人才能用這種爽直的方式和身分比他們高的人談話；那些多少有點地位的人不敢完全省掉外交辭令。為了生存下去，為了騙取一點幫助或擺脫險境，最貧窮的人會以自己的方式虛構、捏造、編排所謂的事實；不然的話，他們沒辦法活下去，也無法維持最起碼的尊嚴。但另一方面，他們不知自滿和矜持為何物，而這兩種特質是那些爬到一定權位的人常會沾染的氣息，他們考慮的是如何保住現在這個位子，而且，能爬多高就爬多高。我們看過第四世界家庭的父老在新年接待法國總統到自己的社區和家裡，看過貧困婦女和部會首長交談、看過窮困者一家大小受邀到法國財政部享用晚餐，他們真的是無拘無束，把「無入而不自得」發揮到極致。

《若望福音》的作者也記下這種「無拘無束」，耶穌的人格當然對這種自在的氛圍也大有影響，我們總是可以認出基督的樸實無華。我想像他與這位婦女交談時是多麼自在，跟富人遇到窮人偶爾會有的那種矯揉造作差了十萬八千里。這位撒瑪黎雅婦人渾身都是赤貧和輕視的烙印，我不知道有多少次聯想到她，有多少個黃昏，我似乎看到她刻意迴避的身影，拿著便盆匆匆走向諾瓦集貧困區唯一的公廁；我也在一名外出取水的母親身上認出她來，她的眼睛直視前方，快步前進，彷彿要面對甚麼挑戰，好像這樣就可以迴避可能出現的嘲弄。我不曾在其他婦女身上感受過這麼深切的自卑和痛苦，有時甚至還只是少女，就已經預先上緊發條，硬著頭皮，隨時準備好要迎擊各種嘲笑與惡意的眼光；在路上和她們擦身而過的時候，我不曾如此心疼過，憐憫之心油然而生。

對我來說，那位撒瑪黎雅婦女也是艾蓮娜（Héléna）。當她有點醉意地溜回社區時，會悄悄爬上樓梯或躲到地下室門後，免得看到鄰居們聳肩搖頭、一臉不屑的樣子。艾蓮娜不僅非常貧窮，而且還是波蘭人。我不會忘記，某年五一勞動節，我受朋友之託，按習俗帶著一枝鈴蘭花去拜訪她時，她的鄰居們全都用譴責的目光注視著我，我很確定他們十分懷疑我這個神父的動機，私下猜想：「連神父都被這賤貨給誘惑啦？」一如其他因為太過貧困而無法保護自己的婦女，艾蓮娜也有過好幾個丈夫，她甚至沒有力量抵抗最後一位先生，他動不動就對她拳打腳踢。身為三個孩子的單親媽媽，生活沉重得難以負荷，她整個人像是被愁雲慘霧給籠罩，而且被當成「容易上手」的女人。從鄰居的眼神可以看出來，帶著鈴蘭花去探望她，根本就是破壞自己的名聲，跳到黃河都洗不清。

自覺糟蹋了我的名譽，艾蓮娜跟我談起信仰，以此做為感謝。她談到自己的童年和青少年，她如何在波蘭和法國度過這些時光，她的父母雙雙死於集中營，還有戰後她在巴黎龍蛇混雜的狹窄公寓那段經常飢腸轆轆的日子。接著，她以一種近乎抱怨的口吻說：「我畢竟是個教友，我很想找到天主、敬愛天主。」我聽到的不就是這位撒瑪黎雅婦女在說：「我該去哪裡朝拜天主呢？」艾蓮娜說：「我不能去教堂，你能想像我這種女人出現在教堂嗎？」當然，怎麼會不願意她來教堂呢？怎麼會不想在那裡看見她呢？但海蓮娜反駁：「別消遣我了，我知道自己幾兩重，看我這副德行，這張腫脹的臉。」我跟她說：「這不是重點，重點的是妳來看看聖母，在瑪利亞旁邊，你會找到別的婦女也在那邊祈禱，然後妳會找到天主。」她回答我說：「聖母瑪利亞，我這裡就有啦，你看我這尊小雕像，而且我也會祈禱，不過都是等到孩子出門後，我太害怕時就會祈禱，小時候我學到要祈求耶穌說：『可憐我吧！』但現在我不好意思這樣求他，他會怎麼看我呢？不過我還是相信他會俯聽我，寬恕我。」還好有這位撒瑪黎雅婦女，我才有辦法告訴她，她完全正確。於是，像是重物突然落地，艾蓮娜雙膝跪下，和我一同誦禱〈天主經53〉。

這是一個普通神父日常生活中發生的一件小事，即便如此，這表達出今日第四世界的婦女和當時由耶穌所揀選的撒瑪黎雅婦女之間，存在著何等親密的連結啊！我想像在井邊的這兩個人，彼此的互動是何等自然，像是兩個熟悉的老朋友，一見面就開門見山、直指核心。耶穌並沒有忽視這位婦女的極端貧窮和罪婦的處境，而是讓事物各得其位，並且以此為出發點，澄清一個非常重要的觀點，我想，這對耶穌和這名撒瑪黎雅婦女都非常重要。想想那個時代，洗者若翰的門徒與耶穌的門徒正在進行論戰54，難道耶穌會把這些神學爭論的憂煩跟這位沒有學識的婦女分享？大家認為一個愚婦所知道的那一丁點就只夠跟她說：「妳應該這樣做，妳不該那樣做……，妳應該在這山上敬拜，不要像猶太人那樣去耶路撒冷敬拜。」基督怎麼會想要跟她討論神學議題的核心呢？

但他就是這麼做了。一如往常，他沒有刻意安排任何一場相遇或是為了適應某種教育方法而慎選用詞。如同聖史紀錄的其他賜給我們深入默觀的相遇，這段井邊對話必然的特質令我讚嘆不已，耶穌和這撒瑪黎雅婦女都展露各自的本質和彼此都關注的議題，這段對話不可能發展成其他樣貌。這位耶穌如此生動，克盡職守，忠於天命，值得我們熱愛。他不是用嘴巴陳述真理，他就在我們眼前活出真理，他就是真理。

53. 譯按：〈天主經〉又名〈主禱文〉，指《瑪竇福音》6：9－13；《路加福音》11：2－4 中，耶穌教門徒如何祈禱時，所說的禱文。

54. 譯按：這段文字大約是作者對於《若望福音》3：22－4：2 的解讀，承接這段經文的就是耶穌與撒瑪黎雅婦女的相遇。

所以，我們一點都不必對這件事感到驚奇，這位撒瑪黎雅婦女比眾經師更早、甚至比門徒更早學到，爾今爾後，天主等待的朝拜該有何種品質。耶穌在跟一個罪婦講話的時候，並沒有擱置或避談世界的重大議題；他抓緊機會跟她講知心話，於是，這位知己成為他的信使：「你們來看！有一個人說出了我所作過的一切事：莫非他就是默西亞嗎？[55]」其他撒瑪黎雅人最後還是提醒她別忘了自己的身分地位：「現在我們信，不是因為你的話，而是因為我們親自聽見了，並知道他確實是世界的救主。[56]」不過，無所謂，這似乎是人類固有的天性，很難接受一個比自己卑微的人能教我們什麼東西，總是不肯承認最貧窮的人的確教導了我們！無論如何，這位撒瑪黎雅婦人仍是耶穌揀選的信使，一如得到醫治的那名患了血漏的婦人和那名癩病患者，他看見自己的病好了，就很快回到耶穌和群眾面前宣告他的信仰！

所有這些人物，這些出現在福音書中人的確都是重要人物，因為他們都將反映出基督的形象，他們同時是基督的信使又是這信息活生生的例證。「我被赦免了，我就是那個不敢出現在敬拜所，只敢在心裡默禱的人。」他們是受到祝福的信使，他們用自己的方式覆述耶穌跟他們說過的話：「天主並非先是神學問題，天主是愛。」基督所揀選的信使還要告訴我們更多：「如果你們的神學不再是窮人所能理解的，如果這些神學把你們侷限在只有專家能懂的辯論中，那神學就跟天主失去了連結。」關於撒瑪黎雅婦女的事例，人們還是有可

55. 譯按：這段話出自《若望福音》4：29。

56. 譯按：這段話出自《若望福音》4：42。

能誤解。他們想，耶穌會不會簡化了問題，好讓沒有學問的婦女也可以理解？但是，耶穌不曾進行所謂對小百姓的「推廣教育」，他澄清事物的本質，而且這樣的本質不只是憑內心的感覺所能觸及的，我深深相信，它也是每個聽眾的智慧都能理解的東西。他的生活智慧足以回應這一切，如同窮人的生活智慧得以全然擁抱耶穌的醫治。

殘疾的、瞎眼的、病了十二年的謙卑婦女、被棄絕的撒瑪黎雅婦人……這些人都不是、也永遠不可能成為神學家。也許有人會說，耶穌之所以選擇這些人當他旅程的同伴，是基於憐憫；不過我認為，他所做的不僅於此。這位撒瑪黎雅婦女跑回村裡大叫：「快！你們來看！」她不是一個沒有醒覺的橋樑角色，她原本習慣避開眾人汲水的時間，免得在路上遇到其他人，所以，她並非未經思考就勇敢地向眾人坦露自己的私密：「有一個人說出了我所作過的一切事。」然後，又補上一句：「莫非他就是默西亞嗎？[57]」她已經先相信有一位叫做基督的默西亞要來「告訴我們一切[58]」。寬恕、愛、一種喝了就能永遠不再渴的活水、人的內在與心神所承載的勝於外在的一切……她早已完全準備好要聆聽這些教導。

也許有人會問，萬一跟從了錯誤的神學，或是，跟了錯誤的神學家怎麼辦？至少，如果我們願意重新認識這群男男女女，他們掌握著對天主最精要的認識，那麼，接下來，那些飽學之士想依此建立甚麼論證也就隨其所願？如

57. 譯按：這段話出自《若望福音》4：29。
58. 譯按：這段話出自《若望福音》4：25。

果，我們像現在這樣，以至貧者的經驗為出發點重新閱讀福音，如果，我們也這樣重新閱讀我們的神學？關於這些見證了基督的生命與人格的最謙卑者，我們要花多少個鐘頭、多少個春秋、多少個世紀去默想、去重新發掘並整理匯聚？在教會悠久的歷史中，有沒有那一個片刻，哪一秒鐘或在哪個地方曾停止過這樣的默觀？這時代真正的貧窮和悲劇，在於教會太常任憑這些默想從指縫間溜走，沒有一個地方鮮活地保存了這些記憶：歷代的瘸子、癱子的記憶，因疾病而痛苦地佝僂著身子悄悄觸摸耶穌衣角的這位瘦弱婦女的記憶、還有這位撒瑪黎雅婦人的記憶，她的內心突然歡欣鼓舞地呼叫：「大家快來，這裡有個人……」，還有，那些容讓自己的生命被這些最弱小者的生命與智慧所滋潤的人的記憶，他們都是耶穌有理由深愛的主體！

溫柔但浪費的慈母教會擁有如此多的珍寶：至貧者的眼淚、思想和希望；以及致力發掘這些珍寶的人；但，教會卻任由這些珍寶從她的指縫間溜走。

第六章

恢復榮譽的舉動

Les gestes qui rendent l'honneur

本章譯者：楊淑秀、林立涵

校正：楊淑秀

某個夜晚，在巴黎近郊的貧困社區家庭祈禱會中，我們談起那位撒瑪黎雅婦人，賴女士（Madame Larmand）歡呼說道：「你們想想看，耶穌只跟她說耶！」賴安潔（Angèle Larmand）是五個孩子的母親，她的丈夫不識字，沒有一技之長，而且體弱多病沒辦法做粗活，不過，也還沒有虛弱到可以獲得殘障手冊。於是，他被歸類為沒有資格領取失業津貼的待業勞工。無論去到哪裡，這對夫妻都被當成愚夫愚婦，不管是在就業服務中心、家庭津貼局或是社會救助科，大家根本懶得費心跟他們解釋申請程序和他們應有的權益，協助他們的承辦人員說：「反正，這些東西太複雜了，有甚麼辦法，只有女方知道怎麼填寫申請表格，而且也只是差強人意！」緊鄰貧困區的學區老師對這對夫妻的看法似乎也相去不遠。賴女士感嘆道：「我真的很希望我的孩子可以好好學習，我老公沒讀過書，很容易吃虧。我不斷跟老師溝通，但她總是急著打發我說：『你不用管，我們會好好教他們。』我們做家長的難道沒有權利多知道一些嗎？」賴女士衷心想成為一位好母親，有天晚上，她和鄰居一起去參加了學校的親師座談會，她什麼都沒聽懂，也不敢問問題，後來就再也沒去了。

她再次強調：「耶穌只跟她說！他知道她聽得懂，而且會去跟別人分享。」漸漸地，賴女士發現福音散布著重要的訊息，而且耶穌將這些訊息託付給那些飽受輕視的人，有時候甚至以交付私密（confidence）的語氣：「你在愁苦中攔住我，現在你已經得救，我將一個獨特的信息託付給你……。」更美的是，有時候這些訊息正是借助親自來到耶穌面前的那些人發展出來的，這就是發生在這位客納罕婦女身上的事。

耶穌離開那裏，就退往提洛和漆冬一帶去了。看，有一個客納罕婦人，從那地方出來喊說：「主，達味之子，可憐我罷！我的女兒被魔糾纏的好苦啊！」耶穌卻一句話也不回答她。他的門徒就上前求他說：「打發她走罷！因為她在我們後面不停地喊叫。」耶穌回答說：「我被派遣，只是為了以色列家失迷的羊。」那婦人卻前來叩拜他說：「主，援助我罷！」耶穌回答說：「拿兒女的餅扔給小狗，是不對的。」但她說：「是啊！主，可是小狗也吃主人桌子上掉下來的碎屑。」耶穌回答她說：「啊！婦人，你的信德真大，就如你所願望的，給你成就罷！」從那時刻起，她的女兒就痊愈了。

（《瑪竇福音》15：21－28）

第四世界的家庭和我自己，一次又一次地發現，耶穌總是全然參與貧苦人的生命，這讓我們喜樂萬分。主張讓窮人參與到我們的各項計畫中，是這個時代的發明，本意是希望成功的拉近富人和窮人的距離，但在我看來，這是一種誤解。因為到底誰應該啟發誰？誰的身上握有關鍵的生命經驗和不可或缺的思想，能據以更新這個世界、各種機構、宗教與信仰？

耶穌並不是在「促進參與」，他是完全融入在裡面，我們有幸見證由此流瀉而出的對話，而且每次都迸發出令人驚艷的亮光。這道亮光令人驚喜，因為最貧窮的人自己就能夠根據赤貧的經驗創造出極具原創性的想法，而非被動參與外界已經建構好的思想。這些想法無可避免地讓富有階級感到驚奇，我相信這就是福音本身的邏輯，但，在許多的評論中，我似乎讀到相反的看法。

以耶穌與撒瑪黎雅的婦人相遇的事例來說，我在讓－路易．巴羅（Jean-Louis Barreau）所寫的《福音在今朝》（*L'aujourd'hui des Évangiles*）一書找到這段話：「正因為他是名猶太人，而且面對的是一名罪人、異教徒，而且是個女性，所以他才刻意採取低姿態，不是進行施捨，而是向她要水，由此我們可以學到許多功課：愈是認為自己比對方優越，愈是需要採取乞討與祈禱的姿態。」

耶穌真的是為了這個場合而刻意「採取乞討者的姿態」以達成某種教育目的嗎？我們難道忘了他當時口渴，而且口袋裡也沒有半毛錢可以施捨？赤貧的耶穌和世間最受屈辱的人站在同一水平，再自然不過，接受這樣的耶穌有那麼難嗎？我先前已經說過，把耶穌描繪成一個使用技巧，刻意扮演教師角色的人，實在太不公平，而且有誤導的危險，也就是輕看跟隨他的腳蹤所該踏上的路徑。我們在福音書中看到的耶穌，時而受折磨、嘆息、甚至發脾氣，時而歡喜無比，時而帶頭和大家一起歡慶。我們看到的是一位和窮人並無二致的耶穌，有時他憤怒不已（並且毫不掩飾地表現出來），同時又充滿著溫柔。有時他心思細膩，有時卻又直言不諱，一點都不圓滑，一個從小就受到禮教薰陶的三十歲男人是絕對不會這樣的。耶穌是赤貧子民的一員，他不需要假裝，任何一個在貧困區生活過的人，都會無限歡喜地認出他來。文風樸素的聖史瑪竇，即使他急於為我們介紹主的形貌，也不曾抹去耶穌窮苦、質樸的身影，耶穌和自己人來往時，真情流露，沒有絲毫的矯揉造作。降生成人的天主子的全部奧祕不正因此表露無疑嗎？

無論在任何情況下，我們都不該抹煞耶穌與客納罕婦女這場相遇蘊含的飽滿生命力與豐富的養分，不該把它貶低成某種教學樣板。我們目睹了一場激烈的爭辯，雙方真情流露，都有自己的情緒。這位女子大聲喊叫，對象還是一名外國人！家教良好的婦女是不會這樣做的。她顯然是個貧困女子，又喊又叫，很可能還激動地指手畫腳——就像許多極度貧困的人覺得自己不被理解時常有的反應。她的舉止連門徒看了都覺得難為情，即便已經見怪不怪，他們還是央求耶穌：「答應她的要求，打發她走罷！否則我們不得安寧……。」但這不是耶穌的行事風格，如果有人有話要說，就讓他們說個痛快！而且，面對耶穌，赤貧者可以暢所欲言、辯駁、甚至說服，但他們遇到經師和法學士時，就無法把想說的話全都講出來。也因此，窮人和耶穌互動時，好像總是緊緊把握住這難得的機會。於是，我們再次看到一名婦女，帶著獨一無二的訊息回家，而且她還幫助了這份訊息的建構與完成：在天主面前，沒有國籍之分，也沒有任何通關的繁雜手續，人不可能被降格到狗一般的地位，只配吃碎渣。「我是一名客納罕的婦女，但我的女兒被醫治了，就像其他以色列家的孩子一般。」

有一天，我彷彿看見那名客納罕婦女抱著孩子從我面前經過。其實那個人是皮茉女士（Madame Pimort），她和其他同住諾瓦集貧困區的婦女正在準備發言，她們知道市長要來，也決定要去見他。那時正值冬季，她們沒甚麼保暖衣物，也沒甚麼組織，一行人雜亂無章、比手畫腳地大聲喊叫：「我們的孩子有權去到一所不會羞辱他們的學校，一所他們可以學習的學校，我們的孩子也有權利住在夏天不會熱到脫水，冬天不會冷到發抖的房子……。市長先生，我們現在是住在貧民窟沒錯，但我們不是狗啊！」

那名客納罕婦女不也正是芭蒙媞女士（Mme. Parmentier）嗎？她挨家挨戶地收集連署簽名，希望政府提供更好的住房政策。她的丈夫已經失業了很長一段時間，她連基本的取暖燃煤也買不起，她在住家附近到處蒐集可資燃燒的柴火，而且並沒有偷拿：「我們現在是住在貧困區沒錯，但我們不是狗。」

「我們現在是住在一個很破爛的地方沒錯……我是一名客納罕婦女沒錯……。」最近有一個先生在回到貧困區的時候跟我們說：「對天主來說，那根本不重要！」當時他兩手空空回到家裡：「現在的巴黎根本不能靠資源回收維生了，垃圾桶都上鎖了，我該怎麼辦？去哪裡做回收？」沉默了好一段時間，他說：「對天主來說，我住在那裡根本不重要！但是，對市長來說卻很重要，可是，對天主來說不是；如果天主跟市長一樣，那天主一定不存在。」

對這位何迪先生（Mr. Radier）來說，天主必須存在，但這位天主一定不像負責住宅政策的政府人員那樣，對人有差別待遇。「啊，你住在新磨坊（Moulin Neuf）！那可能要請你改天再過來一趟！」新磨坊有超過一半的住宅被評定為不堪居住，窗門都被堵死。如果耶穌行經此地，何迪先生一定會擠進人群中，宣稱他是天主子，他還會毫不猶豫地捲起褲管向他展露自己腫脹的膝蓋，相信他有辦法讓他今後挨家挨戶發送廣告傳單，掙點微薄薪資時，不必再被膝痛折磨。就像那些被生活中沒完沒了的重軛所壓垮，並且註定與耶穌相遇的男男女女，何迪先生也對耶穌懷抱極大的信心，他也會被主挑選為他的見證人與信使。有時候耶穌賦予這些人獨特的使命，讓他們對自己所領受的信息負起全責，他們得負責傳授自己所學習到的。有時他們甚至是重要訊息的共同協作者，不論如何，他們與基督之間有種獨特的密契，一直是被優先揀選的見證人。

我們很難離開這些有福的人。瞧！又來了一個癱瘓的人，這次居然連人和擔架被四個朋友從屋頂上用繩索墜到屋內（《馬爾谷福音》2：1－12）。一個人到底是要窮苦和絕望到甚麼地步，才會莽撞到拆人家屋頂？他和那些抬著他的人都沒有三思而後行，哪個教養良好、思慮周到的鄰居膽敢如此的放肆？法文聖經大公譯本（T.O.B）的註解質樸地告訴我們：「必須想像一間巴勒斯坦人的房子，屋頂是用木頭和泥土做成的。」也許我們首先應該想像的是這些急性子又沒耐心的窮人，容易發火，以至於草率行事，搞砸的多，能修復的少。但耶穌眼裡只看到他們的熱心和信心，他們相信他能理解。我敢肯定，他們也是最能理解這句話的人：「孩子，你的罪過得到了寬恕。」像所有絕望的人一樣，他們的整個存在所渴盼的就是聽到這句話，因為他們一直被這個世界當成麻煩人物。除了在耶穌腳下的這個癱瘓的人，屋頂上還有四個人，他們對自己的冒失感到丟臉，擔心隨時都會被趕走。主的第一句話居然是：「你被寬恕了。」這絕非偶然。

然後，基督帶著那個躺在擔架上的人和他的四個朋友見證了這個最莊嚴又崇高的舉動：

> 為叫你們知道：人子在地上有權柄寬恕罪過——遂對癱子說：我給你說：「起來，拿起你的床板，回家去罷！」那人遂起來，立刻拿起床板，當着眾人的面走出去了，以致眾人大為驚愕，遂光榮天主說：「我們從未見過這樣的事！」
>
> （《馬爾谷福音》2，10－12）

對窮人和這個當時被視為天譴的癱瘓者來說，這是何等的光榮！如果你不曾日夜遭受不名譽的羞辱，可能很難想像這樣的榮光，在耶穌那個時代一如現代，在一個那麼計較功德的文化裡面。光榮與狂喜！想像一下那種欣喜若狂，那種陶陶然的感覺：「發生了什麼事？渴盼了這麼久終於如願以償，不是在作夢吧？」耶穌不僅帶來了安慰，治癒和寬恕，他還讓歡慶的氣氛到處擴散。如果總是有一群人跟在他後面，難道不是一群窮人，就像世界上所有的窮人那樣，渴望苦盡甘來，普天同慶？

經歷了難以言喻的喜樂，叫人如何保持沉默呢？然而，耶穌就是這樣告誡

---

59. 譯按：出自《馬爾谷福音》3：1－6：耶穌又進了會堂，在那裏有一個人，他的一隻手枯乾了。他們窺察耶穌是否在安息日治好那人，好去控告他。耶穌對那有一隻手枯了的人說：「起來，站在中間！」遂對他們說：「安息日許行善呢，或作惡呢？許救命呢，或害命呢？」他們一聲不響。耶穌遂含怒環視他們，見他們的心硬而悲傷，就對那人說：「伸出手來！」他一伸，他的手就復原了。

那兩個盲人，他們在他身後摸索前行，空洞的雙眼望向天空，喊說：「達味之子！可憐我們罷！」……耶穌對他們說：「你們信我能作這事嗎？」他們對他說：「是的，主！」於是耶穌摸他們的眼說：「照你們的信德，給你們成就罷！」他們的眼便開了。耶穌嚴厲警戒他們說：「你們當心，不要使任何人知道。」但他們出去，就在那整個地區把他傳揚開了。（《瑪竇福音》9，27－31）

喜樂和光榮也臨到了那位站在會堂門口的男人，他有一隻手癱瘓了[59]。他也是耶穌特選的，被挑出來作見證。一個殘疾的男子突然變成附近整個群眾裡面獲得康復的記號，這群人無法理解安息日的禁令。這些禁令對富人而言可能也不容易，但對那些每天都在掙扎求生的窮人來說是無法忍受的，對他們來說，安息日跟其他日子沒兩樣，也是要掙扎才能活下去。

依然是喜樂和光榮，這次臨到耶里哥的這兩個盲人[60]。「群眾斥責他們，叫他們不要作聲。」後來他們不僅眼睛復明，還跟隨耶穌。日復一日，大批走出陰影的窮苦者，他們在群眾面前，甚至在達官貴人面前作見證，不僅恢復了尊嚴，也找回了聲譽。當然，他們中有一些人隨後不得不遭受司祭的嚴厲審問，甚至被懷疑、嘲笑。正如我們之前所說，許多人還必須面對未來的不確定性。然而，無論走到哪裡，耶穌都會為最貧窮的人廣施寬恕、康復和榮耀。那

60. 譯按：出自《瑪竇福音》20：29－34，他們由耶里哥出來時，有許多群眾跟隨耶穌。有兩個瞎子在路旁，聽說耶穌路過，就喊叫說：「主，達味之子，可憐我們罷！」民眾斥責他們，叫他們不要作聲；他們反而更喊叫說：「主，達味之子，可憐我們罷！」耶穌就站住，叫過他們來，說：「你們願意我給你們作什麼？」他們回答說：「主，叫我們的眼睛開開罷！」耶穌動了慈心，摸了摸他們的眼睛；他們就立刻看見了，也跟着他去了。

些被認為毫無用處甚至令人恐懼的窮漢品嘗了康復的滋味，而且終身難忘。我不知道在祈禱中，我們是否夠經常轉向這個使窮人在尊嚴中恢復權利的耶穌，我也不知道，我們為減輕貧困而組織的各種服務，是否充分追隨了耶穌的腳步。

第四世界的家庭認為，有機會以莊嚴的形式和國家元首或相關部會首長相遇，意義重大。為此，他們秉持的理由和其他人不一樣，不是出於驕傲自負或野心勃勃，而是攸關修復，修復他們應有的權利和公眾的尊重。一九八二年，一場圍繞著比利時王后的慶祝活動於焉展開，參與活動的家庭心知肚明，慶祝結束後，他們又要回去面對生活中的種種痛苦、憂愁與焦慮，但直到今日，他們仍記得當天的場景：「那天過後，一切都變得不一樣了，我們全都活得好有尊嚴，王后沒時間管那些大臣，因為她一直和我們在一起，跟我們講話。」

我想，就在那天，歐洲的底層子民發現自己和福音中的群眾非常接近。在王后和這些家庭之間，竟然可以無話不談，甚至可以坦露自己因為不識字而吃盡苦頭。近萬名在生活中經常飽受凌辱的公民，那天在夏季炎熱的風塵中，經歷了平靜與尊榮的一天。這種歡欣的氣息，不正映照著天主子凝聚眾生時所散發的氛圍？

這些大型集會和慶祝活動和所謂的「麵包與馬戲[61]」是截然不同的，後者是自古以來統治者愚弄窮人慣用的手段。在福音中，環繞著基督這個人，我們

61. 譯按：「麵包和馬戲」（拉丁語：*panem et circenses*），用於比喻一種膚淺的綏靖手段和愚民政策。在政治層面，這個短語是用來形容民眾對政府認可的產生不是通過政府示範或實施優質的公共政策來實現的，而是通過轉移、分散民眾的注意力，或僅僅滿足民眾一時的表層需求來實現的。這個短語來源於羅馬諷刺詩人尤維納利斯的諷刺詩，指羅馬民眾不再關心其天生享有且延續至今的政治參與權，他們唯一關心的僅僅是溫飽（麵包）與娛樂（馬戲）。羅馬政治家在公

目睹了真正的慶節，各種活動計畫帶來了根本的變革。日常生活的艱辛並沒有被忘記，也不曾魔術般地消失，但卻被轉化了，它們的意義也被顛覆了：「你以為自己是軟弱的，其實你異常堅強；你覺得自己快被壓垮了，但是你屢仆屢起；你以為註定歹命，其實你是蒙受祝福的……現在你變得強壯、站穩站直了，你不能無所作為，你要抓住每個機會，你必須去堅固你的兄弟們。」

耶穌修復一名被詛咒的婦女生命的榮耀，重新激活她的生命力，透過她，耶穌也恢復了群眾的榮耀，他們一直被大人物所輕視。基督本身就是節慶的計畫方案，而他的生命和言行就是實現計畫的起點。每一次凝聚眾生都是行動的呼籲，同時也是付諸行動的開端。若非如此，這些疲憊不堪的窮人和病人還會千里迢迢地趕來，耐心等候好幾個小時，甚至好多天，只為見基督一面？無庸置疑，他們是為了親眼看見、親耳聽見而來，但如果我們以為這就是他們長途跋涉的唯一目的，我們就錯看了他們。事實上，他們有預感，甚至是早已知道，在基督身邊，他們將找回尊嚴，並從他身上領受拯救其他兄弟的使命。

沒有領受到使命的節慶不是節慶，只能算是娛樂活動；修復榮耀，卻沒有做出行動的呼籲，也只是徒具形式。法國共產黨發起人道節（Fête de l'Humanité），他們似乎比其他許多人都還了解箇中深意。一九八四年五月一日，法國基督教工人聯合會（French Confederation of Workers）則在巴黎發起一個具有特殊性質的節慶，一場為了向移工致敬而舉辦的教育性活動，節目琳琅

元前一四〇年就通過立法來保留窮人的選票，而如今，政客透過向窮人發放救濟，包括提供廉價的食品和簡易的娛樂，讓「麵包和馬戲」成為有效的獲得政權的手段。

滿目。或許我們正重新發現榮耀與節慶的本質，兩千年前，吾主親自給予的教導。

不久前，我參加了一場在荷蘭舉辦的大型集會，在那裡，一位女士對我說：「以前大家都叫我髒兮兮的瑪莎，今天是生平第一次有這麼多人圍坐在我身邊，而且還跟我一起慶祝，我要把這件事告訴所有人！」這件事發生在一九八四年五月十二日，那天，我發覺自己置身在福音中。

第七章

窮人要有窮人的樣子？

Le salut des plus pauvres, objet de scandale

本章譯者：楊淑秀

最貧窮的人被治癒，獲得光榮，但同時，公憤也跟著來了！細觀今日的世界，耶穌甘願投身於那種駭人的邏輯讓我目瞪口呆。世人很難容忍自己曾經貶抑過的人得到頌揚。知識的掌權者不能承認到目前為止一直被鄙視的人，比他們知道得更多，尤其是針對生命最本質的事情。

有時候我告訴自己，如果一個人出身望族，而且已經獲得很高的聲譽，如果他也像耶穌那樣，選擇了最貧窮的人，他在世間的地位也許不會受到波及。有人會想：「如果這是他深刻的信念，那麼他的作為也值得我們好好想一想。」其他人可能會原諒他，覺得他只是比較另類。又或者，同一個生活圈的人就把他當成怪人。然而，基督卻必須被追捕，並釘死在十字架上，因為他與古怪的人相反，他充分體現並懷抱了窮人最深的渴望，尤其是那些最貧窮的人。

當然，基督徒樂意承認耶穌答覆了赤貧者的盼望。但是，說他為了答覆他們的盼望，自願成為他們中的一員，就比較難被接受。即使在教會內，這種想法也引起公憤。「耶穌是一個赤貧者？你確定？」在編輯本書時，這個問題繼續被提出來。如我之前所說，我不敢說我握有標準答案。我不需要去證明耶穌生於赤貧，死於赤貧。透過福音，我相信這個事實，我親眼看到，親耳聽到。在福音中，我沒看到基督先是個憤青，然後才在某個時刻離開舒適的生活圈，去加入最貧窮的人，福音中不曾有任何時刻以這種方式介紹上主的計劃。但是我的角色不是扮演神學家或哲學家，我的任務是把最貧窮的人教我閱讀福音和愛耶穌的方式傳遞出去。我應該把最貧窮的人帶回教會身邊，也許也幫助教會認出天主之子與他身邊最貧窮的人之間令人震驚的相似性（kinship）。我的任務是見證而不是提供證據。

我不知道其他人是否可以提供證明。耶穌既是天主子又是極端貧窮的人，在我看來，似乎不曾獲得大家的理解。他的神性化身於他降生為人的處境中，這不是最深的奧祕嗎？這是默觀的主題，而非依靠推理就能得出結論。我們越想要依靠推理，而非跪拜臣服，我們就越感到恐懼。跟那些被視為愚夫蠢婦的人平起平坐，似乎會引起反感，因為表面上他們無法為人類增添甚麼光彩。肯認他們是我們的兄弟姊妹，似乎是自貶身價，是在否認自己，是自願放棄身而為人的各種安全感，因為這些同胞飽受赤貧折磨，甚至無法展現出任何可以表達出人性尊嚴的外在記號。

除了信任這位預見我們會感到「恐懼」的基督之外，還有其他選擇嗎？相信他說的每一句話，讓我也能同樣按字面理解第四世界家庭所說的話。我已經提過他們永恆的追問：「他們沒有經歷過貧窮，你要他們怎麼理解我們的經歷？」但是，對他們來說，耶穌能夠理解，因為他經歷過他們的處境。在他面前，他們講的話就像瓜地馬拉某些飢餓的村民一樣：「我們受苦，但我們永遠不會像他那麼苦。我們和他一起受苦，即便如此，我們也無法理解他的苦難。」話雖如此，這些男人和女人因赤貧而耗盡所有力氣，以至於沒有人想到要去邀請他們參與發展，也沒人會要他們參與革命或加入游擊隊。

說基督屬於另一個生活圈，說他至少還保留了一些安全感，說他出身於另一個階層，我們是否意識到這種說法是多麼嚴重地剝奪了這些最貧窮的人？如果耶穌沒有化身為最貧窮的人，赤貧者就會繼續被邊緣化。人們會說，基督也順便拯救了他們，而不是首先拯救了他們，也不是透過他們才拯救了全人類。這樣一來，我們就是對他們施加了最嚴重的剝奪。這樣一來，他們就只是天主子心生憐憫，卻無法認同的次等人。為此，我們身負重任。基督來到這個世界上，他不僅確立了優先順序，還選擇了他偏愛的對象。我們確定自己沒有顛覆他的順序嗎？為了撼動我們的社會階層，耶穌的屈尊就卑，就只是把自己放在稍微低一點的階層嗎？或者是，他從一出生，就選擇了不能再低的最底層，置身於一群被視為罪有應得的人群中，因為他們讓人感到害怕。

《若望福音》9：1－41描述了一個生來就瞎眼的人得到醫治，這個故事再次向我們提出問題。當時的門徒表達了今天仍然存在的各種困惑，不管是在政府的行政單位，或是民間的天主教明愛會[62]及救世軍。站在會堂門口的那個男人不僅失明，還是個乞丐。在耶穌的時代，並不是所有的盲人都是乞丐。於是，鄰居和那些素來曾見他討飯的人就說：「這不是那曾坐着討飯的人嗎？」〈……〉「辣彼，誰犯了罪？是他，還是他的父母，竟使他生來瞎眼呢？」你相不相信？這個問題一直到今天還被重複提出來。

和以往稍有不同的是，現在我們比較了解影響視力的各種疾病。但是，對那些出生赤貧的孩子來說，甚麼都沒有改變。從一些沒完沒了的辯論就可以看得出來，某些人說，這些孩子天生有著嚴重的缺陷，也有人說，是環境影響

62. Secours Catholique，也稱為Caritas France。

讓他慢慢變成壞學生和不良少年，整天遊手好閒，還沒進入職場就已經是個失業者。早在經濟危機影響到其他社會階層之前，在底層無產階級居住的社區，年輕人的這種處境就已經普遍存在。有多少次，在那些跨部會的冗長會議中，大家在討論惡的來源時，我想到門徒的追問：「所以，到底是誰犯了罪？是他，還是他的父母，竟使他生來瞎眼呢？」這暗示著：問題不是出在我們身上，不可能是我們出了問題。這些人跟我們大不相同，他們跟我們八竿子打不著關係，我們實在是心有餘而力不足。有些人可能會說我把疾病跟赤貧混為一談。在某方面，的確如此。在人類歷史上有一個不爭的事實，那就是貧病相連，極度貧困和身體殘疾經常重疊，互相增強，對人造成更嚴重的損傷。很難知道大家對其中任何一種議題的單方看法。但是，我們的目的不是研究大家對殘疾或極端貧困的態度，而是默想置身於赤貧人群中的主耶穌。正是透過這群被各種殘疾打擊的子民，基督開始解放窮人、富人，解放所有人。我們是否與他共融，我們是否站在他身後，焦慮地看著他因為刻意選擇的朋友，不可避免地引起公憤？透過福音與耶穌同行，我們注意到他偏愛的那些人，要不是讓其他人感到害怕，就是在別人眼中微不足道；他們不是被當成害群之馬或罪人，就是讓人瞧不起。群眾吸引著病人和赤貧者的加入，將我們拉回當今的現實，我們也看到相似的一群子民，講話的方式跟耶穌那個時代的群眾一樣。今天的群眾也很窮，匱乏到在嚴寒的冬天，只有一塊厚紙板得以充當新生兒的床。而這個孩子也被認為是罪有應得，來還債的。這就是我們必須見證的一切。而且，我相信無論社會學研究多麼精彩，都無法取代我們在第一線與赤貧者的共融，我們的耳朵充滿了他們的聲音，我們的眼睛凝視著他們的面容，他們的痛苦和深切的希望銘刻在我們的心中。這種持續的默想必然使我們更接近全人類，不論貧富。人類失敗的慷慨經常被提起，但人們在面對赤貧和疾病重疊時那種難以掌控的慌亂卻很少被提及，貧病交加使得最應該被關愛的人反而備受嫌惡。面對這群被弄得羞愧不已的底層百姓，門徒追問：「辣彼，誰犯了罪？」也只有天主才能重建關於人的真理，這個被人自己所掩蓋了的真理。但代價是什麼？

一邊是群眾的聲明：「你是達味之子。」、「這是加里肋亞納匝肋的先知耶穌。」另一邊站著法利塞人、司祭，他們在我們心目中留下的圖像可能有點過於負面，也就是無情的佔有者，或是愛設圈套的人。如果他們就只是這種人，基督會花那麼多時間和他們討論嗎？他們當然不僅身負重任，而且也必須真正關心人民。耶穌在與他們辯論時，總是認真對待他們，就像他們也認真對待他一樣。他們的交流品質，就像耶穌一生所有的行誼一樣，都在真理中進行。挑戰在於關於天主及他的正義之真理，也就是說在他的愛內，弱小者與謙卑者的位子。若非如此，事情會變得如此尖銳嗎？一生深陷貧困的經歷使我相信，耶穌偏愛了最貧窮的人，這才是引發公憤的根本源頭。

讓我們回到猶太會堂，在那裡，圍繞著一個徹底匱乏且貧苦無告的人，發生了一場激烈的辯論，然後整個局勢轉變成一團騷亂，甚至搞起了陰謀。這個生來瞎眼的人，沒有父母和朋友可供他三餐，他被迫等待鄰里給他施捨一點食物。沒有受過教育，他對世界的認識只能透過觸摸；春夏秋冬一季又一季過去，他只能透過肌膚來感受；歲月流逝，年復一年，他看不到黑暗的盡頭，不知道是甚麼東西給時間賦予了韻律和意義，他看不到人事的進展與改變。生來就瞎眼，他幾乎被當成行屍走肉，有要事，大家不會想要找他討論。他到底是罪人或是無辜的呢？他甚至沒有回應的管道。

如果他張開嘴巴，可能舌頭打結，越說越糊塗；就像那麼多次，我看到這些因為沒受過教育而被輕看的百姓，被不公道地指責的時候，張口結舌，越解釋越糊塗。我想到我認識的一個先生，不太能有條有理地把話講清楚，有一天他跟我說：「你要我怎麼辦，大家都把我當成笨蛋，好像我只配趴在地上學狗叫。他們說我的孩子有我這種父親真是不幸，而我，卻不知道該怎麼回應。」

瞎眼的人，有罪還是無辜？當他被治癒的時候，註解法文聖經大公譯本（T.O.B）的作者們說道：「耶穌駁斥了當時的主流理論，但沒打算提出新的理論，他看到這個人殘缺的事實，並展開行動，確保他完整的身體能力，他同時也賜給他一個標記，讓他獲得真理之光。」這是妙解嗎？沒辦法更深入一點嗎？耶穌在治癒殘疾人士的時候，總是有著這個主旋律：「你的信德救了你。」有些人會趕緊補充說，他首先聲明了上主對罪人的憐憫。這樣說的依據是什麼？依靠耶穌和撒旦之間發生的事情，我們更加堅定地相信，上主首先將他的仁慈惠施給窮人和無人聞問的人，然後通過他們，惠施給所有人。面對生來就瞎眼的人，一如在任何其他場合，他在駁斥主流理論的同時，總是提出新的答覆。我們怎麼可以這麼輕浮地解讀基督，尤其是在他的門徒面前，他們還有很多事要做，並且是以他的名義回應世界的問題？

耶穌和赤貧者交流時的言行舉止總是獨一無二的，完美地契合每個人的個性，卻同時可以啟發所有人。這種作風顯然挑戰並推翻了其他人在困苦者周圍創造的整體處境，而且經常假冒上帝之名。正是以上帝之名，這個天生就瞎眼的人被迫待在聖殿的外圍，不能像其他健康人士那樣自由地進出聖殿。一如窮人的整體處境也是以上帝之名而立下規則的，殘疾人士被規定在社區或聖殿可以有甚麼樣的位子，這使得貧病交迫者陷入了赤貧的處境。耶穌透過他的一言一行表明立場，推翻規則，他不僅恢復了一個人的榮耀，也重建了所有赤貧者應該獲得的正義。每一次他都宣告所有天主子女的自由，不管他們是多麼的貧窮。有時他公開高聲宣告，有時就像在家裡一般，他只在門徒面前宣告，他宣告真理：天主愛我們，而且我們的兄弟姊妹的命運對我們來說，和我們自己的生成發展一樣重要。我認為，正是以父之名，這樣不曾掩蓋的堅定宣告，日復一日，將吾主的腳步帶入更猛烈的公憤中，每次他跟一個非常窮苦的人有了牽連，我們就更確定他一步步走向那個令人蒙羞的死亡方式。

那天，離開聖殿的時候，一如往常，耶穌直言不諱。他清楚地回答：有罪沒罪的問題，你們找錯地方、畫錯重點了，天主不會找代罪羔羊。如果你面前出現了一個殘疾人士、一個處境悲慘的人，要知道他在那裡是為了教導你，「為叫天主的工作，在他身上顯揚出來。」在福音書中，我個人不知道還有多少話語比這段更優美了。不要再遲疑了，走向那些不幸的人，親近他們，愛他們，在他們身邊保持沉默，因為天主的工作在他們身上彰顯出來。

透過他們，你們將學會在天主的這些事工中進行合作，並因此放棄所有其他工作。走向他們，去向他們揭示他們在天父計劃中的位置。認知到這件事這是他們首要的權利，而你們這些自以為比他們懂得更多的人，你們該當知道，針對這些事情，他們將比你們更容易心領神會。

我在耶穌的這些話語中發現這一切，他拯救了最貧窮的人，過去沒有其他任何人辦得到，未來也不會有。或者更好說，第四世界的家庭讓我每天這樣閱讀與理解福音。在福音教導他們的所有內容中，他們能夠立即領悟並熟悉這種參與上主事工的特權。面對天主與赤貧者之間的那種始終如一的親密關係，我總是佩服得五體投地。一位住在巴西窮困村落的母親說：「我們受苦，也因此，我們與我們的主同在。」她的村子一窮二白，她和村民在討論玉米儲存和小規模的引水計劃時，她的反應有點慢，這些計畫當然也很要緊。但是，對她和她的鄰居來說，參與天主的事工有著另一種完全不同的意義。

罪的問題，誰是有福的人，誰是主偏愛的人，以及後來先到的問題，耶穌都按照應有的秩序，一一給了答覆。我們已經在他與撒瑪利亞婦人的相遇中看到了一個鮮明的例子。在聆聽山中聖訓，還有主談及最後審判的話語時，我們會有機會再次談到這些問題。核心的問題沒有改變，天主的事工總是透過最受損傷的人民獲得彰顯。耶穌說：「趁着白天，我們應做派遣我來者的工作。」言出必行，他用行動恢復了乞丐的視力以及他身而為人的尊嚴。這是一個怎樣的舉動！一如道成肉身，天主子用手指抓起一把泥土，將一出生就有缺陷的人重新創造為一個全新的人，而且他將永遠是獨一無二的人。

到史羅亞水池裏洗了眼睛之後，這個得到治癒的人在受到種種質問的時候，還不明所以。他現在就站在法利塞人面前被詢問：「你是誰？誰讓你恢復視力的？所以，有人在安息日給你做了這件事？而且你還聲稱這個治癒你的人是個先知？」緊接著抵達的是他的父母，也是貧窮的老百姓，他們被提醒：「說話要謹慎，這是你們瞎眼的兒子嗎？好好解釋一下，他現在怎麼就看見了呢？」這一幕讓我想起另一件發生在某座貧民窟的場景：「所以囉，你們的兒子不曾賺過一毛錢，也壓根不曾工作過，怎麼突然間就有了一輛輕型機車。你們聲稱那是別人給的，你們知道是誰給的嗎？」孩子的父母謹言慎行，不敢鬆口，一如所有窮人在面對世間的強者時那般：「我甚麼都不知道，我甚麼都沒看到……。」

瞎眼得到治癒，本來應該是件值得歡慶的大事，但是，這個人被對待的方式，對我們所歸屬的全人類來說，顯得可悲可嘆，人類讓自己丟盡顏面。法利塞人讓他再回來答覆審訊，這讓他得到醫治這件喜事轉變成災難：「他給你作了什麼？怎樣開了你的眼睛？」這個人，突然迷失在這個眼睛沒有失明卻盲目荒唐的世界，他看著周圍緊張的面孔，沒有任何一個人懂得讚嘆他得到奇妙醫治的日子，他是怎麼堅持下來沒被打倒的？他回答說：「我已經告訴了你們，你們不聽。」這不但有諷刺意味，也頗具獨創性，他補充說：「莫非你們也願意做他的門徒麼？」當那批懷疑耶穌的人跟他說：「我們不知道他是從那裏來的。」仔細聽聽他的絕妙回答，他跟他們說：

「這真奇怪！你們不知道他是從那裏來的，他卻開了我的眼睛。我們都曉得天主不俯聽罪人，只俯聽那恭敬天主，並承行他旨意的人。自古以來從未聽說：有人開了生來就是瞎子的眼睛。這人若不是由天主來的，他什麼也不能作。」（《若望福音》9：24－35）

沒有任何一個知識分子、經師、司祭或法利塞人，會這樣回答。表面上，這個人只是在重複他多年來坐在聖殿台階上時不斷聽到的話：「你是無藥可救啦，真是業障啊，你必須虛心接受這個惡果。你如果是個虔誠的人，今天也不會這樣。」

現在輪到他把這些話丟給始作俑者，丟給那些拋棄了他，任憑他成為乞丐的人：「只有天主能夠，而且願意做你們認為不可能，甚至不合時宜的事情。」這個瞎眼得到治癒的人，表達出來的是多年壓抑在內心的痛苦和屈辱。而且，他並沒有進行任何理論上的爭辯，他只是就事論事並反駁他們：「你們的各種理論可以派上甚麼用場，我只知道一件事，我曾是個瞎子，現在我卻看見了。」這番話讓我想起很久以前，一個一貧如洗的吉普賽人，他和妻小一起被趕出了公寓，市政當局提供了一輛相當破舊的拖車給他們，但是被他拒絕了。市府的公務員煞費苦心地與他爭論，跟他解釋說，過去他畢竟也住過旅行拖車，應該很快就能夠習慣才對，不會有甚麼需要重新適應的問題。後來，一些朋友奇蹟般地為他找到了一間原本用來作為鄉村警察的宿舍，而且屋況良好。市府的公務員對這個解決方案表達出明顯的不悅，這位吉普賽先生便跟對方重複這句話：「我只知道一件事，我以前沒房子住，現在我找到一間了。」他還補充了這句讓人難以忘懷的話：「你說我是吉普賽人，不知道怎麼住在一間真正的房子裡面，但你又不是天主！」

與此同時，我們看到，這個被治癒的失明者的巨大喜悅不僅變成了笑柄，還引起了憤慨和怨恨。雖然難以置信，但聖史若望將整個過程完整記錄下來，當這個人剛剛從無盡的痛苦中恢復過來時，「法利塞人開始辱罵他」[63]。這不是第一次，也不會是最後一次。在整部福音書中，窮人的喜樂老是轉變成公憤，見不得窮人好成為一種潛規則，不是嗎？一個讓我們覺得蒙羞的事實：為了拯救我們，救世主真該經歷這一切嗎？最貧窮的人真該跟他一樣不斷受苦嗎？最貧窮的人參與世界的救贖，即使在耶穌的時代，他們無法避免公憤，這應該成為我們默想和祈禱的主題。為什麼見不得窮人好？為什麼其他人似乎無法忍受窮人也能享有榮耀和歡樂？

我很清楚，這個問題重複出現在本書的每個章節，就像在我生命中的每一天，這個問題一再浮現。為什麼我們如此厭惡他們，為什麼我們對他們死纏爛打，絲毫不肯放過？為什麼當我們說最窮的家庭需要賞心悅目的住宅、最美最好的幼兒園、布置高雅的第四世界平民大學……的時候，我們經常得到這樣的回答：「要用混凝土和砸不破的建材來應付這些人，最重要的是，不必做得太過太好，免得他們適應不來，覺得拘束。」

63. 他們辱罵他說：「你去做他的門徒好了！我們是梅瑟的門徒。我們知道：天主曾給梅瑟說過話；至於這人，我們不知道他是從那裏來的。」（《若望福音》9：28－29）

假設這個生來就失明的盲人是法利塞人的兒子？或者，瑪竇提到的那個一隻手癱瘓的人，或是那個又瞎又啞的附魔人（《瑪竇福音》12：9－14；22－24）都出身書香門第，是法學博士的兒子？我們甚至不需要替那位躺在貝特匝達池邊的身障者問這個問題。因為如果他出身在顯貴的人家，他就不必在那裡苦等三十八年。假設所有的醫治都發生在富裕人群中，還會有人追問安息日的問題、追問耶穌的權威或他醫治權能的來源嗎？我們被告知，法利塞人一絲不苟地堅持遵守安息日沒甚麼值得驚異的。事實上，為了保護猶太人的宗教和信仰免受任何雜質的侵害，他們嚴厲執行各種逐步建立起來的規條。但是每個人都知道，而且法利塞人最清楚，規條越多，那些精通規則的人就越有辦法鑽漏洞。自世界存在以來，擁有知識的人總是從中受益，法律規條只用來約束那些沒機會接受教育的人。如果耶穌不是醫治赤貧者，而是按手在較富裕的人身上，這些醫治的舉動會被利用來反對他嗎？當然，他偶爾也會醫治富貴人家，但是，絲毫不曾引起憤慨。如果醫治的不是窮人，那麼，他還會被認為是仗賴魔王貝耳則步工作，這個用來嚇跑群眾的妖怪？

每次目睹卑微者的歡樂受到蔑視，我們就越難相信此事。如果他們被允許默默離開，雖然沒有慶祝也沒有讚頌，但至少也沒有太多騷擾，就算是幸運的了。

耶穌對那人說：「伸出你的手來！」那人一伸出來，手就完好如初，同另一隻一樣。法利塞人出去，商討怎樣陷害耶穌，怎樣除掉他。（《瑪竇福音》12：13－14）

至少這回，耶穌和被他治癒的同伴可以安靜地離開。但是法利塞人心中一定充滿了對赤貧者的敵意，他們看到一個命運多舛、被魔鬼附身的聾啞人士從痛苦的重擔中痊癒時，竟然對著人群喊話：「當心，別高興得太早！發生在你身上不是祝福，而是詛咒。這人驅魔趕鬼，只不過是靠著魔王貝耳則步。」他們不是不知道他們的人民遭受了多少苦難，一定要這樣扼殺所有的安慰和喜樂嗎？難道真的有必要不僅鎮壓一個可憐人的醫治，還要懲罰他在革乃撒勒64、在湖邊、山區和其他地方進行的所有醫治行為嗎？

除非我們想將完全失去人性的惡毒形象黏貼在法利塞人身上，否則我們一定會想到他們內心充斥的恐懼。我們已經談過這種根深蒂固的恐懼，與其說是對信仰正統性的擔憂，不如說是對被苦難毀容的這群百姓的恐懼。讓這些窮困潦倒的人民走上街頭歡欣鼓舞，不僅意味著既定秩序被推翻，也意味著出現了前所未有的新秩序。我之前說過，耶穌的神性表現在他選擇了最受排擠的人，這樣的選擇引起了整個猶太社群的公憤，連窮人自己也覺得不可思議。讓我們再次默想發生在貝特匝達水池邊這段激動人心的醫治故事。

這些事後，正是猶太人的慶節，耶穌便上了耶路撒冷。在耶路撒冷靠近羊門有一個水池，希伯來語叫作貝特匝達，周圍有五個走廊。在這些走廊內，躺着許多患病的，瞎眼的，瘸腿的，痲痺的，都在等候水動，因為有天使按時下到水池中，攪動池水；水動後，第一個下去的，無論他患什麼病，必會痊癒。在那裏有一個人，患病已三十八年。耶穌看見這人躺在那裏，知道他已病了多時，就向他說：「你願意痊癒嗎？」那病人回答說：「主，我沒有人在水動的時候，把我放到水池中；我正到的時候，別人在我以前已經下去了。」耶穌向他說：「起來，拿起你的床，行走罷！」那人便立刻痊癒了，拿起自己的床，行走起來；那一天正是安息日。於是猶太人對那痊癒的人說：「今天是安息日，不許你拿床。」他回答他們說：「叫我痊癒了的那一位給我說：拿起你的床，行走罷！」

他們就問他：「給你說拿起床來，而行走的那人是誰？」那痊癒的人卻不知道他是誰，因為那地方人多，耶穌已躲開了。事後，耶穌在聖殿裏遇見了，他便向他說：「看，你已痊癒了，不要再犯罪，免得你遭遇更不幸的事。」那人就去告訴猶太人：使他痊癒的就是耶穌。為此猶太人便開始迫害耶穌，因為他在安息日作這樣的事。耶穌遂向他們說：「我父到現在一直工作，我也應該工作。」為此猶太人越發想要殺害他，因為他不但犯了安息

64. 譯按：Génésareth，是新約聖經中的一個地名，意思是富裕的花園，位於加里肋亞海的西北岸，土壤肥沃的「革乃撒勒平原」。《瑪竇福音》14：34－36 記述耶穌在革乃撒勒所行的醫治奇蹟：「他們渡到對岸，來到革乃撒勒地方。那地方的人一認出是耶穌，就打發人到周圍整個地方，把一切患病的人，都帶到耶穌跟前，求耶穌讓他們只摸摸他的衣邊；凡摸着的，就痊癒了。」

日，而且又稱天主是自己的父，使自己與天主平等。（《若望福音》5：1-18）

我們眼前有五個門廊，無數的殘疾者或躺著，或爭先恐後，互相推擠著。很難想像他們的可憐狀態和彼此之間的冷酷無情。每個人都想要找到自己的位置，最強的肯定會得到最好的位置。無盡的等待，隨時戒備——「水開始動了！」——接著是悲傷和失望，他們互相責怪：「都是因為你擋了我的路，我才無法搶先下到水池……。」貝特匝達是一個充滿苦難、緊張和墮落的地方。事實上，這個世界很少給赤貧者留下餘地，這使得他們失去維護尊嚴的盾牌，他們的人性也因此被遮蔽。生活在赤貧社區的居民經常說：「外界的人看到我們，就好像看到鬼，好像我們身上有病毒一樣。」更何況是貝特匝達的走廊下這群畸形、殘廢和跛腳的群眾？

為了一次比一次更深地進入人類的苦難，耶穌再次來到耶路撒冷。在這裡，慘不忍睹的貧病、殘缺、求乞的人物群像，無法用筆墨形容。耶路撒冷，就像歷代所有的聖城，所有的大教堂和各個朝聖地一樣，吸引著窮人。這樣的地方，可以說是最後的避難所，是獲得施捨的最後機會。但，這種情況總是以呼籲監管窮人並建立各種強制措施告終，這一切都讓人變得更加鐵石心腸，也讓習俗變得更不留情。某些人自殘或假裝殘廢顯然沒有增進不同生活圈的互相認識，遑論兄弟情誼。

在貝特匝達水池，耶穌在某種程度上已經到達了自受試探以來，甚至是自伯利恆以來所取路徑的盡頭。在眾生群像中，他找到了處境最悲慘的人。他發現這位癱瘓的朋友迷失在人群中，便從眾人中選擇了他，因為持續了三十八年的痛苦和孤立無援使他陷入絕望，飽受折磨。當主問他：「你想痊癒嗎？」他甚至不敢回答說：「是的，我想要。」他只說了所有孤苦無依的被遺棄者所說的話：「主，我沒有人……。」

每當我向赤貧家庭提出一些笨拙的問題：「為了避免孩子們被社會局寄養，你的家人就不能收留他們幾個星期嗎？」、「既然你是無辜的，就不能請人在法庭上為你辯護嗎？」多少次我聽到這樣的回答：「我沒有人……」、「神父，我身後空無一人……」、「神父，你看我那快塌下來的屋頂，我沒有人可以求助…我不敢想積欠的那筆債，我沒有人可以倚靠。」我現在還能聽到有一個家庭的父親在一個冬夜跟我說：「我問了教區的人，他們要我去找社工。但社工說她無能為力，她的主責業務不是替我們提供暖氣。」當時他棲身在一間違章建築，他的孩子們圍繞著他，因為沒有生火的木柴和煤炭而渾身發抖。每次面對這些求助無門、孤立無援的家庭，我就會再次想起貝特匝達水池邊這位癱瘓者的情況，世界各地的赤貧總是導致這般的處境。

走到赤貧深處，即使是那些本來「主責業務」是為你提供支持的人最終也會拋棄你。他們厭倦了各種沒完沒了的申請案件，厭倦了各種努力都看不見成效。他們意識到，零星的幫助絕不能滿足各種匱乏所產生的惡性循環。挖東牆補西牆是沒有用的，翻新整棟房子才是根本之道。如果再加上這些窮苦家庭本身的猶豫、恐懼和突然退縮，或是本來自信柔和的舉止，卻令人不解地轉變成咄咄逼人的態度，這樣一來，不管助人者的初衷多麼真誠，都會感到氣餒。我眼前浮現一個男人的身影，他正憤怒地在樓梯間追著一名社會工作者，後者看情勢不對，拔腿就跑。這一切，只因為社工對他下了評語，他認為這是一種侮辱。作為一家之主的他，當時剛好失業，走頭無路，快被焦慮逼瘋了。

就在我書寫這些篇章時，巴黎正在下雪。我們認識的一些家庭，住在破舊的房子裡，被斷水斷電。他們失去鬥志，因為所有的社會服務都中斷了，甚至連最基本的服務也被一隻看不見的手撤走了，表達的好像是對他們的徹底放棄。我們是否意識到，住在大巴黎地區一座破舊建築的五樓，家裡有幼兒要照顧，卻被斷水意味著什麼？我們知道沒有水可以洗衣、洗澡、做飯和洗碗意味著什麼嗎？我們能想像自己和家人住在這些社會住宅，眼看著建物慢慢變成廢墟，門面破敗，內部年久失修，全家一步一步走入絕境的感受是什麼？

這樣的家庭，固然會向稍微富裕一點的鄰居求救，但，事實上，那個家庭已經幫助了其他人。在一個極度貧困的社區，作為少數家裡還有男人在工作的人家，還有一點東西可以分享，其實也是挺為難的。我見過一些婦女開始販賣家裡的自來水，只為了阻止門廊前沒完沒了排隊人潮，因為那些沒水的鄰居拿著水桶排隊、水花四濺，造成門口骯髒的鞋印和一灘一灘的水坑。大家為了沖洗馬桶，拿著水桶大排長龍不是已經夠尷尬和丟臉了？

晚上，屋裡沒有燈光，也無法加熱唯一的電爐，父母和孩子獨自坐在黑暗中，聽著隔壁生活如常的鄰居發出的聲響，人家的公寓亮著燈，收音機或電視開到最大聲。這樣的時候，能聊些什麼？除了互相指責：「原本你可以更小心……原本，你可以更努力……。」基督說：「那些熱愛真理的人生活在光明中，他們熱愛光明，尋求光明。」有時我忍不住追問，任憑已經非常貧困的家庭生活在沒水沒電的情況下，對我們來說究竟意味著什麼？晚上去敲一扇門，在黑暗中找到一戶人家，這樣的回憶總是讓我想起貝特匝達水池邊的門廊下的那位癱瘓者，那種長期被徹底遺棄的狀態。

極端貧困嚇跑所有人，赤貧者身邊空無一人，他們分享了基督在革責瑪尼園[65]的孤獨。在那座園子，耶穌將經歷被所有人誤解和拋棄的孤獨。在十字架上，他將最後一次喊出這種痛苦：「我的天主，我的天主，祢為什麼捨棄了我？」因為當所有人都捨棄你時，難道不是天主本身對你棄之不顧嗎？在通往最後的孤獨之路上，基督不可能不在眾人中辨認並挑選出那個無依無靠的癱子。這個人發出的悲嘆，很快就會成為基督自己的：「我完全被捨棄了。」而這樣的悲嘆將千古迴盪，一直傳到我們的耳中：「神父，我老公半夜把我趕出來，快開門吧，我和孩子們在這兒，我沒有人可以求助。」一如這個非洲荒漠地區的盲人，被綁在村莊外的一棵樹上，他也沒有人可以求助，他的妻兒無地可耕。一如這名生病的寡婦，她也沒有人可以求助，她和她的五個孩子住在巴西一座沿著山坡搭建起來的貧民窟，引水工程的水管到不了她在丘頂上的棚屋，她問我：「啊，天主！……如果天主存在，他會這樣丟下我不管嗎？」

65. 譯按：Gethsemane ，又譯為客西馬尼，是耶路撒冷的一個莊園，根據《新約聖經》，耶穌被釘死在十字架上的前夜，和他的門徒在最後的晚餐之後前往此處禱告。根據《路加福音》第 22 章第 43－44 節的記載，耶穌在此地極其憂傷，「他的汗如同血珠滴落在地上」。該處也是耶穌被他的門徒猶達斯出賣的地方。

另一位婦女也問我：「如果天主存在，你認為我的小兒子會因為他來自貧民窟就被學校的同學毆打嗎？打人的藉口是他聞起來很臭。」在荷蘭，一位年輕的父親說：「如果天主存在，……悲劇是祂存在，卻沒有想到我們。」

基督的悲嘆也是每個時代的窮人的悲嘆。這位癱瘓者聽到耶穌跟他說：「行走罷！」的那個當下，還有，他第一次感覺到雙腿終於肯聽使喚的那一刻，想像一下，他的靈魂會處在甚麼樣的狀態？起來行走，但，要去哪裡？當然要去聖殿感謝天主。就在他沉浸在奇蹟般的幸福中，那些握有權勢的人不是和他一起歡樂，而是開始找他麻煩，當時他心裡會怎麼想？耶穌親自來提醒他：「看，你已痊癒了，不要再犯罪，免得你遭遇更不幸的事。」他是第一個明白這句話的人。三十八年的無力、無奈、三十八年的乞討生活飽受離棄，這都不是一夜之間就能忘記的。從現在開始，他是自由的，必須負起責任。他有沒有辦法抬頭挺胸，有尊嚴地生活在人間？耶穌的警告是中肯的。但是，他怎麼想這些聖殿裡的顯赫人物，他們無視他的喜悅，對他在安息日拿起那張破舊的床墊做了那麼拙劣的告誡。他怎麼看待這些大人物，這樣一件值得讚嘆的事件被他們製造成一種令人懷疑的奇怪氛圍？

這位癱瘓的朋友，主所鍾愛的人，你可能不知道，因為你，世界的救主將四面楚歌，公憤將讓吾主陷入險境？

第八章

善良的右盜，永生的旅伴

Le bon larron,

compagnon d'éternité

本章譯者：楊淑秀

還有兩個人在福音中等著我們，他們在社區受到公開指責：善良的右盜和瑪利亞．瑪達肋納。這兩個人都傳達了上主的獨特信息，我在本書反覆提到他們。他們是最貧窮的人嗎？是否窮了一輩子？很有可能，但更重要的是：弄人的命運使他們遭受到極端鄙視。也正是在這樣的處境中，耶穌找到他們，他將對他們倆做出應許，以永恆作為應許。他們的相遇確認了基督生命的高峰，決定性地定位了耶穌的生命。透過這兩次的相遇，我們將再次學習到，在世上被人類大家庭拒絕的人，可以引導我們走進完全相信上主的道路。讓我們靠近髑髏（音獨樓）地，那裡聳立了三個十字架。

他們既到了那名叫髑髏的地方，就在那裏把耶穌釘在十字架上；也釘了那兩個凶犯：一個在右邊，一個在左邊。耶穌說：「父啊！寬赦他們罷！因為他們不知道他們做的是什麼。」士兵抽籤，分了他的衣服。民眾站着觀望。首領們嗤笑說：「他救了別人；如果他是基督，是神所揀選的，就救救他自己罷！」[66] 兵士也戲弄他，前來把醋給他遞上去，說：「如果你是猶太人的君王，救救你自己罷！」在他上頭還有一塊用希臘文、拉丁文及希伯來文寫的罪狀牌：「這是猶太人的君王。」懸掛着的凶犯中，有一個侮辱耶穌說：「你不是默西亞嗎？救救你自己和我們罷！」另一個凶犯應聲責斥他說：「你既然受了同樣的判決，你連天主都不怕嗎？我們是罪有應得，自作

---

66. 譯按：「他救了別人；如果他是基督，是神所揀選的，就救救他自己罷！」本句參考聖經和合本修訂版的譯法，本段其他地方多數引用天主教思高聖經的譯法。

自受；但是，這個人沒做過任何壞事。」[67]隨後說：「耶穌，當你為王時，請記得我！」耶穌給他說：「我實在告訴你：今天你就要與我一同在樂園裏。」（《路加福音》23：33－43）

讓我們試想一下這個被基督徒稱為「善良的右盜」的出生背景，也許我們並沒有總是意識到這個稱呼的深刻意義。他來自耶路撒冷及其周邊地區的底層，那裡龍蛇雜處，到處是土匪、殘疾人、小偷、被懷疑染有各種惡習的男男女女，那是一個犯罪和苦難交織的環境。更直接地說，善良的右盜剛從監獄出來，我們知道在羅馬人的壓迫下，在稅吏和司祭的串通下，民脂民膏被搜括殆盡。對底層百姓來說，監獄是犯人管犯人的地方，窮人管理並監督比他們更窮的人。囚犯處於半飢餓狀態，成為挫折的獄卒報復的對象，甚至是虐待的犧牲品。從古至今一直是這樣，酷刑在這裡找到了一個天然的溫床，被鎖鏈束縛的囚犯失去自衛的能力，任憑其他人處置，生活條件十分殘酷。如果我們在自己的富裕國家沒有忘記這一點，面對飢荒和疾病肆虐的國度依然存在的酷刑，或許我們會覺得自己也有責任？

現在，我們看到這個右盜被釘在十字架上，那一具受到粗暴對待的身體和扭曲的面容令人恐懼。但是我們也可以想像他的內心戲：他遭受的各種暴行，還有他自己有過的暴力行為塑造了他的心靈和語言。他肯定聽說過耶穌，也

67. 譯按：另一個凶犯應聲責斥他說：「你既然受了同樣的判決，你連天主都不怕嗎？我們是罪有應得，自作自受；但是，這個人沒做過任何壞事。」本句參考漢、英、法各版本的譯法。

許他曾在某天見過他，甚至跟隨過他？就像其他許多貧窮和不幸的人一樣，他的心裡曾經因為耶穌的存在閃過一絲希望的光芒？無論如何，他認出十字架上的耶穌是天主子。那一刻，他已經沒有絲毫的懷疑，他的望德是徹底的。

關於他自己，他說他應該為自己的所作所為付出代價，懲罰是公正的。有多少次，我聽到貧民窟的男男女女這麼說，他們同意要為自己的行為付出代價，但我卻認為那是集體的過錯，而不是他們的過錯。「我偷東西被抓到了，現在我得去坐牢。好漢做事好漢當，應該的。」我想到我的朋友理查（Richard），他經歷了一連串的失敗和羞辱，在義福里（Ivry）的一家酒吧與警察打架後，他對逮捕他的人說：「我打人，幹了傻事，我現在跟你去，應該的。」在最貧窮的人中間，我不斷發現這樣的需要：為自己這輩子做過的蠢事、沒好好控制的憤怒和衝動的行為付出代價。這種對寬恕的強烈需求使他們像這個善良的右盜那樣，甘心接受懲罰。

「這很正常……。」這個經驗老道的罪犯立刻看出被釘在他旁邊的這個人沒幹過任何壞事，這也很正常嗎？我認為是這樣沒錯，如果這個人是極端貧困的犧牲者，答案就更加肯定。無論如何，我們目睹了他們倆認出彼此（mutual recognition）最震撼的一幕。「耶穌，當你為王時，請記得我！」，「今天你就要與我一同在樂園裏。」在這場最後的相遇，耶穌再次總結他對上主之愛的全部教導。

右盜沒有要求寬恕，因為他已經在為自己的行為付出代價。他唯一的要求是，我們一次又一次從非常貧窮的人那裡聽到，他們意識到自己無力為自己的案件辯護：「請你記得我……」，「為我說話，替我求情，幫我辯護，你人脈廣，你比較會講話。」這是求告無門的窮人永恆的呼求，不斷尋找支持與建議。「你認識的人比較多，幫我跟社工說，幫我跟工會、市長和老闆說幾句好話。」他們不敢自己出面，堅信自己解釋不來，也無法替自己辯護。他們覺得自己不配，害怕別人不相信他們的話。別人講話比較有分量，比較容易成功。

在人世間的最後一次面對面的相遇中，耶穌再次聽到了這樣的呼聲，而且他立刻給予回應。他並沒有說右盜是無辜的。他只是說：「即使鄰里排斥你，即使社會唾棄你，你仍然是天主的孩子。」的確，人類與天父之間怎麼可能存在無可挽回的決裂？人類的社群可以摧毀其成員，將其從記憶中刪除，但是，對天主來說，死刑是不存在的。透過耶穌的生與死，他已經取消排斥。「我回到天父那邊，手腳受了釘刑；我以被釘十字架的姿態進入永恆的樂園，而你是我選擇的同伴，那些在塵世與我同行的人也將是我在天國的同伴。」

耶穌的這些話語肯定是從十字架上宣布的最終確認，那就是天父不能拒絕任何一個孩子，也不能否認自己跟任何一名子女的親子關係。人類可能會拒絕某個兄弟姐妹，但是天主無法收回任何一個小孩和他重逢的權利。不管他們犯了多重的罪，不管他們是怎樣的一敗塗地，都依然是他的兒女。

耶穌帶著這個善良的右盜跟他一起去到天國，見證這個新的結盟；為了把每一個人都包括進這個盟約，就應該從最受排擠的人開始。在塵世間因為遭受唾棄而受苦的人，會有人在天父旁邊做證：他將被接待，他仍是被愛的。耶穌帶著人類所有的悲慘和痛苦回到自己的天父面前。不管這個母親是翻撿垃圾來餵養小孩，還是被迫賣身，不管這個男人是侮辱鄰居還是把兒子趕出家門，不管這個孩子有沒有在超市行竊，而今而後，每個人都被拯救了。天主子坐在天父的右邊，身上留有受難的釘痕。而且在他身邊，還有這名右盜，成為十字架上那份盟約的擔保人，見證上主與人類中最受磨難者締結的盟約。

我們已經說過，這個善良的右盜並沒有請求原諒，寬恕已經不是問題所在，因為他的死亡本身已經是一種淨化。他進入了慈悲的領域。那麼多的人在經歷一連串的窮苦和磨難後，以死亡為終局。表面上看起來，他們既不良善，也無可饒恕，他們是因為陷入暴力、怯懦和恐懼才被抓捕。我覺得這個善良的右盜當時就是這樣，他被關在牢裡，一直到被釘十字架。他的生命與死亡是這樣的折磨人，所以耶穌可以跟他說：「結束了，你的罪過已經得到赦免。上主不會再加重你的擔子，你今天就要進入樂園。」

我看過這麼多的男男女女，日夜被痛苦與羞愧糾纏，覺得全天下的人都放棄他們了，我想，他們死後若不是進到天國，是要去哪裡呢？他們在世間已經受到如此嚴厲的懲罰，天主怎麼可能再添上一筆，讓他們繼續受苦受罪？這將違背他的慈悲，違背他的兒子所許下的諾言：「你肯認我，我肯認你，你將成為我永恆的同伴。」

我認為耶穌立下的這個盟約還將擴展到那個被當成壞人的左盜，一如它也將擴展到全人類。上主的奧祕是不能容許決裂的，這個奧祕看重人類大家庭的每一個成員。在十字架上，跟善良的右盜一起，基督最後一次重新定義了合約的條款：聖體聖事將是被釘在十字架上的永久信物，在天父面前，他完全服從。「因此，就像你現在看到我的模樣，就像我看到你的模樣，我們倆都將在樂園。」右盜將成為福音中唯一獲得這種應許的見證人。但是，基督這樣說明他拒絕排斥時，是不是說從現在起，無論貧富，無論是善良還是凶惡的強盜，所有人都會被帶到天國裡去？

透過善良的右盜，耶穌似乎想讓我們了解一件至關重要的事情，也就是每個人應該分攤的代價，但是進入天國的門票並沒有固定的價格。每個人手中都有一張與人類苦難共感的票券，最貧窮的人進入樂園並不單單只是因為他們受到天父的偏愛，所以享有特權，而是他們手中那張票券已經分攤了過多苦難的份額。他們之所以先進去，是因為他們比其他任何人都承受了更大的痛苦。但是，天主所有的兒女都有自己的位置，都是他所等待的，因為人生苦海，大家遲早都要分擔到其他人遭受的苦難、蔑視、失敗和屈辱。這點，我們每個人都可以向天父交代，這是我們做為天主子女的記號。

這是不是就解釋了主的這番話：「在我父的家裡，有許多住處。」[68] 我們能理解謙卑者為何因此興高采烈，而權貴者卻覺得蒙羞嗎？有一件事是確定

68. 《新約若望福音》14：2。

的，在天堂，幸福不分等級，也不需要去邀功求賞。反正最貧窮的人不會有分別心，而且在耶穌給出的天國願景裡面，眾人將合而為一，而且窮人得到了好消息。但是耶穌為我們留下了一個默想的主題，讓我們不斷沉思那些比我們先進天國的人，並追問自己，如果要跟隨他們，該選擇哪個方向，並分擔多少份額。

基督不僅被當成惡棍般釘死，而且他是在罪犯的陪伴下遭受了苦難。我記得我在諾瓦集的無家可歸者營區舉揚過聖體，還在充滿赤貧、破敗與悲痛的貧困區主持過那麼多台彌撒。在小教堂裡面，圍繞我的是一群被認為一無是處、沒人想要的男人，有時還喝了酒，在那邊爭吵；而婦女們則經常緊張不安，四處張望，心不在焉：「殯葬彌撒後，吃什麼？」……「聖誕節，我可以給孩子們什麼禮物？」即便如此，我知道他們都在尋找希望和寬恕。在我看來，在他們中間，聖體聖事達到了完滿的高峰。我記得一個家庭的父親，意外殺死了他五歲的女兒。他用力打了她一巴掌，她的頭就撞到了爐子的一角，當場死亡。這對驚恐的父母在自己的床下，在鐵皮屋的硬泥地上挖了一個墳。長達五年的時間，他們一直睡在埋著女兒屍骨的房間，孩子的母親後來發瘋了。他們一開始說女兒已經去和姨媽同住了，反正，這麼多赤貧家庭擠在巴黎城門口，誰會來細數兒童的人數。但是，有一天，他們還是被鄰居揭發。孩子的父親被判處死刑，後來特赦，改判無期徒刑。每年的聖周五，我都會想到他，他再次帶領我們面對這個善良的右盜。他的故事絕非例外，這個世界的苦難比我們想像的還要多，在社會底層的深淵裡，還有那麼多善良的右盜。

我深深相信，加爾瓦略山的這位善良的右盜也不是一個例外，不是被安排在那邊扮演匪徒，做做樣子。我相信，我重複說，耶穌的出生和死亡並不是做做樣子的情節，不是為了劇情需要而編排出來的場景。他的生死大計在在表現出一個從頭到尾都一以貫之的人生。基督的生死還代表了一個社會的現實面，這個社會的所作所為，這個社會為其成員創造的處境就是如此這般。在這樣的社會裡面，耶穌打出生的頭一刻起，就無處安身，缺吃少穿，沒有一個可以有尊嚴且平安枕頭的地方，而且他注定要死在城牆外，因為打從一開始，他就被列為不受歡迎的名單。

他臨終時，有這位善良右盜的臨在，耶穌對他作出進入樂園的承諾，證實了他一生始終如一，不曾有過片刻的妥協，他的計劃前後連貫。若非如此，最貧窮的人要如何獲得解放？

第九章

瑪利亞・瑪達肋納：教會的第一步

Marie Madeleine :

Les premiers pas de l'Église

本章譯者：楊淑秀

瑪利亞卻站在墳墓外邊痛哭；她痛哭的時候，就俯身向墳墓裏面窺看，見有兩位穿白衣的天使，坐在安放過耶穌遺體的地方：一位在頭部，一位在腳部。那兩位天使對她說：「女人！你哭什麼？」她答說：「有人把我主搬走了，我不知道他們把他放在那裏了。」說了這話，就向後轉身，見耶穌站在那裏，卻不知道他就是耶穌。耶穌向她說：「女人，你哭什麼？你找誰？」她以為是園丁，就說：「先生，若是你把他搬走了，請告訴我，你把他放在那裏，我去取回他來。」耶穌給她說：「瑪利亞！」她便轉身用希伯來話對他說：「辣步尼！」就是說「師傅。」耶穌向她說：「你別拉住我不放，因為我還沒有升到父那裏；你到我的弟兄那裏去，告訴他們：我升到我的父和你們的父那裏去，升到我的天主和你們的天主那裏去。」瑪利亞．瑪達肋納就去告訴門徒說：「我看見了主。」並報告了耶穌對她所說的那些話。(《若望福音》20：11－18)

瑪利亞．瑪達肋納是第一個認出復活的基督的人，她是獨自一個，還是跟其他婦女一起？這個問題對我來說並不重要。重點是，她就在那裏，她是第一個見證人，甚至在門徒之前。復活的基督還是同一個耶穌，他選擇的信使，是他治癒、寬恕、拯救的一個邊緣人，他讓她脫離了黑暗。他選擇的不是門徒，不是伯多祿，也不是若望，而是一個脫離社會的邊緣人，那裏聚集了那麼多被視為罪人的男男女女，他們被當成是受到詛咒的一群：瞎眼或附魔的、淫婦或乞丐，被視為不潔有罪的窮人，一群飽受赤貧與排斥打擊的邊緣人，復活的基督就在他們中間選擇了他的第一個信使。

這個瑪利亞·瑪達肋納到底是誰？福音書作者馬爾谷說耶穌曾從她身上趕走了七個魔鬼。如何想像一個附魔的女人在古代的加里肋亞地區可能的處境？誰會關心她？誰會給她吃的？有人會遠遠地放一碗飯在地上給她嗎？而且小心翼翼，免得靠近犯邪？

在撒哈拉沙漠以南，非洲中部的某個地方，在一條難以通行的小路盡頭，在一個約有十幾間小屋的村子裡，一名癲癇婦女的茅屋著火了，她身體有一半被火焰灼傷。村民把她放在一張鋪滿灰燼的床上，以便吸收她的尿液。沒人去通知傳教士或幾英里外的醫務室負責人。嘉布遣兄弟會的雅各修士（Jacques Thiébaud）在荒漠巡視時發現了這名婦女，他們講了幾句話，然後，在少數受驚的農民，婦女和孩子面前，雅各修士採取了必要的急救措施，然後為她施洗，給她送聖體並為她做覆手禮。就像住在這條窮困小徑上的大多數人一樣，所有村民都衣衫襤褸，面帶驚恐，他們或許無法理解修士的這些動作，但是所有人都目睹了修士給那名婦女帶來的平安與溫柔。所有人都看到了她的榮譽得到修復：「你並沒有被邪靈附身，你獲得了拯救……。」透過她，整個小村都知道自己恢復了尊嚴。

村民因懼怕邪靈，原本準備讓這名同村的婦女自生自滅，她無依無靠，被認為是一個會帶來不幸的附魔者。透過重新建立關於人的真理（「你是天主的孩子，是天主所愛和拯救的子女」），雅各修士不僅讓這名患有癲癇的婦女得以準備復活慶節的到來，他也透過這些帶來自由的舉動，使整個小村重建新的秩序，他離開前問了村民：「你們會繼續照顧她嗎？」農民承諾：「我們會照顧她的。」

事實上，在非洲那些被遺棄的地區，雅各修士和其他傳教士每天的所作所為，不過是效法耶穌的榜樣，他們重複基督的舉動，醫治了群眾帶來的病患，而且除非聽到這些話，否則他們永遠抬不起頭來，也不會想到可以重建這個世界：「平安地去吧，天主愛你，你被拯救了。」唯有如此，其他行動才能跟進，營養不良和恐懼的人群才能開始照顧他們的農作物，關注學校教育和日常的保健。但是，在歐洲的基督徒中，誰還記得基督不僅在天上，也在地上建立他的王國，他的王國是正義，友愛與真理的王國，也是唯一可以真正讓窮人獲得解放的王國。我們是否努力幫助教會來關心這些傳教士？有時我們不願意花時間注意解放的第一步：靈魂的治癒和解放，卻寧願多關注世俗的組織與各種方案？

我到處聽到人們談論發展中國家的農民參加合作社或壓力團體，我不禁想問：我們有鼓勵他們優先考慮最貧窮的人嗎？有提醒他們優先服務和照顧他們中間的赤貧者嗎？他們的解放與發展計劃是否先行考慮那些最受壓迫的人？如果沒有，這些農民要如何認識那位被耶穌治癒的瑪利亞．瑪達肋納？

在非洲的某處，沿著一條小徑，有一個因為赤貧和過時的古老信仰而被鄙視的村莊，現代版的瑪利亞．瑪達肋納躺在灰燼中倖存了下來。

耶穌選擇向瑪利亞．瑪達肋納宣布有史以來最重要的消息，因為這消息為窮人和全人類的解放提供了明確的保證。「我從死裡復活了，我升到我的父那裏去，你去告訴我的兄弟們……。」正是從這個脫離邊緣處境的女人身上，門徒們得知了這個決定性的消息。她也曾經有眼不識泰山，就像那些走向厄瑪烏的門徒一樣，不知耶穌就在眼前。但是耶穌選擇了她。她之所以去到墳墓，肯定不是偶然。耶穌死後，眾門徒因為害怕猶太人，紛紛躲在上鎖的大門後。但是，對她來說，耶穌就是一切：她的生命，她的回歸社會，她的未來，她存在的理由。她當然會去墳墓徘徊，焦慮地想要好好看守住他的遺體。

在世人眼中，瑪利亞·瑪達肋納不配擔任使者，即使對門徒來說，她的話也難以置信，但是，在復活的那天早晨，耶穌基督正是透過她，在世上建立了他的教會。

一如，我確信，他也在我們這個時代，在非洲荒漠地區，在這個遙遠又偏僻的小村，在這位被詛咒的癲癇婦女身上建立天國。耶穌說：「瑪利亞！」瑪利亞·瑪達肋納認出他來，驚嘆：「辣步尼！」他回答她說：「別靠太近，而今而後，我們的關係改變了，但是，我將永遠與你們同在，因為我將永遠與你們的天父同在。」

還有甚麼別的方式可以讓那些沒有機會受教育，也沒有甚麼學識的窮人經歷耶穌的奧祕：以人的姿態死亡，以天主子的身分復活？耶穌真的死而復活，上升到父那裏去。瑪利亞·瑪達肋納，一個曾經被魔鬼附身的女人，可以為他作證。她看到主，他跟她講話，而且被賦予獨特的角色：成為特使。但是，她將無法說服門徒，他們得要說服自己。儘管如此，她扮演了這個重要的角色，耶穌交付每個時代被排擠的窮人這樣的角色：搖醒那些無所作為的同胞，讓他們從麻木中甦醒過來。

福音書作者路加有沒有理由將瑪利亞·瑪達肋納與那個在耶穌腳上塗抹香液的罪婦看成是同一位？那時耶穌正在癩病人西滿家吃飯。

有個法利塞人請耶穌同他吃飯，他便進了那法利塞人的家中坐席。那時，有個婦人，是城中的罪人，她一聽說耶穌在法利塞人家中坐席，就帶着一玉瓶香液，來站在他背後，靠近他的腳哭開了，用眼淚滴濕了他的腳，用自己的頭髮擦乾，又熱切地口親他的腳，以後抹上香液。那請耶穌的法利塞人見了，就心裏想：「這人若是先知，必定知道這個摸他的是誰，是怎樣的女人：是一個罪婦。」耶穌發言對他說：「西滿，我有一件事要向你說。」西滿說：「師傅，請說罷！」「一個債主有兩個債戶：一個欠五百德納，另一個欠五十。因為他們都無力償還，債主就開恩，赦免了他們二人。那麼，他們中誰更愛他呢？」西滿答說：「我想是那多得恩赦的。」耶穌對他說：「你判斷的正對。」他遂轉身向着那婦人，對西滿說：「你看見這個婦人嗎？我進了你的家，你沒有給我水洗腳，她卻用眼淚滴濕了我的腳，並用頭髮擦乾。你沒有給我行口親禮，但她自從我進來，就不斷地口親我的腳。你沒有用油抹我的頭，她卻用香液抹了我的腳。故此，我告訴你：她的那許多罪得了赦免，因為她愛的多；但那少得赦免的，是愛的少。」耶穌遂對婦人說：「你的罪得了赦免。」同席的人心中想道：「這人是誰？他竟然赦免罪過！」耶穌對婦人說：「你的信德救了你，平安回去罷！」（《路加福音》7：36－50）

如果路加說的是真的，我們可能同樣會大喜過望，因為在墳墓旁再次看到這名罪婦而讚嘆。她讓我的眼光轉向我認識的其他婦女，這些婦女處於社會邊緣，似乎看不到出路。我猜想這個在伯大尼（Bethany）被控傷風敗俗的壞女人可能出生貧困，我的猜測有沒有道理？根據我們對當時猶地亞猶太人團體的婦女生活的了解，這個假設站得住腳。一般婦女比較不會有從娼的風險，但是出身赤貧家庭的女孩和年輕寡婦肯定很容易墜入。如果女孩的母親被視為「骯髒」，如果她的家庭被說成「不乾淨」，她就得面臨更大的風險。我之前說過，無論在哪一種文化，極端貧困，違法犯紀，罪過，排斥，形成沒完沒了的惡性循環。我們在今天的歐洲，拉丁美洲和非洲都會區的極端貧困地區也看到了同樣的情況。即使在不同區域和文化的一些貧困的農村社區，也是如此。伯大尼的這名婦女不也是被困在惡性循環裡的囚徒嗎？

有一點是確定的，她到處受到排擠，被那些自以為沒有汙點的人所鄙視。她和全世界最貧窮的人一樣遭受了這樣的輕視，被那些有辦法表現出品行純潔的人所鄙視。這種鄙視將他們封閉在一種遭受排斥的狀態，讓他們無法獲得一種受到肯認且無瑕的存在。福音書作者談到的這個女人已經走到這種地步，因為她是所謂的罪婦，所以這個迎接基督到家裡的癩病人西滿阻止她靠近耶穌。這樣一來，她想要贖罪的努力和她充滿愛的舉止就不會有結果。毫無疑問，她習慣當地風俗，但她更習慣做為一名罪婦，她或許可以越過門檻，但不應該在離開時獲得寬恕與拯救。

藉古鑑今，看著伯大尼的這名罪婦，我想起年輕的珍妮（Jeannine R.）一生的遭遇。她在一個手足眾多的貧困家庭長大，全家人之所以能夠相守在擁擠的小屋裡，全靠一個被疾病苦苦糾纏的母親頑固捍衛。在極度的匱乏中，在諾瓦集貧困區這間冰窟形狀的小屋裡，像是一種迫切的需要，這位母親努力保持正直。為了滿足這個需要，她唯一的方法就是像母雞愛小雞一樣，用羽翼緊緊守護住六個孩子，而且凡事不求人，她決定只靠自己，只要能為孩子付出，她甚麼都肯幹。不管冬天多麼寒冷，不管怎麼缺吃少穿，她都不會去向任何人求助，她不會去社會局，也不會來敲我的門。為了維護自尊，她絕不低頭，這是她唯一傳承給女兒珍妮的遺產。

珍妮愛上一個鄰居的小夥子，他的家人也拒絕承認自己很窮，他們也不接受鄰居的任何善意。珍妮愛上安東尼，他們同病相憐，她在他身上看到自己的痛苦，他們都生活在令人難以忍受的環境裡面，丟臉卻又無計可施。但是，在這段關係裡面，安東尼不像她陷得那麼深。儘管如此，她還是給他生了一個女娃，不久第二個娃兒也出生了。但是安東尼在附近還有別的女人，他同意與珍妮一起生活，條件是她得接待其他男人。為了繼承母親那種榮譽感，珍妮苦苦掙扎。最後，她屈服了，但要求安東尼同她搬去較富裕的社區，她甚至在巴黎的高檔區開始執業。來見我時，她充滿尊嚴地跟我談論她遇到的那些男人：「他們常常過得很不開心，他們跟我傾訴他們的煩惱，有時候我完全聽不懂。但是，沒關係，我聽他們說話，然後我覺得他們要的並不是我的身體，而是我的時間，我花時間和他們在一起。」

有一天，一個特殊的理由讓她來看我。她說：「我們要結婚了，但安東尼不想在教堂舉行婚禮，我倒是很想，但是自己做這行，應該是沒資格穿白色的婚紗。」然後，她從包包裡面拿出結婚戒指，請我祝福它。「如果您祝福它，就代表上主也會進入我們的家，會給安東尼帶來好運。」我答應在她結婚那天祝福這枚戒指，但那天從未到來。因為不久後，安東尼在馬恩河畔的一家酒吧被左輪手槍擊斃。

為了兩個女兒的監護權和她放在公婆家的一點積蓄，珍妮進行了另一場奮鬥。但是，她如今無依無靠，想爭取的都得不到。以前的鄰居也不歡迎她造訪，過去，她經常回去，跟她的姐妹和閨密分享她的洋裝和金錢。但是她的母親已經去世，父親搬去住拖車，兄弟姐妹也分散了。公婆一家人還住在諾瓦集貧民窟，但不讓珍妮踏進家門，而且在社會局的同意下，兩個孩子由公婆照顧。有一天，她跟我說：「大家都覺得我丟人現眼。」她的確被看不起，因為她沒有像她母親那樣正直。然而，她在愛情，友情和個人尊嚴方面表現出罕見的忠誠。她在貧民窟的老鄰居曾經說過，她總是知道如何鼓勵和幫助別人，她很細膩，講話做事從不傷害或冒犯人。那麼，到底發生了甚麼事，讓她變成十目所指的罪人？

也許這個追問也適用在伯大尼的這名罪婦身上？她也被人鄙視，但，卻對旁人充滿關注。耶穌只用幾句話便在她周遭樹立了新的價值次序，他說，她表現出這麼多的愛意，也因此她的罪過都已經得到寬恕。事就這樣成了，她已被淨化。主說：「西滿，對你來說，事情就不那麼必然了。也許你沒有像你自己想像的那麼無懈可擊。」耶穌的這番話，我們今天還可以從一個貧窮受辱的男人口中聽到：「我進了你家，你沒有給我水洗腳……你沒有給我行口親禮……你把我留在門口，跟我講話又很沒禮貌，你連最基本的待客之道都不懂，你覺得自己有資格對這個女人說教嗎？」

耳邊響起一個布魯塞爾貧困區的父親對一名社工說過的話：「你沒敲門就進來，都還沒跟我打招呼，就開始指責我老婆管教孩子的方式！」他直言不諱地揭露傲慢自大者那種高高在上的態度。

耶穌在伯大尼的這番話，比任何時候都更能讓我們看到人子使用的語言，他目睹了太多的痛苦，壓迫和偽善，所以，他不會拐彎抹角講廢話。他總是用圖像講話，不僅讓西滿能夠理解，也讓瑪利亞．瑪達肋納能夠聽懂。他也不想隱藏自己的憤慨：「你表現出來的愛這樣少，你認為自己在上主面前毫無瑕疵嗎？如果你的品性純潔不是源於待人良善，細膩和慈悲，那這樣的純潔有什麼意義？」對於聚集在西滿家中的客人來說，這就顛覆了既定的次序，「這人是誰？他竟然赦免罪過！」的確，赦免罪過，重建純潔的真義，就是顛覆原有的社會次序，提升窮人的地位，因為世人一直以罪過和不潔為藉口貶抑他們，讓他們抬不起頭，翻不了身。

堅定不移的耶穌，並不是為了敷衍才說：「你的信德救了你，平安回去罷！」法文聖經大公譯本（T.O.B）的註解指出，在聖經中，與其說「平安」代表的是「內心的平靜」，倒不如說是「生命的圓滿與救贖」。也因此，瑪利亞．瑪達肋納接受了一項使命：去吧，從現在開始，過一個全新的生活，活出一個新的計劃，為我和你的同胞們活出滿全的愛。如果諾瓦集貧民窟的珍妮，這位在巴黎當妓女的年輕女孩來找耶穌，耶穌不會跟她說同樣的話嗎？對耶穌那個時代在西滿家的賓客，對今天珍妮周圍的鄰居和社工來說，這種優先順序的顛覆是難以想像的。但是，教會應該因為在墳墓中找到瑪利亞．瑪達肋納而欣喜，因為她以特使的身分向我們宣告：基督復活了，教會的時代開始了。瑪利亞．瑪達肋納會說：「我見到了主，被釘死的師傅還活著。」對於仍然深感悲痛的門徒來說，很難立馬相信。多默仍然拒絕相信，即使其他門徒都確認了這個消息。出於對耶穌的忠誠，他拒絕相信，當初他非常渴望跟耶穌分享那令人蒙羞的死亡方式。他太過相信耶穌，他給出自己的生命，他太想跟他一路走到底，他還在哀悼他的死亡，所以，如果沒有充分的證據，他無法承認已經復活的另一個耶穌，已經升天去他父親那邊。多默不能接受大家這麼快就忘記耶穌的受苦和犧牲。為了確認這不是一場騙局，他要親手觸摸他身上的釘孔。耶穌迎合了他的要求：「把你的手指伸到這裏來……。」但他也補充說，從現在開始，信德不是相信降生成人，被釘死的天主子，而是相信復活的基督。

瑪利亞．瑪達肋納，不管她是那個附魔者，還是妓女，將是第一個擁有嶄新信德的人，也因此，她是第一個基督徒。她的內心，她的直覺，她一生的經歷都告訴她：「是他！」她不要求任何證據，她不需要。整個教會都應該跟隨她的榜樣，她的信德建立於內心，以及人們的直觀，他們不會要求可觸摸的證據。耶穌復活的那個早晨，被視為不潔的瑪利亞．瑪達肋納成為第一位信徒，也是每個時代的首席基督徒。

第十章

正義的工匠，打造天主與人間的正義

Les artisans[69] *de la justice de Dieu et du monde*

本章譯者：楊淑秀

在戰勝撒旦之後，就如聖史路加所言：「因聖神的德能」（《路加福音》4：14），耶穌自沙漠光榮地返回，他開始走遍加里肋亞。不久，他將在山中宣講聖訓，那是慶節，是慶日的計劃，窮人被賦予使命。

「心知自己貧窮的人是有福的[70]，溫良的人是有福的，哀慟的人是有福的〈……〉飢渴慕義的人是有福的，慈悲的人是有福的[71]，心裏潔淨的人是有福的〈……〉締造和平的人是有福的〈……〉」

「幾時人因為我（because of me）而辱罵迫害你們，捏造一切壞話毀謗你們，你們是有福的。你們歡喜踴躍罷！因為你們在天上的賞報是豐厚的，因為在你們以前的先知，人也曾這樣迫害過他們。」（《瑪竇福音》5：11－12）

在沉思真福八端之前，我們必須加入群眾，花時間與他們相處。必須對這群男男女女的處境感同身受，他們是真福八端的受眾。因為毫無疑問，山中聖訓首先是為窮人準備的，他們的心真的破碎了，他們在各種欺壓下被迫順從。迫於形勢，他們是飢渴慕義的受壓迫者，他們飽受羞辱，被有權有勢的人橫加責難。當然，基督後來會清楚地表明，那些有餘裕但捨己為人者（se dépouillent）也可以加入窮人的行列。但是，我們還沒有達到那個境界，千萬

---

69. 譯按：本章法文原文標題用了「工匠」（artisan）這個字，英文譯本卻選用了「建築師」（architect），事實上，工匠與建築師兩者的概念與使命是不一樣的。
70. 譯按：「神貧的人」（the poor in spirit）是《天主教思高譯本》的譯法，基督教譯本有的譯成「心靈貧乏的人有福了！」（《中文聖經新譯本》）、有的譯成「靈裡貧乏的人是蒙福的！」《聖經中文標準譯本》，《聖經和合本》則譯為「虛心的人有福了！」，也有的譯成「知道自己在屬靈境界中有需求的人受到祝福。」（Chinese New Testament：Easy-to-Read Version）法文聖經也有多種譯法：「擁

不要在天國的大門前推來擠去，免得阻礙窮人在我們之前率先進入。

窮人已精疲力盡[72]。至於我們，如果想真正像他們一樣，成為他們中的一員，需要一輩子的功夫，每天練習捨己為人[73]（dépouillement）。因此，我們不要混淆優先次序，不要老是想擠到前面坐第一排。基督說：「你們貧窮的人是有福的，因為對你們來說，看見天主和改變世界的所有條件都已經俱足。」首先，想要看見天主，需要一顆拒絕分裂與仇恨、拒絕壓迫和歧視的心，而你們的心已經完全準備好了。因為你們的生命，讓你們充分認識到何謂不公不義，還有它會過分到甚麼地步。你們可以充分衡量慈悲的意義，因為你們必須不斷地寬恕。因此，你們會看見天主，而且你們已經在內心深處看見了他。

我們常常喜歡說，為了向天主祈禱，必須讓自己進入寧靜（silence）與平安的狀態。如果真是這樣，窮人就無法親近天主；如果真是這樣，他永遠不會讓他們看到他的面容。當我默觀這些貧困家庭的母親，她們一直被各種嘈雜的聲音所包圍，鄰居的爭執、街上的喇叭聲和人群的喧嚷；在過於狹窄的住所裡被孩子們緊緊圍繞。即使他們出了門，不在家裡打鬧，她還是操心煩惱著。她想到他們在學校可能遇到的困難，擔心他們放學後，因為被羞辱或打架，哭著回家。她想到孩子們的書包被扯破、筆記本被偷，擔心他們第二天會因此被老師責罵。她知道孩子們的爸爸很快就會進門，他也心情惡劣，粗聲粗氣，沒有一句溫柔的話，而且她會被當成受氣包，讓他發洩內心的憤恨。這位母親和所

有一顆窮人之心的人是有福的！」（La Bible Parole de Vie）、「自知貧窮的人有福了！」（La Bible en français courant）、「內心謙卑的人有福了！」（Nouvelle Français courant）若瑟神父在本書採用的是法文聖經大公譯本（Traduction œcuménique de la Bible）：「心知自己貧窮的人有福了！」（ Heureux les pauvres de cœur：le Royaume des cieux est à eux.）

71. 譯按：若瑟神父引用的是法文聖經大公譯本：「慈悲的人是有福的，因為他們將蒙受慈悲。」慈悲的定義是：原本可以懲罰或傷害，但卻選擇同情或寬恕。中文聖經很多版本都翻譯成「憐憫人的人是有福的，因為他們要受憐憫。」（天主教思高聖經）

有這些女人的內心能夠擁有什麼樣的寧靜？由於缺乏寧靜，這些婦女、她們的丈夫和孩子們就見不到天主嗎？

耶穌基督透過真福八端恢復了真理。他不只是說：「我站在你們這邊，我父的天國是你們的。」他還斷言：「天國就在你們中間，儘管你們憂愁不安，淚流滿面，事實上，正因為如此。」真福八端提醒我們，我們自己的寧靜可以是騙人的表象，不僅裝滿了紛亂的思緒，也充斥著虛假的表述。修道院和教堂的寧靜，如果不是承載著窮人所缺乏的寧靜，如果不是他們努力過日子的重要補充，那又是什麼？一位母親曾對我說：「你知道，我受了很多苦，受到很多傷害，我的孩子們被強制帶離，由政府在養。丈夫離開了我，左鄰右舍嘲笑我。但我不恨任何人，我原諒每一個人。」她就這樣向我傾訴，雖然我很難聽清楚她的聲音，因為她和一個撫養著五個孩子的男士同居，屋裡到處都是喧鬧聲，孩子們、鄰居們和狗狗們來來去去……在這片喧嘩聲中，這個女人和我談到寬恕，也就是平安。邊聽她說話，我邊想著，隱修院的修女們必須承載著寧靜，神父們和整個教會的祈禱必須充滿著沉默，而且，必須是一個承載著人世喧囂的沉默。教會的默禱必須承擔起所有阻礙窮人獲得寧靜與心神平安的一切，要不然，我們是在向誰在祈禱？如果不是向一個選擇住在他們中間的救主，在那裡，寧靜不斷被打破；在那裡，情緒難以平復，思緒充滿焦慮。

如果不能確保吾主得以住在窮人的心中，住在他們喧嚷的生活中，在他們

72. 譯按：法文原文 cassés，英文譯成broken，有三個意思，1. 破碎，2. 年老體弱，3. 精疲力盡，疲憊不堪。

73. 譯按：dépouillement的定義：1. 一個人被剝奪了一切的狀態。2. 擺脫多餘的裝飾。這裡譯成捨己為人。反身動詞se dépouiller的定義：心甘情願地捨棄，自願放棄個人的名利、地位、財富。譯者在本書都將之翻譯為捨己為人。

永不得安寧的精神中，那麼守靜默、做禮拜又有什麼用呢？富人往往心事重重，但他們的憂慮無法跟窮人的憂慮相比。窮人對自己的貧窮一直心知肚明，他們要甚麼沒甚麼，連生存最基本的必需品都沒有，他們被迫要東尋西找、想方設法、詢問哀求才能生存下去。我們有時會談論窮人的生存策略，但並不總是意識到他們因此耗盡所有的精力和注意力；為了要活下去，窮人沒有喘息的機會。然而，天主就在他們內，天國的大門向他們敞開。在加里肋亞就是這樣，但基督必須來，才能創造一個暫時休息的時刻，帶領群眾停下來，進入一個歡欣鼓舞的偉大時刻，那時大家都可以聽到他說的這番話：「你們並非不潔，你們並非不夠格，恰恰相反！上帝就在你們中間。你們一直處於匱乏，但你們心裡有祂。你們無權無勢，受人擺佈，完全依賴別人的善心；你們不斷被淨化，也因此受到了寬恕和祝福。在選擇我時，你們已做出這個選擇，你們和我正在一起建造天國；而且你們所經歷的一切使你們成為前衛的工匠。」

真福八端說：「天國的工匠」，但也同時是人間正義的工匠。「你們不僅明天會繼承土地，你們今天就能繼承它，你們今天就可以成為改變世界的創造者。你們在欺壓下遭受的苦難，你們在迫害中所承受的痛楚，可以迫使人類改變，讓他們以新的目光看待世界，對不公不義憤慨不已，不再容忍。當然，前提是你們賦予自己的存在一個新的意義，不再將其視為宿命或懲罰，而是與上帝立訂的盟約和更新的出發點。你們必須願意為這個更新踏出腳步，而且這必須出於你們自由的選擇。

真福八端絕對不是用來催眠人心的安慰劑，也不是要讓人鬥志渙散。「因為我」（because of me）這幾個字，加上內容提及先知，顯示了上主對人發出召叫及其使命特徵，他賦予窮人在世間的使命。也就是說，以正義之名受苦，意味著為人權和一個尊重人權的社會受苦。耶穌說天國始於人心，但是「好樹不能結壞果子。」（《瑪竇福音》7：19），還有，「並不是凡向我說：『主啊，主啊』的人，就能進天國，而是那些承行我在天之父旨意的人才能進天國。」（《瑪竇福音》7：21）。然而，天父的旨意是什麼？在我看來，耶穌在宣告真福八端之後給出的指示代表了天國合一、永恆和普世性的偉大宣告。對上帝的虔誠和對社會正義的重視是分不開的；所以我們不能聲稱這兩者有所區別，而做出不同的計畫，也不能忽視自己採取的政治行動路線。

此外，基督宣告他來不是要廢除法律，而是為了成全，這番話是對著窮困的群眾說的。然而，法律在規範社會結構的同時也規範了宗教義務，意即生命的保護、婚姻關係、宣誓的基礎、報復的規則、和平、施捨的方式（我們今天稱之為「社會救助」）、金錢的位置（也就是經濟的運作）、對明天的憂慮則顯示在利潤的追求、儲蓄、囤積和過度的儲藏……耶穌質疑的難道不是整個社會的組織方式，他在描述社會藍圖時，並沒有把宗教、社會和經濟事務分隔開來。內在精神生活的規則和那些管理社會關係的規則被混在一起呈現，彼此融為一體，此乃建基於上帝的旨意。從現在開始，天國實現了，愛、祈禱和慈悲在人與人之間結出正義的果實。

那些對正義並沒有如飢似渴的人，或許他們可以想像上帝的正義與人類的正義之間有一條分界線？對第四世界的家庭來說，這樣的區別是不可想像的，對每個時代的窮人來說肯定也是如此；這樣的區隔不可能存在。基督說：「凡你們願意人給你們做的，你們也要照樣給人做：法律和先知即在於此[74]。」對窮人來說，這不僅是個人的行為準則，更是社會藍圖；他們因既定的社會組織方式遭受了太多苦難。「己所欲，施於人」的守則必然會推翻極不公義的社會組織，或許窮人也比其他人更能預感到這種深刻變化得付出的代價？

為了讓自己轉化為解放者，為了革新彼此間的關係，並以嶄新的方式向世界介紹自己，窮人得付出相當大的努力。即使在聖雅各街（rue Saint-Jacques）的破房子長大，小時候的我也從未想像過上主或教會會邀請我消極地坐以待斃。相反地，在我看來，為了活出福音，一切都必須改變，不僅是母親的生活要改變，鄰里生活要改變，我們與富人的關係也應該改變。我認為自己必須為這種改變做出貢獻。除了窮人自己，我甚至看不出還有誰會激發改變。因此，在我看來，真福八端似乎是基督對窮人的承諾（commitment）：「羅馬人、黑落德的追隨者、法利塞人，都認為你們低人一等，但你們是天父偏愛的孩子，如果你們為正義而戰，他就會與你們同在，因為沒有正義就沒有愛。」我一直

74. 譯按：《瑪竇福音》7：12。

相信自己聽到基督在鼓勵我們：「如果你們肯努力，如果你們真的相信你們會贏得這場勝仗，不是為了你們自己，而是為了其他所有人，那麼你們就一定會贏。」

然而，第四世界的家庭一點一滴地教會我，當一個人老是被看不起，要以為自己能夠挺身而出、能夠奮鬥並贏得勝利是多麼困難。當他們所有的經驗都教他們要保持低調、縮到角落、乖乖閉嘴時，他們要根據什麼信念或希望將自己變成天國的建設者？「我，總是保持低調。」勒布朗先生（Lebrun）說：「在這個小地方，你最好不要引人注目。」從破茅屋到貧民窟，再從緊急收容所回到破茅屋，顛沛流離了大半輩子之後，他終於在諾曼地（Normandie）的一個村莊安頓下來。他的部分家庭成員、子女和孫子女在他身邊重新團聚。他的妻子仍然很難不在酒瓶中尋求遺忘，他的孫子女在學校需要特別的關注與輔導。附近的一些修女，面對這個非常貧困的家庭，沿襲農村仍然存在的習俗：送衣服給孩子們。勒布朗先生雖然保持低調，但未必就不會引人注意。雖然這是他一輩子都恪守的行為準則。人們在村子裡議論紛紛，他卻坐在廚房一角，戴著老花眼鏡，費勁地認字，認真閱讀福音。要相信基督就是對著這個七十歲的窮困老人發出召喚，要他站出來作見證嗎？

沒錯，要相信此事必能成就。勒布朗先生給我們寄出一則訊息，他想要在上帝面前迎娶他的伴侶，她為他生了七個孩子，他們共度風雨，一起承受了難以形容的困苦與辛酸。許多年的時光，他的妻子一直像個真正的路障一樣，堅守在家門口。在她身後，小屋的硬泥地凌亂地放著床墊、幾張凳子和一個爐子，沒有其他家具。放在地上的平底鍋還有一點剩菜，這些馬鈴薯加熱後還可以充當孩子們的晚餐。不許任何外人看到這種慘狀，勒布朗太太想：「否則，孩子們會有甚麼下場？警察一定會協同社工把他們從我們身邊搶走。」

一九八四年，勒布朗一家終於有了自己的房子，不必擔心會被房東趕走，兩個老伴決定在教堂結婚。但是，當地的本堂神父猶豫是否要祝福他們。整個村子議論紛紛，所以勒布朗先生寄給我一封求救的呼喊。他要的並不是在生命的最後階段與世俗的規範妥協，好安詳地死去。他要的很簡單，打從他透過老舊的眼鏡閱讀福音開始，他確信自己還欠天主和妻子一筆帳，他得要娶她才行。因此，他將不得不做一些與他的人生哲學完全相反的事情，也就是引人注目！也因此，勒布朗先生讓自己成了村裡的笑柄，成了教區內引人側目的話題。在七十歲時，基督要求他「因為我」（because of me）而進行這場內在革命。

就在勒布朗先生在福音中認出自己，並以自己的方式成為上帝的見證人的時候，他的小女兒則參加了一項陶成計劃，準備成為第四世界運動的活水成員。我不知道她對天主的看法，但是我可以肯定的是，作為諾瓦集無家可歸者營地的一個小女孩，她愛她的家人和她身邊的人。和營區裡的其他女孩一樣，她不但沒有按時上學，還經常在街頭遊蕩，並成為幫派成員，因為在他們那個僅容旋馬的住所，她能做的就只是坐著或躺在床墊上吃飯或睡覺。在這種環境龍蛇雜處，缺乏隱私，充滿暴力，透過一種不同尋常的恩典，丹妮爾學會了珍愛她的生活圈。在孩提時代已是如此，她嘴邊總是隨時準備好一堆為家人或為幫派成員開脫的藉口。別人對她母親粗魯的行為，哪怕只是輕輕帶過的蔑視，她都會深感憤怒。今天，同樣的忠誠促使她練習書寫、公開發言，並代表所有第四世界家庭發聲。看著她長大，我一直在想，聖母瑪利亞的目光一定會落在她身上。

天主之母不需要內心的革命，她從出生起就把上主、窮人和正義銘記在心。丹妮爾也從小就珍愛並護衛自己的家人，但並非所有生活在赤貧界的女性都如此幸運。即便如此，在真福八端的意義上，她們都是有福的。然而，她們必須鼓起勇氣，免得在極端貧困中沉淪滅頂，她們必須付出無邊無際的努力來鞏固自己和對其他人的愛。有時，她們設法做到了，豁出去，死纏爛打，迫使本堂神父為她們的孩子施洗，甚至去參加家庭會議，或去到第四世界平民大學。接著，她們無以為繼，雙手一攤，退出所有活動。或許後來還會回頭參加；有時乾脆永遠放棄。她們對這場奮鬥失去了信心，目標太過遙遠，輕視、嘲笑和惡意中傷的負擔太重。「我累了，也病了。」勒秀女士（Lachaud）說：「而且我有自己的生活要過。」

誰來告訴勒秀女士說：「過自己的生活，就是透過解放蘭斯市（Reims）所有比妳還窮的家庭來解放自己？」今天，誰會去到看著我長大的聖雅各社區，去到蓋賀（Garenne）貧困區，去到公園路和聖雷奧納（St. Léonard）的社會住宅，誰去告訴住在昂熱（Angers）主教教堂周圍的所有窮人：「變革的工匠們，你們是有福的」？誰會提醒他們：「你們應該坐在餐桌的上位，因為你們所說的關於正義、真理以及和平至關重要」？當基督再來時，他還會找到那些向窮人宣報好消息的人嗎？宣報土地已經屬於他們，宣報他們的生命見證可以改變人心並能迫使人類制定合乎正義的法律？他自己就是這樣說的：「如果你們付出足夠的努力，你們就可以迫使人們這樣做。你們將迫使他們以不同的方式向天父祈禱，因為他們將迎接他最受釘刑般折磨的兒女（the most cruelly crucified）。」但我再也聽不到基督徒對空著肚子上學的孩子說：「你們是有福的。」對住在破房子或帳篷底下、對住在茅屋或拖車裡的家庭，或對那些必須向收容機構尋求庇護的人說：「你們是有福的。」面對這些非常貧窮的人，有些人會哀嘆他們缺乏政治意識，許多人甚至在沒有諮詢他們的情況下就聲稱自己改變了世界；既然我們不再宣報窮人真正的身份，沒有認出他們是正義的建造者，他們是要怎樣一展身手？

即使赤貧阻止人們出入聖殿或教堂，還讓那些出入這些地方的窮人感到格格不入，但赤貧並沒有摧毀他們的意識，也就是上帝並沒有拋棄他們。但是，總是被斥退到最後一排的窮人不僅需要，也有權利聽到真福八端的確認，也就是他們在天父的計劃中有一個優先席（a preferential place）。在耶穌的時代，在法律的層次，他們無權無勢，並不是真正有福的人，而且今天仍是如此。在山上，圍繞著耶穌的群眾卻「變成」真正有福的人，那是因為耶穌向他們宣報了這個好消息。窮人之所以變成有福的人，而且能夠如此表現出自己，是「因為耶穌」，因為他向他們顯示了自己，也因為他們相信了他。他們重獲新的生命，因為今後，他們可以對自己的貧困處境賦予新的意義。這就是山中聖訓（或稱為登山寶訓）如何一下子變成節慶，爆發著歡樂和使命的授予。除非所有人都可以說自己是上帝的孩子，否則就沒有節慶可言；此外，使命也會令人心生畏懼。我有時覺得，雖然我們可能還記得使命，但我們忘記了，在耶穌的眼中，使命與節慶及寬恕的喜樂相隨，也和自知被天父所愛的安全感連在一起，缺一不可。耶穌深知對窮人來說，要他們不再把自己看成丟臉、有罪、無能和微不足道，是多麼困難。只有上帝才能改變這個形象並恢復真相。沒有上帝，熱情很快就會消退，擁有使命和完成使命的前景也會變得黯淡。司祭和法利塞人很快就會撲滅這些心火，過去，他們就一直是羞辱、刁難窮人的高手。

「群眾都驚奇他的教訓。」瑪竇在總結山中聖訓的描述時這樣說。他們驚奇得目瞪口呆，張皇失措嗎？或許是，但，驚奇中也充滿了幸福與讚嘆。當然，未來不會從此一帆風順，路上的陷阱也不會變少。耶穌說了：「那導入生命的門是多麼窄，路是多麼狹！」他從不做虛假動聽的承諾。「這條路不會比過去容易，會有假先知誤導你們。但是，跟昨天不一樣的是，現在你們知道要去哪裡，並且會在先知的陪伴下，帶著喜樂，愉悅地走這條路。你們，就像在你們之前的先知一樣，都是上帝的使者。」默觀在山中被群眾包圍的耶穌，我忍不住再次追問，我們現代的那些革命和解放的觀念是怎麼產生的……。寬恕和節慶到哪裡去了？誰來告訴今天的窮人：「你們是地上的鹽，你們是世界的光。也因此，我們富人不會來對你們發號施令，也不會把並非由你們起草的計劃強加在你們身上。我們來傾聽你們，並提醒你們，貧窮的基督為你們勾勒了計畫，並宣告你們是有福的，因為你們是這個計畫的先行者。」

我們可能並沒有充分意識到基督將天國、法律和先知交託給窮人時，賦予他們的重責大任？他們必須先在自己的生活圈，為彼此實踐真福八端。讓我們再看看耶穌眼前的群眾，他們中的多數人都很窮，但一樣米養百樣人，他們並不因此形成一群同質劃一的子民。他們中間一些人有工作，另一些人失業或未充分就業。在他們旁邊還有最貧窮的人，無法發揮的殘疾者，讓人避之唯恐不及的痲瘋病人，被遺棄且無家可歸的婦女，被視為受了天譴的盲人，為數眾多的乞丐……應該也有很多小偷。在這個龍蛇雜處的人群中，如果你是個盲人，而且出生在一個趕驢或牽駱駝的家庭，這意味著甚麼？如果你是個癩病人，而且出生在收集狗糞或使用這種不潔物質來鞣製皮革的家庭，又意味著什麼？在到處兜售小東西的賣貨郎眼中，成為乞丐意味著甚麼？他們自己也快要淪為乞丐了，因為已經沒有什麼東西好賣的了，而且隨著土地被併購、徵收，他們的客源也越來越少。在普遍被耶路撒冷的富人所鄙視的加里肋亞人中，還是有一些家庭被認為是純潔和應受敬重的。耶穌的家庭，即達味家族，就是如此；還有許多其他人也受到高度尊重，例如父子相傳的司祭或法利塞人，或那些從事其他受人尊敬的職種的人。他們旁邊，還有大量被視為不潔的家庭，包括那些從事被瞧不起的行業的人家，多數都是窮人的行業。如果這些家庭生出患有癲癇或聾啞的兒子，如果一個駱駝夫的女兒淪為妓女，生下私生子，這會導致什麼樣的社會分層？群眾當中會發生甚麼樣的分裂？癩病人西滿的家庭有條件生一個長癩病的兒子，他們甚至可以幫助他痊癒，並在社群重新取得一席之地，而且有辦法款待基督。擺脫困境後，他高高在上地看著那個前來將昂貴的香液倒在耶穌腳上的女人。當他還是癩病人的時候，他會不會和其他癩病人、製革工和牧羊人或風塵女子的兒子在一起？不太可能。而且我覺得我們從來沒有真正理解甚麼是多樣性，即使在窮人之間也是如此。然而，要默觀基督並聆聽他的教導，我們必須仔細觀察他周圍的人，好能透過他們的耳朵仔細聽他。我們必須看到那一雙雙伸向耶穌的手，每一雙都如此不同。有些人的手被過度的勞動所磨塑，有些人的手因疾病而變形。有些人顫抖著伸出手，或甚至無法伸直雙手。他們呼喚耶穌的聲音也不一樣，乞丐的聲音和沿街兜售的小販或種麥的農夫不同。全人類，尤其是所有受苦的人群，在山中聖訓的時刻齊聚在基督腳前。這是千載難逢的機會，如果我們懂得如何凝視他們的話。

耶穌說：「正是在你們中間，天國開始了，你們都窮，彼此卻又如此不同。」「你們的光當在人前照耀，好使他們看見你們的善行，光榮你們在天之父。」（《瑪竇福音》5：16）窮人被交付的任務是在他們之間創造天主的正義，這不是一件輕鬆的使命。然而，這將是他們讓自己在全人類面前變得可信的唯一方式。這項任務非常宏偉，出乎大家的意料之外。農民家庭得要有新作風，好能與被鄙視的洗衣婦建立新的關係。辛辛苦苦靠小葡萄園維生的果農要想辦法和沒有土地的長工和諧相處。雜貨店的老闆將不只照顧自家的殘疾者，而是同時照顧那些打石工的殘疾子女，他們更被看不起。家世清白的漢子將不得不照顧被當成出身不潔的癱瘓者，為異鄉人授課，保護名譽受損的婦女。

窮人彼此間的這場革命，只有基督能夠宣告，因為他已經在自己的生命中完成了。作為窮人家的子弟，他並沒有與赤貧的人群保持距離。否則，他在富人眼中或許仍然可信，但他無法說服山上的群眾。「你們不要判斷人，這樣你們就不會受判斷。」[75]「不要變成死守規範的人，不要為了規矩和法律而忘了人。」「不要變來變去，而要信守對彼此的承諾。」「你們一向聽說過：『以

75. 譯按：本句根據若瑟神父引用的版本來翻譯，原文是《Ne jugez pas et vous ne serez pas jugés...》。

眼還眼，以牙還牙。』別相信這一套，只有慈悲和寬恕才能使你們變得大氣並受人敬重。」耶穌對窮人的要求很高，而且他還要求更多。不僅要寬恕，還必須與那些想要傷害你們的人一起受苦、即使他們損壞你們的名聲或破壞你們好不容易得到的安全感。簡而言之，必須利用你們的貧窮來解放比自己更受壓迫的人。你們當然必須確保自己的權利，但你們更應該要確保那些比你們更被遺棄的人的權利。你們不要在變成新富人、新的掌權者之後，就跟他們劃清界線。你們唯一要關心的是為別人伸張正義。你們接受為了我的緣故受到迫害，意即為了你們身邊最悽慘的人遭受迫害。只有最受壓迫的人才能讓你們守住奮鬥的意義，同時也意識到天國就從此時此地開始。

根據真福八端的看法，貧窮必須成為創造節慶的方法，從此以後，那些完全被黑暗籠罩的人群將獲得改變帶來的愉悅。耶穌提醒我們，有福的人不能像外邦人（pagan）[76]那樣奮鬥。他說，外邦人忘記了他們的奮鬥必須造福所有人。他們利用別人的信任，獲得了財富和聲望，卻犧牲了窮人。如果窮人讓自己落入同樣的陷阱，試圖擺脫窮親潑故，一心攀龍附鳳的話，他們將不再像現在這樣理解正義。他們忘記初衷，並失去可信度。為了創建天國，窮人別無選擇，只能保持內心的溫良、謙卑，並拒絕讓自己發財致富。

耶穌不斷重複這句話：「你們的貧窮必須轉化為動力，也必須轉化為喜樂。如果你們對周圍的人態度強硬、咄咄逼人，你們就會失去奮鬥的初衷。

76. 譯按：外邦人，按著猶太人的血統，所有那些未受割禮的人都被稱為外邦人。到了新約時代，只要是相信耶穌基督，並不分猶太人或非猶太人，大家在神的國度裡都有一個位子。

如果你們失去喜樂，你們就不再為最貧窮的人奮鬥了，你們所護衛的不再是其他人。無論你們以我的名義或以窮人的名義所取得的成就，都不屬於你們，你們贏得的任何成果都不應該是為了自己能夠揚名立萬。永遠不要把社群的勝利和你們個人的勝利混為一談。紅地毯、大排場、宮殿豪宅，都不適合你們。以我的名義建造的聖殿絕不能成為你們博取讚賞的手段。你們唯一應該在歷史上留下的痕跡是你們對上主和近人的愛。社會組織的唯一規則是「彼此相愛」，同甘共苦。

我可以見證，基督口中發出的教導在今天的極端貧困地區仍然有效。「你們會坐在首位，因為你們費盡力氣要求尊重和尊嚴。」第四世界的家庭心知肚明，僅此一途，沒有別的選項。耶穌稱他們為有福的，這當然是一個喜樂的發現，但他們並不感到驚訝：「如果耶穌來到我們的社區，你想想看，該怎麼慶祝才好！……」在這些條件下，就有可能談談這個難以估量的責任：「你們要震驚世界，因為你們為彼此創建出天主的正義。你們的雙腳無力，站也站不穩，現在，勇敢站出來。你們低聲下氣過了大半輩子，現在，抬起頭來。」

悲慘的人解放比自己更悲慘的人，窮人解放比自己更貧窮的人，飢渴慕義的人為那些比他們更飢餓正義的人展開行動並受苦……在我看來，耶穌的教導萬古常新，不曾失去味道。如果富人和窮人間的關係有甚麼應該要改變的地方，僅有此途，我看不出其他途徑。在我看來，窮人在他們之間創造正義似乎是唯一的出路，這樣才能讓富人去到他們應該去位子。如果窮人因此成為「世界之光」，他們就不用再忍受富人的法律。角色終於顛倒過來，富人必須參與窮人的事務，而且還得先詢問是否能參與，並且學習該怎麼做。這樣的事情在耶穌的時代是聞所未聞的，現在仍然如此。我們從來沒有想過窮人像是一座立在山上的城，是目光的焦點。我們仍然將他們當成必須由其他人來教育、輔導的人。連耶穌的生命和犧牲似乎也並不總是足以讓我們了解光的來源，誰是學生，也或許，誰是僕人。然而真福八端在這些問題上是非常清楚的。

無論如何，對於基督徒來說，透過真福八端，一切都改變了，角色得到了澄清，萬事萬物各就其位。誠然，我們面對的是一個太過偉大、太難以想像的奧祕。上帝的奧祕使祂的恩典透過祂最貧困的兒女滲透到世界。如果這還沒有改變我們的結構，它也會改變我們的心，使我們陷入沉默，引導我們沉思和祈禱。創發結構不再是我們的特權，當然不是為窮人創建新的結構，更非冒用他們的名義來達成自己的願望。他們是光，可以點燃我們的蠟燭。我們有義務找到他們，跟他們一起生活，分擔他們對身邊最窮苦者的關心。我們必須成為他們的僕人和學生，提醒窮人他們是有福的。他們是有福的，現在仍然是，重點是，我們得去告訴他們。

不久前，在荷蘭，我聽到一群第四世界家庭與一位歐洲議會成員交談。這些家庭講述了他們為了比他們更貧困的人維護度假農場所做的努力。每個家庭都試圖對它的維護和管理做出貢獻，他們發想各種放鬆身心的方式，組織音樂活動，為孩子們收集書籍，並想像各種團體遊戲。這位女議員一臉憐惜地聽著，然後打斷他們：「這一切都很好，但真正需要改變的是結構。你們的度假農場非常好，但它根本沒有造成任何改變。想要改變你們的生活，你們要懂得善用選票。」一位第四世界的父親緊追不捨，他問她政府拒絕補貼這樣的農場是否公平。議員回答說：「這不是重點，重點的是用選票把這屆政府給換下來。」這個爸爸不肯鬆口：「但是，你是否同意，我們根本不能指望政客。」談話到此結束，議員在離開時提醒我們，這些家庭還有很多東西要學。然而，誰應該向誰學習，誰是導師，誰應該成為僕人？我們知道如何尋找並聆聽真正的導師嗎？

透過山中聖訓和真福八端，耶穌基督並沒有呼籲富人解放窮人，他也沒有號召窮人推翻富人。他召喚大家一起解放全人類。只有一個天國，一個正義，沒有分別心，一視同仁，所有人齊聚一堂。但窮人將被公認為帶頭建設的工匠，這是讓大家最難接受的顛覆，讓我們尷尬難堪，儘管我們相信人權。我們真的應該承認窮人為了那些比他們更窮的人服務，並能指點我們伸張正義的方式？他們幾乎沒上過學？正義會從社會的最底層，從苦難的最深處升起，臨到我們身邊？太不可思議了。當我們把目光轉向窮人和赤貧者，我們看到的不再是深谷，而是巔峰？這的確很難接受。「你們也不要被稱為導師。」（《瑪竇福音》23：10）[77]對歷代的經師、法學專家和博學之士來說，這無疑是最難以理解的訓誡之一。

「學什麼最重要？」一個第四世界團隊詢問紐約曼哈頓下東區（Lower East Side）最貧窮的孩子，他們回答：「給我們一台電腦。」英雄所見略同，

77. 譯按：這個字有各種譯法 ，英文版用了Teacher，Masters，Rabbi，多數法文版用了Maître這個字，意即導師、師傅、大師、巨匠等；中文版翻譯為導師、師傅、老師、夫子、辣彼、宗師、師尊等。若瑟神父選用了大寫的Docteurs，直翻是博士、可以指教會聖師或法學專家。

法國極端貧困的父母也說：「我們的孩子需要的是電子產品。現在，對他們來說，只有這個才算數。」這種渴盼飛向了世界各個角落，它甚至從海地一座貧民窟最幽微的角落飛向我們。當地的第四世界團隊爬上小山丘，把書籍和知識帶到那裏。「教我們用電腦。」孩子們嚷嚷著，他們甚至不知道自來水或規律上學是什麼滋味。我們將這個訊息轉達給捐助機構：「幫助我們為世界上最貧困的兒童提供電腦。」他們的專家決定：「還不是時候，為時過早。」一九八三年在法國，也有人回答我們說：「你們怎麼會要我們提供電腦給資源班的兒童呢？我們的普通高中都還沒有完全設置好電腦呢！」就這樣，專家繼續替窮人做決定。他們怎麼能放棄被稱為學者專家呢？他們的決策怎麼能不優先考慮自己孩子的利益呢？

難怪基督要求窮人像他自己一樣透明，他們的行為像他一樣令人信服。「為了我」，因為對他的愛，而不僅僅是為了滿足於創造一些新的系統。他們肯定會建立新的結構，但建在山上的城不會從那裡汲取光芒。光只會從愛中迸發出來，而且那愛必須是強大的。因為窮人必然要逆流而上，他們會被壓制或被利用，在這一點上，他們完全可以理解天國的比喻，願他們至少因為愛而團結一致。「你們應當是成全的，如同你們的天父是成全的一樣。」

「哀慟的人……飢餓的人……慈悲的人……有福了……」得要經常對自己複誦這句話。正如必須重複告訴自己，沒有愛的正義只是騙局一場，沒有把所有人都包括進去的慈悲只是一種假象。必須牢記這些才能堅定不移。只有在耶穌基督內的愛和信仰才能保持靈感和愉悅，因為他完成了不可能的事。

在山中，透過真福八端，基督永永遠遠地撼動了世界的秩序。

第十一章

「放心！是我。不要怕！」

《Confiance, c'est moi, n'ayez pas peur》

本章譯者：楊淑秀

有一種閱讀福音的方式讓我們在崇高的救主身上認出他是一個出身赤貧的漢子，那富人的位子在哪裡？一個朋友問我：「如果窮人就是教會，那我們富人是誰？」另一位朋友寫信給我：「我們就不是教會嗎？」問題也許不在急於知道我們是不是教會，而是，我們是否愛上這個窮人的教會，經歷過苦難的基督的教會。我們是否全力愛她，是否為她而全心投入，為她奉獻自己的生命？這樣一來，我們是不是教會這個問題就不存在了。我們屬於她，我們聲稱自己是她的孩子，是天主的子女。如果天主都不否認我們，如母親般的教會怎麼會否認我們？

而且，不要忘記，耶穌基督愛每一個人。他愛他們，因為他們是人。在天主的計畫中，福音並沒有給每一個人同樣的位子，但是，每個人都有一個重要的位子，都是不可或缺的。在我看來，福音真的表現出耶穌對最貧窮的人洋溢著慈愛。但是，如果它沒有從最貧窮的人身上延伸到天父的所有子女身上，那麼，這個慈愛有甚麼意義？天主的愛是沒有排除性的，它凝聚眾生，別無他途。天主凝聚分裂的人類，讓他們合一，共建天國。在福音裡面，所有人齊聚一堂，但是，在走向合一的道路上，每個人的取徑不同。

在我看來，窮人跟富人的差別在於，基督跟窮人說，要運用他們的貧窮來轉化自己的處境（condition）；面對富人，他則叮囑他們要放棄自己的地位（situation）。「誰若願意跟隨我，該棄絕自己，背著自己的十字架來跟隨我。」（《瑪竇福音》16：24）這個「誰」，說到底，是每個人，每個人都被召叫了。差別在於要背負的十字架。每個人都有自己的十字架，但是，窮人、富人跟讀書人要背負的肯定不同，最貧窮的人所背負的是如此沉重，以至於基督降生成人，來幫他們背負。

窮人的十字架是勇敢地站起來，以有福者的身分去行動，承擔起飽受貧窮折磨的生活圈，而不是甘於卑屈，封閉在自己的圈圈裡。富人的十字架則相反，當他們好為人師的時候，就更要學習謙卑求教，當他們想要留在舒適的生活圈時，就更要勇於走到陌生的圈外去。首先，他們不但不要再問載伯德那二個兒子提出來的問題，這兩兄弟企圖在主的榮耀中，坐在他的右邊和左邊。（《馬爾谷福音》10：35－38）[78]，反而要讓自己成為僕人，坐在最後一排。

> 耶穌叫門徒過來，對他們說：「你們知道：在外邦人中，有尊為首領的，主宰他們，有大臣管轄他們；但你們中間，卻不可這樣：誰若願意在你們中間成為大的，就當作你們的僕役；誰若願意在你們中間為首，就當作眾人的奴僕，因為人子，不是來受服事，而是來服事人，並交出自己的性命，為大眾作贖價。」（《馬爾谷福音》10：42－45）

對富人來說，獻出他們的性命造福所有的人，確實意味著放棄他們所獲得

---

78. 載伯德二子的要求（《馬爾谷福音》10，35－38）：載伯德的兒子雅各伯和若望走到耶穌跟前，對他說；「師傅！我們願你允許我們的要求！」耶穌對他們說：「你們願意我給你們做什麼？」他們回答說：「賜我們在你的光榮中，一個坐在你右邊，一個坐在你左邊。」

的一切，以便為窮人服務。耶穌有可能給他們比這更令人振奮的使命嗎？藉由發揮他們最大的潛力，動員他們整個人和他們的生活圈，為大眾造福，他們將大大豐富人類大家庭。這項真正卓越的任務已交託他們了。

我確信耶穌基督深愛那些圍繞在他身邊的富人，當他將光榮歸於窮人時，他也會光榮富人。在追求正義的路上，他們也收到了獨特的任務。如果真福八端是對窮人說的，那最後的審判難道不是對富人所做的莊嚴承諾？

> 那時，君王要對那些在他右邊的說：我父所祝福的，你們來罷！承受自創世以來，給你們預備了的國度罷！因為我餓了，你們給了我吃的；我渴了，你們給了我喝的；我作客，你們收留了我；我赤身露體，你們給了我穿的；我患病，你們看顧了我；我在監裏；你們來探望了我。那時，義人回答他說：主啊！我們什麼時候見了你饑餓而供養了你，或口渴而給了你喝的？我們什麼時候見了你作客，而收留了你，或赤身露體而給了你穿的？我們什麼時候見你患病，或在監裏而來探望過你？君王便回答他們說：我實在告訴你們：凡你們對我這些最小兄弟中的一個所做的，就是對我做的。（《瑪竇福音》25：34－40）

耶穌說：「這些最小兄弟中的一個」，不容懷疑他指的是誰。群眾還在那裡，他沒有混淆窮人和被排擠者的習慣，對他來說，所謂「這些最小的」不是隨便說說。基督總是指向真實的人，他們有著清晰的面孔，而且是令人恐懼的面孔。這便是耶穌榮耀富人的方式，他相信他們能夠戰勝驚恐，他也向他們展現他的溫柔。在我看來，整部福音書似乎不斷在向他們保證：我父所祝福的，你們來罷！你們的位子也準備好了！「我實在告訴你們：富人難進天國。〈……〉為人這是不可能的；但為天主，一切都是可能的。」（《瑪竇福音》19：23－26）我覺得這些話既是應許又是奧祕。你若為富不仁進不了天國，但，捨棄財富就可以。我不能以我父的名義告訴你更多，手心手背都是肉，他無法否認任何一個孩子。要知道，對他來說，一切都有可能。至於我，我告訴你：放下你的財產，然後進來；我迫不及待地等著你。

這個提議是為了光榮富人，因為它無邊無際。與窮人一樣，他們也得要克服海量的恐懼和阻抗，需要很多的鼓勵。當我聽到這些話時，不禁想起他們：「門徒看見他在海上行走，就驚駭說：『是個妖怪。』並且嚇得大叫起來。耶穌立即向他們說道：『放心！是我。不必害怕！』」連伯多祿也要求徵兆：「主，如果是你，就叫我在水面上步行到你那裏罷！」「來罷！」他說。（《瑪竇福音》14：26－30）只要信靠主，伯多祿就能夠在水面上走向耶穌。當他再度被恐懼攫獲時，就開始往下沉。我想到富人，他們受邀轉向最貧窮的人，在他們的眼裡，窮人像妖怪一樣，住在大都會的小角落，或是他們從未涉足的市郊邊緣。在底層同胞面前，我一生見過那麼多目瞪口呆的男男女女，他們得要努力克服自己的懷疑：基督真的會選擇那些飽受苦難折磨的人當隊友嗎？他們認為窮人應該長成別的樣貌，應該有教養、彬彬有禮、懂得心存感激，他們希望窮人更加殷勤好客。他們難道沒有權利得到定心丸，知道走向最貧窮的人就是走向基督，並且會獲得天父的祝福？耶穌給了他們這個充滿奧祕的禮物：你們對我這些最小兄弟中的一個所做的，就是對我做的。即使你們沒有認出我來，如果你們愛他們並為他們服務，你們也會受到祝福。我認為基督將天主子民休戚與共的奧祕託付給富人，如果你們的心引導你們轉向最貧窮的人，你們就不知不覺地參與了這項盟約。

耶穌更進一步告訴富人，他們在這個盟約中是不可或缺的。他之所以批評法利塞人阻止窮人進入王國，是因為他們可以讓他們進入。耶穌之所以哀嘆：「你們富有的是有禍的……你們現今吃飽喝足……你們現今歡聲大笑……」[79]是因為富人可以而且應該以不同的方式生活。唉！當你的生活方式給窮人帶來厄運時，你們是有禍的。這是一個哀嘆，而非咒詛。我需要你們，為了實現天國，你們在我眼中是不可或缺的……。非常貧窮的人在他們每天的生活中也如此哀嘆：「我需要他們，但他們卻都不見人影。」

我相信耶穌與法利塞人、司祭或撒杜塞人的談話不僅僅是唇槍舌劍的論戰，我也不認為那是一連串的譴責。耶穌基督從未將任何人當成被觀察的客體，也不曾把任何人當成罪不可赦。即使在十字架上，他也請求上主寬恕所有人。他以自己的名義提出請求，但毫無疑問，他也以身邊那名已經悔改的右盜之名請求。他知道富人也有能力相信他，而且他不斷這樣告訴他們。所以，他才對尼苛德摩說：「你不要驚奇，因我給你說了：你們應該由上而生。〈……〉因為天主竟這樣愛了世界，甚至賜下了自己的獨生子，使凡信他的

79. 譯按：出自《路加福音》6：24－25：「你們富有的是有禍的，因為你們已經獲得了你們的安慰。你們現今飽飫的是有禍的，因為你們將要饑餓。你們現今歡笑的是有禍的，因為你們將要哀慟哭泣。」

人不至喪亡，反而獲得永生，因為天主沒有派遣子到世界上來審判世界，而是為叫世界藉着他而獲救。」（《若望福音》3：7和16－17）

這個熟齡的法利塞人在夜幕的掩護下偷偷來看他，耶穌跟他解釋說天主不會發動帶有偏見的鬥爭，他不要任何人滅亡。但是，尼苛德摩啊，光是相信我是不夠的，你也必須成為一個新人，過新的生活，上主需要你。「履行真理的人，就會走向光明，為顯示出這些行為是靠著天主完成的。」（《若望福音》3：21）上主需要每一個人，我想基督通過每一次宣講證實了這一點：「你若願意是成全的，去！變賣你所有的，施捨給窮人，你必有寶藏在天上。」（《瑪竇福音》19：21）難道這已道盡他想對這位富少年所說的一切？不是的！他還補充道：「然後來跟隨我。」跟隨我，不是要利用你作為我宮廷的花瓶或隨從；跟隨我，因為我需要你。

耶穌宣布最後審判時，最後一次提醒我們：「這些人要進入永罰，那些義人卻要進入永生。」在一些精確定義的條件下，富人當然可以變成義人。也就是說，今後，他們不再只為了自身的利益而擬定宏偉的社會計畫，也不再為了追求個人的榮耀和特權而領導聲勢浩大的政治運動。因為那不叫跟隨基督，應該往反方向走：「看，我的僕人，他是我所揀選，我所鍾愛的；他是我心靈所喜悅的；〈……〉他不爭辯，也不喧嚷，在街市上沒有人聽到他的聲音：已壓破的蘆葦，他不折斷；將熄滅的燈心，他不吹滅，直到他使真道勝利。萬邦都要寄望於他的名。」（《瑪竇福音》12：18－21）再一次，必須逐字來理解這些話的意思。

「萬邦」（the nations），按邏輯意指窮人，他們對上主的信任多於對人類的信任。他們對天主的正義的期待高於對人類正義的期待。富人必須知道這點，而基督徒必須從中學習。基督並沒有要求他們發明處理人間事務的新方法，也沒有要他們以被壓迫者的名義發起鬥爭；因為那都還是一種佔上風的手段。耶穌邀請他們與他一起實現這場徹底的革命，包括宣告窮人是世界之光，並依此採取相應的行動。真光將不再只是來自富人，他們的知識將不再是唯一被認可的知識，他們不得不學習其他管理世界的方式，他們將失去領導地位，他們將不得不讓自己成為正義的學生和僕人。

古往今來，人們在面對福音時，無疑便宜行事，專找方便自己的解釋。我們學會了將基督具體而精確的教導解讀成越來越抽象或是相對性的術語。但是窮人沒有辦法這樣做，而且我也不覺得他們會願意這樣做。我們只做半套的各種妥協，很少對他們有利。而且，耶穌是他們中的一員，他們覺得我們的妥協對他不公不義。毫無疑問，就像耶穌基督的遭遇一樣，我們任何一絲的背信忘義都讓赤貧者受到損害。在窮人面前，我們的表面功夫和折衷措施總是很快就被戳破，他們是揭穿真相的照妖鏡。這不就是為什麼第四世界家庭的申請案件從一個單位被轉到另一個單位，卻永遠都沒有結果的原因嗎？沒有人可以批准這些申請，但也沒有人敢拒絕以承認失敗。當一個公務員最終拒絕要求時，他會強烈聲明：「你不能提出申請，因為你沒有權利……」一次又一次地強迫窮人證明自己的權利是最惡劣的手法，此舉阻止他們讓真理之光照耀我們的社區、我們的社會、我們的系統、我們的組織和運動。這些手法引經據典，振振有詞，窮人被要求去遵守、適應這些規定。我們對福音做了有害的安排，並依此行動：我們承認基督是貧窮的，但沒到赤貧的地步。這讓我們承認為窮人服務是必須的，但是，為赤貧者獻身則可有可無，我們可以辯解說那是一種特別的召叫，甚至是次要的副業。基督和最貧窮的人要求我們放棄這種妥協。而且，我們應該知道，任何折衷的措施都經不起被排斥者的檢視。在他們面前，如果我們不以身體和靈魂和他們緊緊相依，我們就不能像我們的主那樣堅稱自己是奴僕。我們永遠無法說服他們相信我們對基督的忠誠，我們無法以基督之名宣告他們是有福的，如果我們自己沒有相信到願意為此重新組織自己的生活。然而，這恰恰是基督的呼叫：重中之重，是去把這件事告訴最貧窮的人；拋下一切，向他們揭示這個好消息！

多年來，我聽到許多母親發出同樣的呼叫：「神父，我的罪過就是生下孩子，讓他們到人間受苦受難。」、「我犯的罪，就是讓孩子們生活在窮困中。」她們等著我回答她們：「不是這樣的，你愛他們！你的孩子不只是你的心頭肉，他們也是你每天捧在手裡的心肝寶貝，為此，你已經付出很大的代價。」她們非常需要聽到有人告訴她們，即使不是每個孩子都出自同一個爸爸，重要的是他們的母親為他們忍受了各種威脅和痛苦。「即使你無法讓孩子們應有盡有，但他們有一個挖空心思，說甚麼也不讓他們挨餓的母親；為了上學，他們有一個東奔西跑，想盡辦法讓他們有衣可穿的母親。」我得經常跟她們重申，她們沒有罪，她們有資格愛天主，她們可以安心禱告，不必害怕。

在我一生的司鐸歲月中，第四世界的家庭一直在等候我告訴他們，他們不必這樣折磨自己，因為天主愛他們。年輕的時候，我曾為此感到驚訝。這些家庭要我證明天主愛他們；這迫使我不斷地提醒他們，有哪些記號表明了天主與他們同在，並且始終沒有拋棄他們。這些記號就是孩子們回家的時候沒有哭，而是笑著撲到他們懷裡；還有鄰居大嬸分享了市場便宜買到的蔬菜；郵差送來期待已久的育兒津貼，或是丈夫找到了短期的臨時工作。這些愛的記號總是難以預測，沒有及時抓住就會飛走。這些記號也快速擴散，成倍增加，因為非常需要將突如其來的幸福傳遞給其他人。「終於領到遲來的育兒津貼，我要趕快去跟鄰居分享這個好消息。」、「我先生找到工作了，早上去市集架設攤位，晚上再幫忙收攤。孩子們會很開心，大兒子阿吉終於可以買一件冬天的外套了！」所以，天主不僅是自己一個人的天主，也是大家的天父，在貧困區揭示出這個天主是如此重要。一直是這樣，在這個可能長期失業的時代更是如此。

多少次我必須對這些焦躁不已的男人一再重複：「你心知肚明，為什麼你的鄰居酒後失言，對你說了難聽的話。請站在他這邊，在他想要打架時盡量保護他。因為你很清楚，他實在是走投無路。」必須不厭其煩，反覆叮嚀：「請站在受苦者這一邊，這樣一來，基督就在你內。」但是，為了能夠替天主作見證，我必須先以自己的生命做見證，懂得解讀這些人的生命。為了鼓勵他們超越自我，我必須和他們一起超越自我。為了幫助他們將經驗和直覺發展為理解和判斷，我必須與他們一起努力，好能對天主、對生命、人性和愛進行更連貫的思考。這就是耶穌基督對窮人所做的，他要求我也這樣做。

耶穌還吩咐富人去告訴窮人和受排擠者，他們有最重要的東西可以獻給世界。最貧窮的人之所以有福，不是因為他們參加了盛宴，而是因為在那裏他們可以做出獨一無二的貢獻。富人必須學會認識這個貢獻，為此，他們必須親臨現場。若非如此，他們要怎麼理解做人做到底，徹底當個人意味著什麼，因為你被剝奪了一切裝模作樣的手段，以至於無法在任何角色或情境中包裝自己？窮人生活在人類最赤裸的真相中。為此，他們擁有一種敏銳的現實感。對他們來說，生活不是由文字、意識形態的建構或宏偉的政治計畫所堆積的。他們沒有這些手段。唯一重要的是日常生活、對孩子的愛、克服一切困難維護家庭的完整，以及壯有所用的尊嚴。他們透過千萬個看似微不足道的舉動來維護這些價值，即使環境險惡，風雨飄搖，還是成功達標：一位母親餓了好幾天，只為了讓孩子們可以去看場電影；一個男人帶一支生鏽但仍然可用的平底鍋回家，那是他在垃圾場撿破爛時發現的……在基督眼中，窮人是幸運的，因為他們對這些事情擁有真正的智慧。他們讓這個智慧開花結果，不僅是為了勉強維持生存，更是為了好好活著。所有的窮人內心所渴望的不是苟延殘喘，他們不斷想方設法，他們不停地做出具體的行動，在日常生活中創造現實。這就是他們對抗逆境、疾病和歧視的方式，不是透過空泛的思想和華麗的語言，而是透過行動。事實上，這些行動為窮人本身和全人類帶來了希望。我們必須學會閱讀這些行為，從而衡量我們自己與現實的距離。

事實上，這個距離是無法估量的，但只有窮人知道這一點。正如我說過的，他們很少會看錯人，我們自己則更容易上當。我們把自己組織成生活的公務員，用各種先入為主的觀念、規定、證書和標準來保護自己，這樣一來，我們就可以和那些不合我們心意的人區隔開來，因為他們的生活、思考和受苦方式與我們不同。這種公務員般的生存方式把我們關在象牙塔裏面，導致我們無知於被排擠者的痛苦。這個痛苦也因為我們的無知所衍生的輕視而加劇：輕視他們抵抗逆境的勇氣。窮人不是自暴自棄的人，即使是最貧窮的人也不願意放棄。即使是貝特匝達池邊的癱瘓者，在經歷了三十八年的希望破滅之後也沒有一死了之。當我們把窮人想像成懶散成性、不思上進，或是自甘墮落的寄生蟲時，我們與窮人之間的鴻溝是多麼深！我們甚至以為應該要抵制他們的不良習性？以為自己永遠是正確的一方，這難道不是一種可怕的思維方式？以為我們的奮鬥、我們的專業知識、我們的效率，甚至是我們的信仰，永遠最正確，最有理。

我們認為自己如此有理，以至於不再承認自己有必要將我們的想法與第四世界家庭所經歷的生活現實進行對比。不過，事實上，這些家庭既不向我們要求想法，也不向我們索取夢想，他們並沒有等著和我們一起思考龐大的經濟計劃。他們想知道為什麼他們的收入永遠比不上其他家庭，還有他們要怎麼給孩子買書包和T恤。他們想知道如何打破長期失業的惡性循環，還有學校會怎樣教育他們的孩子。「我們要怎麼做才能讓我們的家人受到尊重，讓我們的孩子在學校好好學習？……他們要如何完成學業並習得一技之長？……我先生要怎麼做才能找到工作，我們要怎麼做才能找到一個安身立命的地方，不會被趕來趕去？」這些家庭不斷帶我們回到這些現實生活的基本問題。這不是因為他們眼界狹小，而是因為經驗告訴他們，對其他人來說，冠冕堂皇的想法可能頗有價值，但所有理論在面對他們的極端貧困時都失敗了。最貧窮的人是我們設計的各種理論的試金石。他們之所以是有福的人，之所以是創建新世界的工匠，是因為他們不停地追問基本問題：你們所謂的正義、民主、你們所謂的對生命和家庭的尊重，還有你們對上主的愛，到底值多少錢？這些概念能走多遠，極限在哪裡？他們是有福的，只要我們允許他們向我們提出質疑。只要我們願意接受他們的打擾、願意接受不確定性，不怕失去聲望。為了讓我們的各種構思和計畫建立在堅實的基礎上，不要再閉門造車了。

這是基本前提，除非我們摒棄自己的各種優越感，否則窮人不能指望我們，遑論幫助他們獲得解放。不僅如此，事實上，我們還會阻止教育程度較低和較謙卑的人走向窮人。基督哀嘆法利塞人阻止窮人進入天國[80]，這件事跟我們息息相關，我們不是局外人。就在我們讓自己的邏輯佔上風的時候，我們阻止了純樸的善男信女向最貧窮的人伸出援手。他們本來已經準備好與最小的兄弟姊妹相遇，不是為了施捨或救濟，而只是單純地與他們走一段路，並肩學習一些東西。他們是樸實無華的人，不會好高騖遠，也會不誇稱自己特別有效率。他們不否認組織的重要性，但他們覺得最重要的是人與人的相遇，以便認識彼此並互相尊重。那些炫耀並販賣自己的智慧和理性的人，向這些樸實無華的人潑冷水，羞辱並貶低他們純樸的言行，把他們當作不了解人類偉大事業的

80. 參考《瑪竇福音》23：13：「禍哉，你們經師和法利塞假善人！因為你們給人封閉了天國：你們不進去，也不讓願意進去的人進去。」

愚夫愚婦。他們高高在上，任意評斷，讓純樸的人動彈不得。在所有富人中，這樣的人可能對窮人和所有單純的善心人士構成最大的威脅。他們駁斥後者在內心深處所肯定的信念，也就是人生在世，不是來找碴的，也不必有分別心，不必事事以自己為主，這些信念可都源自生活經歷。判斷良莠是天主的事，只有天主才能在最後審判的時候把麥子和莠子分開。在此塵世，除了窮人和被排斥的人，誰能聲稱自己知道誰是天父所祝福的？誰會是有福的人呢？正是那些試圖提供服務以達成解放，而不是好為人師，老是想要教導窮人的人。但是，為了學會服務，必須親自去到現場，與最受壓迫的人面對面。

「如果誰來就我，而不惱恨自己的父親、母親、妻子、兒女、兄弟、姊妹，甚至自己的性命，不能做我的門徒。〈……〉同樣，你們中不論是誰，如不捨棄他的一切所有，不能做我的門徒。」（《路加福音》14：26－28，33－34）

如果基督要求窮人繼續捨己為人[81]（demeurer dépouillés），繼續接近比他們更窮的同胞，為能幫助飽受排擠者擺脫難以承受的重軛；那麼，他也邀請富人親自參與這項行動，擔保這樣的努力得以開花結果。為此，他們就會變得像窮人一樣，甚至比他們更謙卑，成為真正神貧的人（the poor in spirit）[82]，流下

81. 譯按：本書英文版將這句翻譯成：「如果基督要求窮人維持拋棄世俗財富的狀態。」（Christ asked the poor to remain divested of worldly possessions），事實上，若瑟神父的原意是，窮人已經在捨己為人，基督要請他們繼續保持。

真正的眼淚，因為他們與最疲憊的同胞共命共感，實實在在地苦人之苦。

這種召叫絕對不是要大家以沉重的心情面對社會苦難，而且耶穌也沒有建議我們懲罰自己，或要求我們用貧窮和幡然改途[83]來做補贖。耶穌和窮人一樣有現實感，他知道他們的需要，並承認他們有權利找其他同胞和他們站在同一邊，這樣才能證明對受排擠者保持忠誠是可能的；意即以身作則：「如果我可以這麼做，那麼，你一定也可以。」若非如此，告訴窮人他們是有福的，將是再次放棄他們的一種方式，因為坐而言不如起而行，如果富人自己都沒準備好要實踐，那麼，窮人要如何獨自承擔這項不可能的任務？事實上，如果我們想把生存的榮耀還給最貧困的人，卻不願意跟他們站在一起，那麼宣稱勞工住宅的居民能夠解放比他們更窮的鄰舍、能夠解放附近貧民窟的家庭有什麼意義？如果我們光說不練，我們就同時嘲笑了窮人和赤貧者。

對我來說，福音具有不可思議的邏輯和一種腳踏實地的精神，讓你永遠挑不出毛病。福音不僅承認所有人，而且充滿知人之智，深得不留餘地（pitiless），讓人難以招架（unbearable）。這一切只為了不斷提醒大家，天主對所有人的愛。「幾時你設午宴或晚宴，不要請你的朋友、兄弟、親戚及富有的鄰人，怕他們也要回請而還報你。但你幾時設筵，要請貧窮的、殘廢的、瘸腿的、瞎眼的人。如此，你有福了，因為他們沒有可報答你的；但在義人復活的時候，你必能得到賞報。」（《路加福音》14：12－13）對基督來說，為

---

82. 譯按：出自《瑪竇福音》5：3：「神貧的人是有福的，因為天國是他們的。」（《天主教思高譯本》）而基督教譯本有的譯成「心靈貧乏的人有福了」（《中文聖經新譯本》）、有的譯成「靈裡貧乏的人是蒙福的」《聖經中文標準譯本》，《聖經和合本》則譯為「虛心的人有福了！」，也有的譯成「知道自己在屬靈境界中有需求的人受到祝福。」（Chinese New Testament：Easy-to-Read Version）。
83. 譯按：原文是dépaysement，這裡譯成「幡然改途」，原意是忽然改變環境和生活習慣，突然失去原有的熟悉感。

殘廢的人設宴並非抽象的概念，也與我們目前針對窮人所提供的救助系統或資源重新分配沒有任何關係。這些系統或分配無疑有其價值，不應消失；但基督徒的任務在別處。基督心目中的筵席不是一種救助，而是一種榮耀的分享。這也是一種大膽的獨創：你們殘廢的人是有福的，我會為你們洗腳並服侍你們用餐。

這便是匝凱讓我們大開眼界（extravagance）的地方，他是一位富有的稅吏，為了一睹耶穌的風采，不惜爬上一棵野桑樹。他本來並無意找耶穌說話，只是想親眼目睹一下。但救主卻要求他款待，這讓他深受震撼，喜不自勝，下決心將自己一半的財產捐給窮人，另一半用來四倍償還他從同胞那裡騙取的錢財。在場的人覺得他實在太誇張了，所以基督不得不向眾人解釋：「今天救恩臨到了這一家。」（《路加福音》19：9）匝凱將是唯一一個從耶穌那裡得到救恩保證的富人。在放棄自身財富的同時，他推翻了剝削和虛偽的經濟秩序，這種導致赤貧者被排斥在外的秩序。他因此受到抨擊，而基督的警告也沒有任何抽象的地方：「人們要下手把你們拘捕、迫害〈……〉你們要被父母、兄弟、親戚及朋友所出賣〈……〉你們要為了我的名字，受眾人的憎恨。」（《路加福音》21：12－19）追隨匝凱腳蹤的富裕階層將使各界深感不安，不管是社會、經濟或宗教層次。他們沒有因為停止將窮人排拒在天國門外而受到賞識，這便是基督榮耀富人的方式，他建議他們走上一條如此艱難又如此不可替代的道路。

窮人不僅需要聽到別人不斷提醒他們應盡的本分以及該扮演的角色，他們還必須獲得能夠扮演這些角色的辦法。發現並提供這些辦法也是富人能夠提供的一種服務。他們必須向窮人學習才能展開行動，也就是窮人到底需要何種性質、何種形式的福利？優先事項是什麼，如何實現？我們幾乎甚麼都不知道，因為從古至今，我們一直把自己的觀點強加在他們身上，自以為有權擅自定義他們的需求。

「吾有知乎哉？無知也。」

不管是在我們自己的國家或其他各大洲的國度，在第四世界的家庭眼中，我們真的要學會退居末位。與他們最親近的人比我們更了解什麼樣的教育、職業培訓、就業、工會、住房、環境和文化資源可能對他們更有益。我們在歐洲對這些事情一無所知。我們不知道非洲的飢民需要什麼樣的發展方式。我們甚至不知道如何提供他們食糧，不知道怎樣才能讓他們活下去。比較準確的可能只有我們要運送到他們那裏的公擔計算，即便如此，這些算計都還是有待商榷。我們對世界各地最貧困的人口的身心狀況知之甚少。我們活在刻板印象中，有時那種差不多先生的精神相當令人懷疑。除了那些聲音很少被聽見的傳教士，或是被大多數人忽視和遺忘的神職人員，我們不知道他們的靈魂追求甚麼。我們所學到的關於正義和天國、關於民主和人權的知識，可能要徹底「絕聖棄知」[84]一番，才能重新學到完全不同的新知。我們不能再一味的譴責其他公民或各級政府，特別在人權方面。因為我們在自己所居住的城市或鄉村，甚至不知道該轉向哪個律師事務所，才能為第四世界家庭找到最合適的法律諮詢。

領導者如果好為人師，當然與智者的角色大異其趣，智者知道自己必須向「弱小者」[85]學習，因為有些事只啟示給他們知道。領導者可以繼續追求他個人的舒適，追求他需要囤積的安全和榮耀；他甚至可以假裝說他之所以囤積，是為了重新分配以造福他人。如果主人變成僕人，他唯一關心的就是為他的主人積累財富，非彼即此，無從選擇。我們無法想像一個人只在有空的時候將福音傳給窮人，但在其他時間，他的生活裡，完全沒有窮人的身影。你不能說只把自己生命中的一年或兩年奉獻給他們，然後跑去追趕失去的歲月，忙著去完成個人的事業。窮人和被排斥者不會拒絕這樣的作風，但他們不會認為此舉具有說服力。道不同不相為謀，他們要怎麼和沒有說服力的基督徒合作？要怎麼一起為解放而奮鬥？

「我來是為把火投在地上，我是多麼切望它已經燃燒起來！」（《路加福音》12：49）想要點燃火焰，或維持救主已點燃的火焰，我們那種不冷不熱、用心計較的團結方式和冷酷的優越感是派不上用場的。赤貧的耶穌代表了分享的熱情，而我們無法用分享物質財富的方式來分享熱情。基督說：「你的財寶在那裡，你的心也必在那裡。」決定什麼才是你真正的財富，你的熱情也必在那裡。不要自作聰明，以為自己能夠做出合理的妥協，這裡為窮人服務一點，那裏為財神爺服務一點，這一刻參加非暴力行動，下一秒卻做出剝削的暴行。反正我們一直都是這樣在辦事的，因為要捨棄一切，不走回頭路，實在太難

84. 譯按：若瑟神父這裡用「désapprendre」這個字意思跟《老子》第十九章：「絕聖棄智，民利百倍。」很像。英文譯本用「unlearn」，意思是從記憶中丟棄學到的東西，尤其是壞習慣或錯誤或過時的知識。

85. 譯按：本句作者原話des sages ayant à découvrir ce qui est révélé aux petits出自《瑪竇福音》11：25：就在那時候，耶穌發言說：「父啊！天地的主宰！我稱謝你，因為你將這些事瞞住了智慧和明達的人，而啟示給小孩子。」最後一個字天主教思高聖經譯成「小孩子」，基督教聖經有一個版本翻譯成「像孩子似的

了。一想到某些族群被赤貧折磨得筋疲力盡，而一些激進分子聲稱自己正著手在解放他們，我就感到恐懼。我看到他們依然被迫處於無知的狀態，外人以他們的利益為名，擾亂他們的生活；外人變成主體，而他們還是一直被當成客體在對待。有些外人以秩序之名這樣做，另一些則以解放的名義。無論哪種情況，都同樣違反了福音、真福八端和最後審判的精神。

在那個時代，耶穌給富人的建議是絕對基進、毫無保留的[86]。因為，去監獄探訪犯人，去到這種地獄般的地方意味著什麼？在這些汙穢不堪的地方，關押的可是囚犯和獄卒啊！探望痲瘋病人，給這些被視為不潔和受詛咒的飢餓者食物，意味著什麼？這肯定就意味著放棄家世清白的優勢，放棄原本可以光耀門楣，受人尊敬的職業。但是，一旦觸及不潔者，就不得繼續從事清白的職業。我覺得基督的提議在今天這個時代還是絕對基進的，沒有退讓的餘地。當你移居到一個夾在運河和高速公路之間的社會住宅，企圖與當地居民融為一體時，你要如何維持自己的安全、聲望、職業和受人敬重的社會地位？僅僅是支持這種努力，並在其他人面前捍衛它，就已經足以讓一個人失去聲望。這樣做的人會發現，現行體制與革命份子都不再站在他這一邊。他以為他屬於世界，卻已經被排斥在外了。

我記得一個神父面對過的殘酷處境，他加入巴黎北邊的第四世界團隊，住進一個生活條件十分惡劣的貧民窟。附近勞工教區有許多人批評他，並潑他冷

人」（Chinese New Testament：Easy-to-Read Version），有的版本翻成「嬰孩」。猶太聖經英文版（Complete Jewish Bible）則將這個字翻譯成ordinary folks，意即「普通人」，另一個當代英文版也翻譯成「普通人」（ordinary people）。還有一個英文聖經版本（Good News Translation）將之翻譯成the unlearned，意即「沒有學識的人」、「目不識丁者」、「失學的人」。譯者在此選擇譯成「弱小者」。

水，說他為窮人奮鬥的方式不僅是不正確的，而且還相當差勁，說他的做法會導致工人奮鬥分裂開來。這位神父有辦法在貧民窟的棚屋裡對付老鼠和蟑螂，他也能夠勇敢地與這些家庭一起忍受、分擔日常的不幸。但他最大的痛苦是被誤解，因為他的愛一次又一次在教區會議上遭到詆毀；我不知道他受傷的心最後是否平復了。

富人跳脫原本的生活圈，被圈內人遺棄，離開親友後，甚至看不到最貧窮的人馬上向他靠攏，他無法得到立即的安慰。他就像是一個異鄉人，生活在一個迥然不同的國度。在這裡，他再也看不到熟悉的事物和面孔，他走的街道不再呈現相同的街景。不論他去到哪裡，他既聽不懂這個圈子的語言，也不搞懂赤貧者的心思。在耶穌基督那個時代，想要徹底跟隨他的人，需要一種非凡的信念；在今天，依然如此。我們得要下定決心裝備自己、組織自己，好能大力地相互支持，此事我們一直做得不夠多。我們應該在教會內相互支持，此舉攸關赤貧者和天國的命運。但是，有時我們對這件事似乎表現得漠不關心，我們以教會和天主子民的名義所組織的共同陶成和聯合行動是這樣的不足。

如果我們想獲得成功的機會，特別是如果我們想為其他人提供機會，好讓更多人成為天父所祝福的，我們就別無選擇，只能互相支持。誰都無法聲稱自己可以單槍匹馬，而且獨自奮鬥也違反福音的教導。真理只能共同持有，圍繞著基督共同經歷。事實上，真理是，如果富人不伸出雙手，齊心分享他們的財

86. 譯按：法文原本用absolu，意即「絕對，不附加條件，沒有保留」，英譯本轉譯成unconditional，意即「無條件的」。中文譯成「絕對基進」，基進就是抓住事物的根基。

富、愛心、智慧與生活，那麼窮人、最貧窮的人和富人就永遠無法團結起來，就永遠無法建立一個正義和友愛的世界。果真如此，大家就繼續南轅北轍，各奔東西。這樣一來，窮人的解放就只好看富人臉色，只能碰運氣。而最貧窮的人永遠碰不到運氣，也就永遠無法得到解放。

我清楚意識到，光是富人和窮人可以團結一致的想法就能激起各種反對意見；對此抱有疑慮是合理的。窮人會不會再次為這樣的結盟付出代價，再一次委屈順從？危險是真實存在的，我們必須意識到這一點。但是，我們也不能忽視另一種危險，也就是說，如果不團結起來，即使是善心人士最後也可能站出來反對彼此，甚至互相開戰。他們經常生活在互不信任、相互猜疑的氛圍中，這種不信任有時會演變成仇恨，即使一開始大家似乎都想要達成同樣的解放。就這樣，正是那些聲稱要為正義而戰的善心人士導致了天國的失敗。最近一個家庭聯合會寄來的一封信讓我想起了這件事，執筆者在字裡行間嚴厲譴責我與非常貧困的家庭建立了一個組織，讓較富裕的家庭得以加入，好能支持窮困家庭的奮鬥。整封信從頭到尾都是指責，就這樣，我們之間完全沒有合作的可能。

一直拒絕讓不同階級的人團結起來，或是想用武力強迫大家團結，此舉很可能更加驅使富人把自己封閉在知識、金融或宗教的圈圈內？這樣一來，他們會繼續把自己的圈子當成世界的重心。這就是為何各式各樣的運動誕生了，但窮人卻沒有走在前面的原因。在許多爭取和平或自由的奮鬥中，窮人沒有指導權。基督說天主無所不能，天主可以改變富人的心。而且如果我們讓他做工，如果我們幫助教會？教會的使命不是從事正義的工作，她自己就是正義的成品，因此也是合一的作品。我們是以誰之名在阻止她的成全？我們是以何種正義之名，把富人放在一邊，讓他們被財富蒙蔽，迫使窮人單打獨鬥，悲傷地進行一場不可能的奮鬥？有些人憑什麼認為自己比其他人更高尚，更懂得如何去愛他們的同胞？

誠然，公教進行會[87]曾經教導我們在自己所處的階層爭取救贖。此舉的確向前跨出了一大步，是天主子民前進的一個重要時代。公教進行會幫助我們超越由來已久的個人救贖觀念，即每個人要自求多福。但是，今天我們可以走得更遠。公教進行會將富人和窮人區隔開來，一邊是勞工，另一方邊是管理階層和知識分子，這種分法已經無法令人感到滿意了。從長遠來看，那樣的作法完全相反於人心對合一的渴望，也與福音的精神格格不入。一如今天，我們將這種所謂「自給自足」的概念強加給最貧窮的國家，也跟福音不合。事實上，我們生活在一個共同負責的時代，最貧窮的人和他們對福音的解讀清楚地告訴我們這一點。福音告訴我們，有許多角色，而且要承擔起這些互補的角色。上主對所有人懷抱的是同一個計劃，在執行計畫的過程中，基督徒的良心還能繼續容許夥伴間的分裂嗎？

87. 譯按：公教進行會（Catholic Action）是二十世紀天主教會針對特定社會階層發起的各種運動的統稱。比利時賈爾定神父（Joseph Cardijn） 於一九二五年創立的天主教職工青年會，便是著名的例子之一。公教進行會的組織因地而異，在法國有兩種主要形式的公進會：一種是堂區的，也就是「一般公進會」；一種是依不同生活的階層而分的「特殊公進會」，例如天主教職工青年會、天主教農民青年會、天主教大專同學會。

如果他們真的這麼做，那麼，他們也就容許天國把富人擋在門外。但是，這樣一來，合一之路便受到阻礙，留給窮人的將是一個什麼樣的天國？禁止一些人進入的同時，也就向另一些人關上大門。現在是充分承擔共同責任的時候了。富人無法在目前的狀態下獨自上天堂，他們將與窮人一起進入，並讓窮人在前面帶領。窮人會牽成其他所有人進到天國，這是他們的榮耀，也是上主的計劃。

為了忠於這個計劃，毫無疑問，我們都需要在福音中旅行。我們需要看到耶穌行走，看到他在群眾中間坐下，感受到他呼吸的氣息，聽到他與被排斥者及其他人交談。

他已經採取立場，永遠站在苦於骨肉分離的男男女女那邊，他們的孩子被強制安置，由其他人養育；他站在無處棲身的家庭那邊；他站在經常到職業介紹所找工作的失業者那邊；他站在那些借酒澆愁的男人那邊；他也站那些忍不住撲向鄰居，藉以消除內心的痛苦，也為了讓恨意有一個出口，好能重新去愛。基督自己就是他想要點燃的火，他熱愛天父，並在他身邊激起愛火。我們必須不斷地向他祈求，在我們的家庭和我們的教會內向他祈求。我們必須接受我們的神父們永遠與他同在，從他們祈禱的深處向我們談論他。只有他能維持我們心中和教會內的熱火。只要我們選擇基督的道路，就可以同他的眼睛一起看，我們會遇見痲瘋病人的目光，看到被他治癒的盲人的眼神，並且和瑪利亞・瑪達肋納的目光交會，也會看見匝凱喜不自勝的雙眸。

富人應該要知道，這是一種友情和溫柔的的目光，而非仇恨的眼神。「他們傷害我太多，他們奪走了我的孩子。但是，我已經原諒了一切。」數以百計生活在赤貧社區的男男女女跟我這樣說過。一如基督在十字架上說過的話，他們也說：「這不是他們的錯，真的；他們不知道，他們不知道自己在做什麼？」不是因為這麼說，他們就是英雄。為了生存下去，他們只能寬恕，沒有別的辦法。但是，他們等著基督徒來告訴他們：「你的寬恕就是天主的寬恕，全人類都需要你的寬恕，天國因此才得以穩穩矗立。」

並不是所有的富人，所有的基督徒都會去到貧困地區傳報福音並和窮困者分享日常生活。還有很多事情可以做，周圍世界的每一扇大門必須打開，各個機構必須準備好迎接窮人，結構必須改變。要實現這一切，必須改變人心。最貧窮人是嚴格的導師，他們向我們揭示了我們應盡的各項責任，而且任重道遠：改變學校、醫院與民主的運作等等。並準備我們的堂區、我們的社群、我們的教區機構，以便透過他們派遣的代表和神職人員，形成一個臨在於第四世界的教會，同時也是一個在盛宴上等待客人的教會。如果這些基督徒不是基督在第四世界的代表，那麼誰會是呢？赤貧家庭對天國朝思暮想，如果基督徒不向他們傳達建立天國的熱情，那麼誰會呢？誰會冒險進入不為人知的社區、偏遠的城郊、被遺忘的小村莊與偏僻的荒漠，在那裡，人們的身心俱疲，變得蒼白萎縮？誰來佈置餐桌並在宴會上等待客人？如果不是基督徒，誰來讓筵席與節慶延續下去？我們必須這樣做，不是因為我們比別人更好，而是因為這是基督給我們的使命。

這樣一來，我們自己將發生多麼深刻的變化，我們的機關團體將發生多麼巨大的變動！我們看待窮人的目光將會發生甚麼樣的變化！他們將不再是依賴我們的慈善機構的受助者，不再是被登錄的檔案和被入帳量化的數字。如果他們成為我們的夥伴和培訓師，他們與我們的關係將徹底改變，我們將轉化成需要他們建議和信任的乞求者。當我們發現自己完全屬於教會時，這是何等的喜悅，也是何等的動震撼，因為最貧窮的人有機會教導我們，人的首要權利和所有諸項人權得以實踐的基礎便是靈修的權利！我們可以讓最貧窮的人實現他們的渴望和夢想，好能從上主那裡汲取力量，為達成這個目標，我們的心，和我們的組織都要願意為他們提供擔保並做出相應的改變。如果我們把夢想放得如此之高，如此之遠，以至於新世界的烏托邦已經在教會內實現，這可能會大大改變我們的天主教行動、我們的天主教學校和大學、我們的草根社區，以及我們對新型的奉獻生活的探索。最貧窮的人、我們自己、他們的痛苦、我們的痛苦，以及他們的期望、歡樂和狂喜，還有我們自己的，這對我們和整個世界會是多麼大的改變！

就像新生兒改變了夫妻生活和家庭中的一切那樣，窮人在回到他們原本不敢再涉足的教會時轉化了一切。一切都不會再像從前那樣，不是因為新的禮拜儀式，而是因為人們的心，無論貧富，都將改變，耶穌基督在他們中間最貧窮的人身上被認出來，並受到愛戴。

我有一個朋友，是個退休的將軍。有一天，他接觸到第四世界運動，並開始希望為非常貧困的家庭服務。他接受了若干行政工作，協助撰寫各種申請案，並到各部會為申請案進行辯護。後來，他負責第四世界與法國國民議會的關係。他盡一切努力在議會建立第四世界跨黨派小組，多虧了他，一九七八年，「第四世界」一詞首次在國民議會的半圓形議場被聽見。隨後，他將努力擴大到法國參議院，而且他提出來的關於極端貧困問題跨黨派小組的想法也在歐洲議會實現。我的朋友很少在會議上發言，他不是著作等身的作家，他也不曾將任何一種貧困理論掛在嘴邊。一個有威望的人，把自己變成了僕人，放棄了所有的個人野心，大多數人不知道他的行誼，但他卻是歐洲民主生活首位貨真價實的沉默工匠。民意代表開始和最貧窮的人站在一邊，讓自己受牽連。

谷飛先生[88]（Philippe Gouraud）沒有離開他在巴黎的公寓。我不知道他的個人生活發生了什麼變化，因為他不是一個輕易吐露心事的人。但是，由於經常親眼目睹，我知道與第四世界的家庭來往，讓他在家庭和社會關係上付出甚麼樣的代價。在生命中選擇了新的優先事項後，他無法向身邊的親友隱瞞自己的行程。我想，在富裕的生活圈，有時他肯定覺得自己變成異鄉人，但那卻是他生活了大半輩子的故鄉。他無聲無息，低調地被流放在外。這樣的遭遇，我的許多朋友都經歷過，他們在家庭聚會或正式晚宴上提起第四世界時，必須接受別人的貶抑和蔑視、看著別人聳肩皺眉、嗤之以鼻。我的朋友谷飛肯定不曾自認為是天父所祝福的。直到有一天，一位第四世界的志願者對他說：「你不明白嗎？你就是天父所祝福的人！」此話一出，讓他很驚訝。他愛天主，他愛最貧窮的人，但他不曾將目光聚焦在自己身上。我的許多富人朋友似乎都有這

88. 譯按：谷飛將軍（Philippe Gouraud，1909－1994），一九七三年退休後，以盟友的身分，全心投入第四世界運動。

個共同點。他們不問：我的位置在哪裡？有沒有我的位置？因為他們把全部的精力都放在行動的發展和服務的提供上面，他們憂心赤貧家庭是否能從中受益。他們將到達最後審判的日子，然後大感驚訝地發現，透過成為新人，變得易受傷害、飽受牽連、名譽受損，他們加入了義人的行列，成為耶穌期待的好搭檔。

我相信那些沒有走出富裕生活圈的男男女女，處境可能會變得困難，有時甚至是無法忍受的。因為他們遲早要向身邊的親信揭露圈內的真面目，但旁人不會因此對他們表示感激。對尼苛德摩來說，「走向光明」肯定不容易，因為在一個全力掩蓋令人尷尬的真相的圈子裡，想要彰顯天主的作為是多大的挑戰。對我的一些朋友來說，如果沒有家庭需要照顧的話，捨棄一切會變得更容易。當我觀察他們痛苦且忠信地往前邁進時，我不禁自問，我們怎麼能想像基督會愛窮人而反對富人。他愛窮人，也是為了富人；他為了窮人和被剝削者而愛了匝凱；他愛這個還有進步空間的尼苛德摩。他愛富人，以至於要求他們不惜一切代價，以便成為天父所祝福的。

第十二章

聖若瑟，
亙古通今的信者

Saint Joseph le croyant de tous les temps

本章譯者：楊淑秀

最貧窮的人獲得拯救，窮人參與天國的建立，放棄特權的富人獲得祝福……這個不可思議的故事是打哪裡開始的？它是從何處進入人類歷史，並徹頭徹尾將之轉化？若瑟和瑪利亞一起構成了耶穌進入人類的門戶。一個男人和一個女人，福音中最早出現的窮人：我們對他們了解多少？他們建立了聖家，接待了耶穌，並且撫養和教導了他。直到末日，他們永遠是典範，是所有家庭追求的理想。但，我們如何在福音中和他們相遇？在結束本書之前，我希望在他們身邊停下腳步。

在這場長途跋涉的福音之旅，為什麼若瑟和瑪利亞出現在最後，而不是一開始？理由是很個人的。除非長時間跟隨並沉思他們獻給世界的默西亞，否則，我不認為自己有能力拜訪這兩位深不可測的重要人物。

透過基督的成年生活，我對他們的生活以及為人處世之道，有了更多的認識。在人群中看過耶穌觸摸盲人的眼睛、增餅贈餅或在猶太會堂的談話之後，我得以用不同的方式接近他們。天主之母和聖家永遠是個奧祕。但我一生大部分時間都生活在一個這樣的教會中，那個時代，大家不習慣去默觀她們，遑論對她們感到讚嘆。在多數基督徒的心目中，聖家只占了一個不起眼的位置，家庭並不是大家關注的焦點。在若瑟身上，我們特別記住了他作為工人的品質。用這種方式來說明猶太民族送給全人類的禮物，實在有點差強人意，甚至過於簡略，簡略到難以從歷史深處捕捉被上帝特選來迎接他的獨生子的重要人物。極端貧困的家庭不能讓自己失去家庭意識，那是他們抵禦殘酷世界的最後一道防線，生活所迫，她們引領我更深刻的認識聖家。赤貧的基督，貧窮子民的救主，也強有力的引領了我。今天和過去的受壓迫者幫助我看到一個更偉大、更振奮人心的奧祕。透過耶穌在成年階段的生活，聖經人物呈現出更清晰的輪廓，展現出新的面貌，一種越來越讓人感到震撼的幅度。耶穌，以及那些一直圍繞著他的人，以及他今天和昨天一直深愛著的人，在在啟發了我。所以我現在走回若瑟和瑪利亞身邊，更深地理解到為什麼他們站在那兒，作為耶穌進入人類歷史的門戶；知道他們永遠穩穩地駐紮在世界的中心，讓我感到十分安心。

讓我先談談若瑟，或許是因為福音書只用了寥寥數語來向我們揭示他。這讓我們在不同的時代，對他有著或多或少的重視。四部福音似乎給我們留下了某種程度的自由解讀空間。我們隨自己的喜好，用以豐富或窄化他的形象。有些基督徒甚至似乎隨心所欲地操弄或利用這種自由。在這方面，聖若瑟與赤貧者分享著共同的命運。在基督的一生中，他比許多其他人更能見證幾世紀以來人類思想和心靈的變化。今天我們把他塑造成一種象徵，當成一種時尚的形象，而不是作為一個有血有肉，讓我們可以面面相對的人，這絕非偶然。就這樣，他的輪廓被定型，以體力勞動者或工匠的身份呈現。這種描繪使得這個達味家族之子的整個歷史、最核心的幅度和關鍵角色都黯然失色。這不是很大的損失嗎？

由於我們輕率的操弄，若瑟的人格被扭曲、變得模糊不清、毫無生氣。這種既定的形象既不能引導我們，也不能激發熱情、更無法讓我們眼界大開。我想知道我們如何才能愛上他。關於他，教會是有提出教導，卻沒有大力鼓勵我們與他同行，以至於我們不懂得讓他來革新、撼動我們。我擔心在很多人的心目中，他已經變成了一個沒有太多實質內涵的剪影，只是完成背景的必要點綴，而不是一個站在前台的重要人物。他的存在真的被抹殺到這個地步嗎？若瑟只是服從的象徵，一個老實的木匠，毫無怨言地接受第三者介入他的婚姻生活，只為了讓上帝的計劃得以實現？對我來說，事情不可能是這樣。福音中的群眾，我周圍最貧窮的人，基督本人，在在引領我走向一個完全不同的人。

「她的丈夫若瑟，因是義人，不願公開羞辱她，有意暗暗地休退她。」（《瑪竇福音》1：19）法文聖經大公譯本（T.O.B）的註解對這段文字表示驚訝，因為舊約從未提及這種暗暗休退是什麼意思？但真的有甚麼好驚訝的嗎？聖瑪竇才說了，達味家族的若瑟是一個義人。他是一個深受聖經和家族傳統影響的人，也就是說，他對正義有自己的看法，無論是上帝的正義還是法學士和經師制定的法律。目睹羅馬人和當地富人對加里肋亞的猶太子民施加的壓迫，一個受天主聖言教化的木匠對正義不可能沒有自己的看法，更何況他自己也經歷了同樣的處境。他將法利塞人的言行與聖經中揭示的上帝計劃進行比較。他親身經歷過各種人性的扭曲和矛盾，或許公開休退一個未婚懷孕的年輕婦女也是扭曲人性的一種作法？一個來自達味家族的人，一個家世清白的男子在口頭上受人敬重，但事實上，跟許多其他民族一樣，他的文化也處在崩潰的邊緣。理論上，木匠這個行業受人敬重，但事實上，他也是加里肋亞人民就業不足和貧困的受害者，他的客戶越來越少。他會不花點時間反思人間與天主的正義嗎？不太可能。至少在窮人看來，若瑟不可能沒有自己的想法。果真如此，那意味著他是一個懦夫，沒有個性。這樣的人會被選來當耶穌的父親和教育者嗎？和第四世界的家庭一樣，我相信義人若瑟的眼界應該從字面上理解，他之所以是個義人，是因為他既是一個深深相信上帝的人，又深深地被人為的壓迫打上了烙印。某個聖誕節前夕，在聽到天使向若瑟宣告消息的那段福音之後，荷蘭布雷達[89]一個家庭的父親說：「發生這種事，我敢打賭他一定有話要說！」

若瑟是一個有信念、有想法的人，他將他那個時代的現實與聖經相比較，發現它們令人難以忍受，在這件事上，若瑟追隨他的祖先達味傳下來的腳步。這就是第四世界教給我的第一種與他相遇的方式。如果耶穌如此熟悉法利塞人，卻跟他們不一樣，如果他一眼看破他們的錯誤和偽善，那麼毫無疑問，正是他的神性揭穿了人們企圖遮蔽的一切。但我也無法不在耶穌身上看到若瑟的身影，因為兒子會受到父親的薰陶。耶穌在一個家庭中長大，他從小聽到他的父親說到法利塞人哀聲嘆氣。或許若瑟在耶穌小時候就已經提到法利塞人阻礙窮人接近上帝？我敢肯定，這一定是若瑟和瑪利亞在家裡討論的話題。我能聽到若瑟滔滔不絕地談論這個熱門話題，我沒有理由想像他是一個沉默寡言的人。耶穌肯定不是從一個只在夜間被夢吵醒的男人那裡，學到他得優先關注的事項，也不是從一個沒有內涵的寡言、木訥者那裡學到他的第一個祈禱。

89. 譯按：布雷達（Breda）是荷蘭南部的一個城市。

若瑟在義人中占有一席之地，不但有瑪利亞相伴，還有西默盎、安娜和匝加利亞同行。在那個時代，他們認識彼此。我不明白有甚麼理由把若瑟描繪成一個配角，就只是湊合著在那裏扮演他妻子的丈夫。在我看來，這不僅會貶低上帝對世界的計劃，還會貶低他與猶太人民從古至今奧祕的結盟。

我已經多次強調一些對上帝有失尊敬的作風，包括將他描述為一個劇場的導演，以為他是為了劇情而創造情境。他不會輕看窮人的解放，而將其簡化為一種心血來潮的臨時行動，簡化成一種特殊干預，發生於正史之外。上帝就是窮人的解放，他自己親自進入他們在現世的歷史，宣告並照亮了全人類的歷史。忽略這點的「解放神學」沒有立足之地，它不可能是教會意義下的神學。同樣，如果上帝讓臨時演員進入歷史，他就不是上帝。果真如此，他的介入就和歷史擦身而過，但事實上，他就是歷史的一部分。上帝不需創造布景，若瑟也不是人造布景的一部分。人類歷史本身就是上帝設定的背景，若瑟是他那個時代的人，一個他那個時代的義人，正如歷史所造就的那樣。

沒有認識到這點，我們也會忘記上帝與猶太子民的盟約。一個永恆的盟約，上帝與猶太人同行，並透過他們與全人類同行。若瑟，作為達味家族的後裔，可以迎接救主，因為他跟安娜、西默盎、匝加利亞及許多其他人一樣，都在等待一個救主的到來。上帝只在夢中跟他說話。這意味著，他是一個祈禱的人，沉浸在上帝的真相中。上帝不會對做白日夢的人這樣說話，他答覆對那些為了按他的旨意行事，不斷向他拋出問題的人。也因此，若瑟總是馬上回應，不曾稍有遲疑，因為他一直等待神對他說話。

我想若瑟像瑪利亞一樣，也像「熱誠者」[90]和許多其他人一樣，熱切地呼求默西亞帶來新時代，讓強權者放棄他們的王位，停止對弱勢者的掌控。依照他那個時代的方式，他肯定在等著默西亞帶來這個內在的王國，在那裡所有人都能找到他們作為上帝兒女的完整身份。讓我們想想他親眼所見的事情，他的同胞系統性地陷入貧困，公有土地遭到強取豪奪，從而導致社群及其互助體系的崩潰。大型農場取代了祖傳的田地，放高利貸者榨乾了無法繳納貸款的農民，原本對婦女、寡婦、孤兒和窮人的保護措施消失了……若瑟是個義人並熱愛天主，他能接受這樣的不公不義嗎？面對越來越多無法繳納什一稅或遵守儀式的家庭，那些在耶路撒冷聖殿居高位者卻表現出傲慢與自大，又一種不公不義，他能接受嗎？我認為若瑟熱切地等待一位救世主，將他的同胞從羅馬人手中解放出來，但也從所有的罪惡中，從對上帝的各種背信忘義中解放出來。毫無疑問，他欣然接受了簡樸的生活，但他肯定希望一個正義、友愛和真理的國度。

此外，我也想像，在這個達味家族裡面，若瑟一定從小就聽說過有一個默西亞要來。在族長的後裔中，將救世主的召喚代代相傳當然是一種長久以來的習慣。在我看來，若瑟完全屬於這類的家庭之一。他的父親按照自己從祖先那

90. 編按，Zéoltes，和合本譯為奮銳黨，主張以暴制暴，反抗羅馬帝國對猶太人的統治。

裏學到的語言跟他說話，他自己也將這些家訓傳給耶穌。瑪利亞的讚主曲一定也在若瑟心中響起，耶穌將漸漸熟悉這樣的語言和啟示。稍後，基督在旅途中將隨時銘記他從小就經常聽到的話：「上主使有權勢的人受到蒙蔽，他將向他們隱藏的那些啟示給弱小的人；他從高位上將他們推下，卻舉揚了卑微貧困的人。」[91]未來，基督會應用這個預言，並且將超越甚至推翻若瑟曾經有過的想像。然而，警世之言是從他自己和他的族人的記憶深處流傳下來的，而且他親自傳授給耶穌。基督，實現了上帝的計劃，他本身並不是被派遣來懲罰猶太人的，而是對他們忠誠等待的獎賞。他也不是託付給若瑟的重擔，而是對一個懷著信任之心的義人，長期等待的獎賞。

也因此，耶穌出生在一個達味家族就絕不是一種表面形式或做做樣子。若瑟在那裡不只是為了確保吾主的出生可以按照規定正式登記。作為一個與時代同步並深深植根於歷史的人，他接待耶穌進入他的家庭，並承擔起教育他的全部責任。為此，你能想像他會有片刻懈怠嗎？他當然是充滿信念並無微不至。你能想像他會疏於管教？他當然是積極陶冶孩子的智慧和心靈。當他看到自己和百姓受到分裂解體的威脅時，他肯定更加熱切地教導自己的孩子。他這個做為達味子孫的木匠，苦等訂單，訂單卻遲遲不來，他肯定有餘暇和理由思考。在傳統崩解的時代，他一定有著迫切的動機要教導兒子在上帝的正義之道上，堅定不移。

---

91. 譯按：出自「他從高座上推下權勢者，卻舉揚了卑微貧困的人。」（《路加福音》1：52）。

耶穌之所以對聖經有著超凡的理解，也就不足為奇了。他當然擁有神的理解力，但他不也經常接受若瑟的教導嗎？他對經文的解釋當然是受到神的啟發，但它們也蘊含著一個窮人的讀後心得，也就是對照日常生活的各種基本現實之後所下的評註。難道若瑟的經驗和談話沒有發揮春風化雨的作用嗎？耶穌在會堂對大司祭所說的話，大部分都可以透過一個木匠表達出來，他會聽其言而觀其行，將學者及法利塞人的行為和告誡，與先知的教導進行比較。

我認識很多工匠：馬鞍匠、鐵匠、鞣革匠、木匠……他們出生於鄉村的手工業者家庭，隨著農業的沒落而陷入極端貧困。我記得包納佛（Bonnavo）先生，他是諾瓦集貧困區的智者。眼看著外界對最貧窮的人越來越頻繁的排拒，他實在無法苟同，便引用上帝的話來佐證。他的母親嫁給一個馬鞍匠的助理，她教他字母的同時，也教他認識福音。他跟著自己的父親當學徒，卻從未出師開業，他父親自己也只是打雜的工人。後來因為沒有顧客上門，他的老闆乾脆關起店門。包納佛先生從未抱怨過物質的匱乏，儘管他的家人總是有一餐沒一餐。但他抱怨人心變得越來越硬，抱怨他們看不起陷入苦難的同胞。

在凱撒奧古斯都下令進行人口普查之前，在加里肋亞，若瑟身邊一定有很多像他一樣的男人。即使他手上的工具還能派上用場，他也一定很窮，因為他肯定會把自己的勞動成果分享給親戚和鄰居中，那些無工可做的人。在長途跋涉之後，出現在白冷城的客棧，他之所以會被打發到山洞去，也就不足為奇了。客棧的人怎麼會想到這個點子？我看到一個男人，在抵達時疲憊不堪，他當然不是唯一一個被打發到那種臨時棲身處的人。當時，大批窮困潦倒、無處棲身的人肯定經常光顧洞穴這種地方。

但是，透過第四世界的眼光，我特別看到一個懂得生活、觀察、思考和隨著時間的推移而進化的男人。一個走遍大江南北，經歷時代現實的人，忠於自己的歷史，活出自己的命運，並總是從經驗中吸取更多的教訓。一個不斷進步和充分顯示自己個性的人。那個和瑪利亞剛訂婚的若瑟，還不是那個抵達白冷城，眼看著耶穌即將出生的若瑟。而這個日新的若瑟還有很長的路要走，要像他的祖先一樣經歷流亡，無論是自發的逃亡還是被流放。停留在埃及那段時間，從北方來的難民，只能以強迫勞動或奴隸的身分獲得工作。若瑟透過自己的家庭，將重現並成為整個民族命運的縮影。就像每個父親，隨著孩子一天天長大，不管是作為男人或身為人父，他也變得更加成熟。福音沒有跟我們談到這些成熟的歲月。但，這不該成為不去沉思它們的理由。福音的這個沉默難道不應該引導我們安靜下來，好好默想，以尋求更深刻的理解？面對這個男人，我們別無選擇，他得引導嬰孩耶穌的第一步、引導他開始思考和祈禱。稍後，若瑟也為少年耶穌提供了字彙，教給了他一種思維方式，為他開啟了一個環境，訓練他的敏感度。我確信若瑟的生命、為人處事和內心質地特別適合將耶穌引介到人間。叫人如何不渴望更深地認識他呢？

至於我，福音對聖家旅居埃及時期的沉默讓我充滿了恐懼。這些年的流浪，他們是怎麼度過的？或許孤立無援，並且遭受到比加里肋亞和猶大（Judée）更難堪的屈辱？他們挨餓受凍了嗎？有其他落難的人作伴嗎？若瑟找到了什麼工作？由於一無所知，我們只能想像他們的絕境，面對這個逃亡中的聖家，只能保持靜默，無言以對。

聖家逃往埃及

他們離去後，看，上主的天使托夢顯於若瑟說：「起來，帶着嬰孩和他的母親逃往埃及去，住在那裏，直到我再通知你，因為黑落德即將尋找這嬰孩，要把他殺掉。」若瑟便起來，星夜帶了嬰孩和他的母親，退避到埃及去了。留在那裏，直到黑落德死去。這就應驗了上主藉先知所說的話：「我從埃及召回了我的兒子。」（《瑪竇福音》2：13－15）

聖瑪竇到底是說得太多，還是講得太少？這一切，不可能發生得平平靜靜。「黑落德即將尋找這嬰孩，要把他殺掉。……」多麼可怕！多大的躁動不安，得要快快收拾行李，趕緊上路，去到沙漠，不能讓士兵追上！在那之後，我們沒有任何圖像。嬰兒耶穌的眼睛沿路看到了什麼，耳朵聽到什麼？若瑟和瑪利亞忍受了何等的孤立和焦慮？與此同時，他們的勇氣和希望又是什麼？面對我們的無知，除了默想、摸索和加倍祈禱外，還能做什麼？

回到家鄉，若瑟一定更成熟，信念更堅定，希望更熱切。耶穌基督後來想要在世界上點燃的火，是不是在翩翩少年時已經在他父親的心中預先感受到了？這把在心內燃燒的對上帝之愛的火焰，若瑟沒有在兒子面前活出來嗎？若瑟需要偉大的愛，才能在納匝肋重新過活。毫無疑問，他作為木匠的位置已經被取代，就算還有客戶，也早已轉向其他人。若瑟發現故鄉還是老樣子，謊言、誣告、互相猜疑、社會控制比以往更嚴重地滲透到加里肋亞的社群，而且特別沉重地壓在窮人和最窮的人身上。這個民族在損毀窮人的同時也損毀了自己的面容。若瑟得要深愛族人，並熱愛上帝，才能重拾過往的生活，年復一年地前往耶路撒冷慶祝逾越節。這不僅僅意味著重操舊業，重拾舊俗。若瑟必須再次與他的人民和他的歷史結合，以便帶領耶穌融入其中，至少這是我從聖史路加對基督在聖殿第一次發言的描述中了解到的。無論多麼失望或沮喪，若瑟從未忘記上帝，也從未忘記他被賦予的使命，也就是把這位即將拯救他的民族脫離罪惡的男孩視如己出。在他的父親眼中，耶穌肯定操之過急，走太快了。他有必要坐在聖殿的經師們中間，聽他們說話甚至向他們提出問題嗎？若瑟認為他還太小，這不是救主應有的行為。所以，他無法理解。「孩子，為什麼你這樣對待我們？看，你的父親和我，急得到處找你。」[92]（《路加福音》2：48）對他的父母來說，為默西亞操心，難以理解上帝對默西亞的計劃，各種煩惱一直不曾少過。黑落德可怕的威脅，無辜嬰孩遭受屠殺，在埃及艱難的流亡生活，回到納匝肋後，又目睹人與人的關係被不公不義和輕視貶抑所腐蝕……若瑟會不會經常追問，難道這就是上帝用來保護與準備救世主的方式？自從他回到加里肋亞後，上帝不再對他說話，在那個地方，大家越來越不重視各種誡命。他以為他在侍奉上主，他弄錯了嗎？

92. 譯按：天主教思高聖經的譯法：「看，你的父親和我，一直痛苦的找你。」若瑟神父引用的譯本用了「都很著急」（tout angoissés）。

或許這一切都是錯覺？耶穌對他們說：「你們為什麼找我？你們不知道我必須在我父親那裏嗎？」但他們不明白他所說的話。」（《路加福音》2：49－50）默觀納匝肋的若瑟，我覺得自己眼前出現的是一個正義而堅強的人，他克盡職責，不偏不倚，同時，也與上帝搏鬥：「主啊，你要求我做的事我都做了，但是你做什麼來實現人類的救贖呢？」

上帝是否早早把若瑟召回自己身邊，以便替義人這場搏鬥畫下句點？我經常問自己，為什麼我們會假設他在耶穌開始公開生活時就死了。事實上，在這方面我們沒有明確的證據。在縮短若瑟壽命的同時，我們也切斷了重要的默想，他可能還有很多話要告訴我們，啟發我們。為了確保瑪利亞的童貞，就一定得要讓她年輕喪偶嗎？我不知道。但除非我們能夠確定事實，否則宣布若瑟過早死亡可能並不明智。如果耶穌在三十歲的時候失怙，人們在納匝肋提起他時會說：「這人不是那木匠的兒子嗎？」（《瑪竇福音》13：55）如果木匠死了，納匝肋人應該會說：「這不是達味家族的若瑟的兒子嗎？」而且，如果讓若瑟過早離開人間，我們很可能錯過重要的教導與啟示，而那正是我們迫切需要的？

對我來說，我經常追問，若瑟看到耶穌基督離開家門，為了讓自己進入群眾當中並任其淹沒時，他內在經歷了什麼。「他順從了他們，屬他們管轄……耶穌在智慧和身量上，並在天主和人前的恩愛上，漸漸地增長。」（《路加福音》2：51－52節）若瑟曾經有過一個好兒子，他看著他走上正路，成為上帝和人民都願意聆聽的公僕。現在他出了家門，不是去聖殿，不是在掌權者面前取得他應有的位置，而是去到窮人、殘廢者、不幸者、名譽掃地的人那裡！他對他們可以有什麼盼望，這是哪門子的解放？他肯定是誤入歧途。

和這些被貧困化的男男女女同行，當然會被連累啊，他們體弱多病、面容憔悴，行為舉止處處流露出他們沒受過甚麼教育。因為若瑟認識窮人和最窮的人，因為他一生都愛著他們，所以他非常了解他們，他知道他們是掌權者統治下的無辜受害者。他捨己為人，與他們分享了他僅有的一切。耶穌有時肯定也三餐不繼，缺乏生活基本必需品，因為他的父母慷慨待人，他因此學到甚麼叫做赤貧。得要想像一下，在經濟危機鋪天蓋地的歲月裡，在納匝肋做為一個義人意味著什麼？我認識世界各地所有極端貧困地區的義人，他們不得安寧，到處奔波，試圖替被欺負的鄰居打抱不平，而他們的妻子則倒空米缸，給敲門請求協助的另一位母親家裡最後一斗米、最後一塊麵包。一個見義勇為的人，在赤貧蔓延的地方肯定遠近馳名，他的生活必定忙碌多事。窮人一天到晚在門口乞求幫助，最貧窮的人則在馬路的拐角處苦苦守候，遇見的時候，就裝成好像剛好碰上一樣。他的妻子和孩子只有一個選擇：或者，反對他過於慷慨，因為這剝奪了他們自己所需要的東西；或者，就加入丈夫或父親的這場奮鬥。瑪利亞和耶穌當然沒有反對若瑟的義舉。若瑟始終如一，無論在孩子小的時候或是

---

93. 這位女士正是本書第十三頁，若瑟神父致意的對象之一。艾必肯於一九六三年成為第四世界持久志願者至今，投身六十年。

若瑟神父在另一本書《親吻窮人：若瑟神父與第四世界運動》（頁259，心靈工坊）曾這樣描述過：「我想舉一個比利時老師佳碧葉·艾必肯（Gabrielle Erpicum）的例子。某年的萬聖節，她來營區待了一整個下午，她想吸引一群孩子參加活動，他們卻讓她非常難堪：罵她髒話，丟她石頭。她黯然回到比利時，覺得自己再也不能獨自享受從家庭、信仰、教育及親友那裡領受的種種。她發現

少年時期，他傳授的都是自己對這些窮人日漸增長的愛，儘管他們對他糾纏不休。現在，他看著耶穌離開家門，不是為了詰問那些不忠於上帝的有權有勢者，而是為了讓群眾皈依！這件事不能等嗎？在他之前的先知們從來沒有這樣做過！他會失去所有的聲譽，他本來可以成為法學博士的。「我的兒子這麼聰明，這麼誠實，能幹，他可以與任何經師、法利塞人或法學士相匹敵。本來前途一片光明，但，你看看，似錦的前程就這樣被他糟蹋了！」

我認識很多這樣焦慮和失望的父親，我想到第四世界志願者艾必肯[93]的父親，他對女兒諄諄教誨，把自己的信仰、正直廉潔的榜樣、對窮人的尊重都教給了她……她本來前途一片光明。但是，有一天，她離開故鄉比利時，去到巴黎近郊的諾瓦集無家可歸者營地。一開始，她這樣做甚至不是為了開展一個專業的行動計畫，而只是為了接近那些被淹沒在泥濘、垃圾和苦難中的家庭，和他們分享生活、痛苦和希望。

如果艾必肯與同一個舒適圈的人結伴，一起獻身於備受肯定的紅十字會或天主教明愛會，相信她的父親不會反對，因為這些機構目標清楚，旨在救助窮人。如果她進修會，成為修女，她的父親也會很高興並感謝天主。但是，她偏偏讓自己迷失在一群完全瓦解的居民中間，他們恰恰跟所有受到認可的機構切斷了聯繫。她打破所有支配窮人和掌權者之間慣有的做事方法和建立關係的規則；推翻了行之有年的優先順序。對艾必肯的父親來說，這是難以接受的選

到，營區孩子的父母飽受赤貧煩擾，永遠也沒辦法讓孩子領受那些財富。這樣的不公義讓她無法忍受，這樣的憤慨啟發了她，也激勵所有早期的志願者留下。她們詰問自己：為什麼是我？為什麼不是他們？為了回答自己的追問，他們決定貫徹到底，如同福音所說的：「你們白白領受的，也要白白施予，不求自己的利益（出自《瑪竇－馬太福音》十：8）。」
若瑟神父辭世前，將領導國際第四世界運動的棒子交給艾必肯等三位資深志願者，一九九〇年，在台灣第四世界盟友團體的邀請下，艾必肯以祕書長的身分訪台。

擇。他不知道，也無法理解上帝願意如此，他願意人心和習俗發生這種徹底的改變。他自己曾告訴女兒，上帝希望在世間伸張正義。他當然希望女兒能步他的後塵，也成為義人，甚至比他做得更多更好。他的幾個兒子裡面，有一個成為耶穌會的神父，這讓他無比自豪。但艾必肯並沒有比她父親做得更多更好，她的作風不一樣。而且，她這樣做的時候只有少數幾個同伴，更讓人跌破眼鏡的是，這些同伴是由一個沒有聲望、沒有權力也沒有任何影響力的無名神父招募的。她的父親無法理解，有很多年的時間，他竭盡全力勸她回家，勸她結婚或重拾教職，回去比利時教書。最後他聽天由命，但他從未在女兒面前認輸。他的女兒放棄了所有的職銜、聲望與安全感，不僅是經濟層次，還有道德、知識和宗教層次的安全感。即便到最後，他選擇聽天由命，但他永遠無法為此感到歡喜，更安不下心來。直到他去世後，他的家人才找到他親筆寫的一張文稿，說他祝賀自己將兩個孩子奉獻給教會：他的兒子理查德，成為耶穌會士，還有他的女兒艾必肯。

一個父親內心的奧祕，上帝慈悲的奧祕，這些志願者的父親總是讓我的目光轉向若瑟。這些志願者不是基督，若瑟的心碎一定是今天這些父母的上百倍。如前所說，他的兒子不是走向猶太會堂、法利塞人、愛色尼派人（Essenians），甚至是走向那些號稱熱誠者的激進黨人[94]（Zealot），這些都是已經備受肯定的團體，所以，他有很多選項。但，他像約伯（Job）一樣，貧

94. 譯按：激進黨人（Zealot），根據聖經當代譯本（Chinese Contemporary Bible）的註解，他們是耶穌那個時代激進的民族主義者，常以行動反抗統治他們的羅馬政府。

窮且獨自一人地走向群眾。他的兒子，默西亞，連枕頭的地方都沒有，得罪了所有已被認可的團體。他原本至少可以利用其中一個團體，就像艾必肯原本可以加入明愛會或任何一個修會團體一樣。但他身邊卻圍繞著幾個漁夫，雙手空空地跟隨了他。更糟糕的是，他還找了個稅吏！這豈不是自取其辱嗎？注定會讓自己身敗名裂！

儘管自己是弱勢群體的捍衛者，一直希望看到眾人都能建立出愛與平等的關係，無愧於上帝兒女的身分，但，先人沒有留下任何教導，足以讓若瑟預見基督的計劃。即使他自己就是這個計劃的重要梁柱：一個義人，而且被貧窮、排斥和苦難所浸潤和塑造，被召喚從底層把耶穌引進人類的生活。他也因此成為上帝在人類歷史的一部分，不過，他卻沒辦法理解這樣的歷史。他無法想像天國會來自底層。他的整個文化都告訴他，偉大的重建工程來自高層。根據傳統，位高權重的大戶人家才有可能孕育出默西亞。而且，只有透過那些有學識、有聲望和品行無可指責的偉大人物的介入，才會發生重大的逆轉，讓眾人重新轉向上帝。基督走的卻是完全相反的道路，也因此，這並不是他的社會革命，而是他的宗教和文化革命。耶穌深受若瑟教導的薰陶，他接觸了那些被父親吸引到身邊的窮人和不幸者，這讓他的心靈和思想受到陶冶。但是，他這樣做並不是為了依樣畫葫蘆。

耶穌降生成人，完全承受了人的處境，但，此舉不是為了追隨人類發展出來的願景，而是要從內在徹頭徹尾轉化人的處境。人的處境，也包括了他的父親若瑟的處境，包括與此相聯的整個思維模式。若瑟怎麼能明白呢？他真的相信自己已經完成了對默西亞的所有職責。現在他發現自己的觀點和信念受到救主的質疑。他積極參與救贖，現在，他被要求與周圍所有的窮人一起皈依。這不是天大的嘲弄？或者是耶穌錯了，或者是他自己這些年來甚麼都沒搞懂。他得要皈依？皈依這個顛覆所有遊戲規則的耶穌？毫無疑問，耶穌忠於聖經，但他完全不同於猶太人塑造的典範和刻板印象，即便他們是以信仰之名，真誠造就的。若瑟太了解他的世界，他不會不知道自己的兒子選擇的是一條無法功成名就的道路。為了成功而失敗，透過失敗獲得成功，這在他的文化中是陌生的，就像從底層開始重塑世界一樣，都是聞所未聞。他自己為了人類的救贖付出這麼多，他看不到這一天的到來嗎？「誰愛他的父親或母親超過我，就不配是我的。」（《瑪竇福音》10：37）離開他的父親，在他的父親和上帝之間做出選擇……有哪位父親比若瑟更被這些話所折磨呢？基督顛覆了世界，甚至也包括若瑟的世界。而若瑟，儘管很窮，仍然是達味的後裔，精通宗教事務。他獲得的教導卻阻礙他去理解默西亞帶來的救恩。他甚至逃不過基督的警告，即智者無法理解上主一下子就向弱小者所啟示的。若瑟生命中真正的動盪，不就是這個？他，一個義人、經驗老到，巒有智慧，卻必須忘記他所學的全部，重頭開始學習關於上帝的正義與救恩的一切。我覺得天主可能要求他在生命中發起一場內在革命，好能接待默西亞。這個建議恰恰是為了滿全達味家族的這個後裔的希望。我在年紀更老而且也更成熟的若瑟面前陷入沉默，他的任務已經完成，在獻出這麼多的忠誠之後，或許，上帝仍然要求他皈依。

我不知道若瑟是否活到最後，但我相信他是。上帝怎能不讓他完成自己的角色，直到心碎？沒有理由認為上帝不會邀請他去完成他的命運，直到最終的皈依。我確信他得到了機會——就像艾必肯的父親一樣——讓自己皈依這個他曾如此忠實地愛過、保護過和教育過的耶穌，但最終卻發現他仰之彌高，鑽之彌堅，難以明瞭。在若瑟面前，我沉默無語，他或許失望、困惑、心碎。他的心最後是如何接受真理的？我覺得若瑟經歷過這麼多考驗，直到最後，也因此，他走在我們和整個教會的前面。他，難道不就是歷代的信徒，一代又一代，想像自己得救了，卻發現自己還沒有悔改？因為我們當中有誰真正皈依了赤貧的耶穌基督，他死在十字架上，置身於善良的右盜和死不悔改的左盜之間？聖若瑟走在我們前面是因為——我們怎麼能懷疑這一點？——就在他以為任務結束時，他同意一切重頭再來。

第十三章

瑪利亞的《讚主曲》

Magnificat!

本章譯者：楊淑秀

瑪利亞遂說：「我的靈魂頌揚上主，
我的心神歡躍於天主，我的救主，
因為他垂顧了她婢女的卑微，今後萬世萬代都要稱我有福；
因全能者在我身上行了大事，他的名字是聖的，
他的仁慈世世代代於無窮世，賜與敬畏他的人。
他伸出了手臂施展大能，驅散那些心高氣傲的人。
他從高座上推下權勢者，卻舉揚了卑微貧困的人。
他曾使饑餓者飽饗美物，反使那富有者空手而去。
他曾回憶起自己的仁慈，扶助了他的僕人以色列，
正如他向我們的祖先所說過的恩許，施恩於亞巴郎和他的子孫，直到永遠。」
（《路加福音》1：46－55）

天主插手了，他驅散了心高氣傲的人，舉揚了卑微貧困的人，事就這樣成了。《讚主曲》是最美的勝利頌歌。如此的狂喜並非出自一個害羞、虔誠、但對世界一無所知的少婦。瑪利亞似乎充滿了對上主的信任和入世的精神。她與若瑟訂婚，她屬於這些常有義人出生的家庭。家風純樸，熟讀經書，世代相傳，但沒有財富，而且像老族長一樣，與窮人非常接近。這些在先知中培育出來的家庭，孕育出正直、可靠與充滿精力的子孫，因為他們粗茶淡飯，艱苦樸素。瑪利亞正是出身於這樣的家族。除非只將她的《讚主曲》視為文

學作品的練習或是天啟的成果，否則我們就會從中看出她參與上主計劃的非凡意志。

這個意志，一如若瑟，瑪利亞在答覆天使的時候，馬上表達出來：「看！上主的婢女，願照你的話成就於我罷！」瑪利亞口中的婢女，還不是基督所要體現的意思，而是按照以色列傳統，一個以正直服事上主的婦女，積極完成上主的事功。她是聖經箴言中描寫的完美婦女：

> 賢淑的婦女，有誰能找到？〈……〉天還未明，她已起身，為給家人分配食物，給婢女們分派家務。她看中一塊田地，就將它買了來，以雙手所得的收入，栽植了葡萄園。〈……〉她發覺自己經營生利，她的燈盞夜間仍不熄滅。〈……〉對貧苦的人，她隨手賙濟；對無靠的人，她伸手扶助。〈……〉她的丈夫與當地長老同席，在城門口深為眾人所認識。（《箴言》31：10－23）

今天已處於電氣時代的女性會說，這位聖經中的完美女性被迫要為繁重的家務忙進忙出。然而，她所扮演的社會和經濟角色卻比今天的職業婦女更為重要。沒有辦法僱用女僕，她得解決家裡的消費問題並控制產品質量，除了先生的進款，她也有獨立的收入，在家庭和社區事務中擁有發言權，並且在第一線為正義公平盡心盡力，因為是她決定了家裡應與最貧窮的人分享的東西。

透過瑪利亞，上主選擇了完美的女人，她因自己的使命感到自豪並準備承擔全部責任。想到她，我也想到當時令人不安的社會氛圍，這種氛圍籠罩著她，並從童年時期就開始塑造她。加里肋亞處在快要失去控制的氛圍，人們謹守著的傳統早已不合時宜。聖殿與人民失去連結，人民不能依靠任何人。在人民面前，首先是宗教與法律的掌權者，他們總是無情地維護著習俗和禮儀，想要藉此控制百姓的生活，但人民卻不受掌控。除此之外，還有暴君黑落德和羅馬人，統治方式同樣是極不公正的。瑪利亞在這種惡劣的處境下成長，被塑造。她是一位非常了解人民動蕩的女人，因為每年逾越節要去耶路撒冷，她也必須跋山涉水。

瑪利亞是一位完美、活躍且貧窮的婦女，跟若瑟一樣，她也積極參與了加里肋亞的歷史，或許還有過之而無不及。男人在猶太會堂做出施捨的儀式，女人則在自家門口進行實際的分享，她們在自己的院子裡供應食物，提供衣服和毯子。一如箴言所說，她們「伸手扶助」，她們遇到了窮人，和他們面對面，跟他們交談，而且撫慰、照顧他們，事必躬親。面對不幸，在世界各地，幾乎一直如此，婦女繼續扮演這樣的角色，直接參與，親力親為。只有富裕國家的婦女不再遇到窮人和處境最艱困的人。在其他地方，窮人遇到女人的機會比男人多，而且這些婦女也認識他們。我看到瑪利亞比若瑟投入得更深，更直接地觸碰到在她四周蔓延的苦難。在和傷殘者、飢餓者來往的過程中，她整個人一定深刻感受到，沒有正義，愛無法存在；沒有愛，正義對窮人來說只是空話。

在這樣的景況下，要承擔起日復一日的拚搏，她需要更多的勇氣。作為一個貧窮農村社區的年輕猶太婦女，她知道如果她生了一個私生子會有甚麼後果。即使她可以信任若瑟，在這種情況下成為母親一定困難重重。但更嚴肅的是，她會成為天主子的母親，達味的王位繼承人。瑪利亞認識自己祖國的歷史。猶太人沒有歡迎他們自己的先知的習慣。等待救主的義人不能指望他會被和平地接待。有權勢的人將不得不放棄他們的王位，瑪利亞認識這些人，他們唯一的教義就是「人為的規章」。（《瑪竇福音》15：1－9）「假善人……他們為了自己的傳統而違背了上主的誡命」，他們還沒准備要讓步，她的孩子會有甚麼樣的前途？

瑪利亞眼明心亮，迎向各種巨大的困難和痛苦，除非上主保護她，否則她手無寸鐵，如何招架。為了實現他的計劃，也為了保護即將建立的這個家庭，她必須信賴他。她再也不能像以前那樣只依靠自己的力量了。如果她接受了這項使命，如果她的靈魂讚美上主，那是因為她信任他，並從他那裡汲取所有的力量。

她一定也有窮人的頑強，這乃源於他們的處境。因為貧窮就是不義，也就孕育了頑強。我一輩子都生活在頑強的第四世界家庭中間。他們拒絕接受侮辱和不義，甚至築起無形的堡壘，將自己封閉起來，閉門謝客以自衛，在公家部門看來，這叫「我行我素」。但，我看到瑪利亞極其有力，不但不會自我封閉，而且意志更加堅定，頑強不屈。要肩負起如此的重責大任，「勇敢女王」的稱號非她莫屬。否則，這種苦日子肯定讓人知難而退。

在有赤貧經歷的家庭面前，這正是瑪利亞的樣貌，我母親就是這麼看的。她用自己必須擁有的意志來衡量聖母的勇氣，即使孤苦無依，她也不允許自己的孩子被外人帶走，她要餵養他們並以敬畏上主之心把孩子帶大。這已經很不容易了。另外，我母親也很固執。她以信任之心轉向聖母，相信她能理解，因為她承受更多，也更勇敢，而且完成更多使命。我母親也很同情她，想像著她的種種痛苦、屈辱和失望。她認為根本不需要跟聖母描繪自己在聖雅各街的苦日子，瑪利亞是過來人，自然心知肚明。

民間對瑪利亞的虔誠並不總是考慮到窮人的存在，這讓他們誤以為瑪利亞是難以親近的。事實上，她以女人的身分承擔了她們夢想完成的事情。我們經常把聖母描繪成一個純潔、虔誠的處女形象，好像她不食人間煙火，遠離了塵世的殘酷現實和赤貧的折磨，好像這位無染原罪的聖母在優雅的孤獨中完成了她的命運，好像她跟窮人離了十萬八千里。其實，瑪利亞必須如此具體、積極、全心融入她所在社區的嚴酷生存條件。我不知道那些脫俗的圖像是從哪裡來的，在這樣的圖像後面，那個讓人想要親近的生動女人消失了。第四世界婦女的某些反應讓我不禁對此提出追問。

這些第四世界的婦女說：「瑪利亞到底做了甚麼了不起的事？她只有一個孩子，而且她老公有工作。我們有六個孩子要餵養，要負擔，要栽培，而且，外界不斷威脅我們，要把他們帶去給社會局寄養，說我們不配為人父母。我老公，甚至沒有工作。聖母瑪利亞她運氣可真好！」第四世界一些年輕女孩子有時候也有點埋怨她，因為世人多把瑪利亞說成是擁有各種美德，無懈可擊，滿被聖寵，是婦女中最美麗的，最了不起的。她到底做了甚麼，讓大家把她說得那麼好？「圍繞著她，不知編了多少故事。她無染原罪？當然囉，當你家境小康，走正路很容易啊。」簡而言之，她要是那麼潔白無瑕，無懈可擊，那她有甚麼功勞？社會位置不同，我們看瑪利亞的方式就也不同，腦中也就出現了不同的形象。其他生活圈的人為瑪利亞創造出來的形象充滿著愛德跟信德，這很可能在瑪利亞和那些赤貧婦女之間挖掘一條鴻溝。如果最貧窮的人無法認同瑪利亞，她還是窮人的聖母嗎？

第四世界的家庭肯認的聖母是有血有肉的女人，扎根於她那個時代的現實。也就是扎根於貧窮，與群眾打成一片，沒有保護罩，也沒有寬裕的家境。她不是根據時代偏好重新詮釋的童貞瑪利亞，她直接從福音走出來。第四世界的家庭並沒有為了自己的方便就憑空想像瑪利亞，相反地，福音中的瑪利亞要面對無法逃避的現實，比任何已有的解讀還要苛刻。她是無可辯駁的，堅定地植根於她的世界，各式各樣的苦難並沒有放過她。她對自己的要求相當嚴格，因為她得要徹底面對苦難。毫無疑問，她的心扉向所有人開放，她不是個記仇者，她是一名鬥士。她對所有人都充滿了溫柔，但絕非基督徒太常鋪陳的那種造作的溫柔。她有的是女性那種堅定的溫柔，她全力迎擊各種棘手的問題，第一個有福的窮人就是瑪利亞。

第四世界家庭眼中的瑪利亞是忙碌的，充滿熱情和行動力，他們這樣看，有錯嗎？若非如此，她就是一個只會動嘴巴的女人，而不是透過實際行動，也不是透過整個生命來讚美上主。如果她柔順而被動，她在真福諸聖、先聖先賢中有什麼地位？誠然，對聖母的熱愛以及渴盼將她視為全人類之母的熱望中，我們宣布她扮演著窮人聖母的角色。但是，我們難道不應該在那裏，看到一個補充的屬性，窮人也是她的孩子……從本質上說，如果瑪利亞不是先成為窮人之后，她就不可能成為全人類之后。基督可以通過實際承擔苦難來贖回全人類，瑪利亞會滿足於象徵性的貧窮嗎？她不也被貧窮緊追不捨？

我身邊非常貧困的婦女迫使我要更準確地描述這些問題，這些並非陷阱問題，因為窮人不會設下陷阱。這些問題出自活生生的體驗，貧窮和赤貧是那麼具體的處境，要有很強的應變能力和頑強的決心才能掌控情況。要花很多精力，個性要夠堅強，而且，為了其他受苦更深的人，如果他願意，還得要參與一場奮鬥。如果不抵抗，就只有墜落的份。而且，如果你想要在身邊創造正義，光是抵抗是不夠的，必須不斷自我超越。問題在於，我們是否看得出瑪利亞就在這樣的現實生活中受到鍛鍊，還是我們認為她處於人類苦難之外，處於人類歷史之外，並受到了上主特別的保護。

再一次，我沒有答案。但是，我親眼目睹了第四世界的家庭如何讓納匝肋的瑪利亞的歷史，從千古以來各種龐雜的解讀中跳脫出來，變得清晰。這些家庭踏上福音之旅，兩手空空，沒有包袱。隨著旅程一步步邁進，他們似乎證實了卑微者掌握了聰明和有學識的人被瞞住的東西[95]。這本是耶穌已經應許給他們的，所以一切都按部就班，有序進行。也因此，在我一生的司鐸歲月中，我不斷見識到赤貧者的眼光如何使福音變得光輝燦爛、莊嚴崇高，同時又完全易

95. 譯按：出自《新約聖經瑪竇福音》11，25：「那時，耶穌高聲說：「父啊！天地的主宰，我讚美祢！因為祢對聰明和有學識的人隱藏了這些事，卻啟示了給小孩子。」

於理解。在貧苦者的聖母面前，你無法不滿心欽佩、洋溢著愛意。她光芒四射的人性是如此真實，如此偉大。

我們不可能理解這位天主之母所擁有的力量，這力道能帶領窮人歸向天主，支持他們在路上保持勇氣，超越自我，尤其是支持女性的勇氣。因為她們需要不可思議的勇氣，一如瑪利亞和天使相遇的那一刻。上主加強她信心的方式對我來說是非常重要的一課：「去看看妳的表姊依撒伯爾，她也懷孕了，因為在天主面前沒有不能的事。」這是十分適合貧窮婦女聽到的話語，不是建立在抽象的想法上，而是為了一段具體的歷史。貧困的婦女習慣從事實出發，實事求是，不過這並非像知識分子那樣要求證據，而是基於歷史脈絡中發生的明確事件。天主認識窮人，因此回應她說：「去拜訪依撒伯爾，妳就會知道是我在和妳說話。」瑪利亞沒有浪費時間，她急速前往山區拜訪依撒伯爾和匝加利亞。發現表姊懷孕時，她高興到不行。不管發生什麼事，天主都是她的救主，他會信守諾言的。我一直很感激自己學習到的這一課，為此，我在各個貧困社區不停地跟大家談到瑪利亞：「去看看瑪利亞，她能夠告訴你上主與你同在。然後，也去看看你的鄰居，她屢仆屢起，日復一日地超越自己。瑪利亞和她在一起，也和你在一起。」

毫無疑問，未來的日子，聖母瑪利亞將迫切需要回想自己與天使一起度過的時光，她得重複告訴自己：「天主對我說話，發生在我身上的每一件事都是按照他的旨意，而且他會信守諾言。」因為她的信心即將受到嚴酷的考驗，打從嫉妒的黑落德王發出追殺令的那一刻起，恐慌開始籠罩著她。牧羊人歌頌上主的榮耀，三位賢士跪在耶穌面前，最卑微的人和最富有的人齊聚一堂，同聲歡呼——在此後很長的一段時間內，這將是上主溫柔的最後徵兆。可以肯定的是，這是一個令人信服的徵兆。牧羊人在夜間離開羊群前來讚美上主，這是一個真正的奇蹟，是天使的傑作。一個在夜間照管羊群的牧羊人，比輪到日班的傭工更辛苦，因為不僅要提防野獸，還要擔心強盜。他們冒著多麼可怕的風險，如果雇主發現損失，他們肯定飯碗不保。牧羊人通常是大家最不希望從事的工作，是最卑賤的職業之一，你大概找不到更爛的工作了，除非轉行當土匪。做這種高風險的工作，得要面對搶劫發生時的打打殺殺，牧羊人被當成是蔑視宗教的人，當然也就沒有高唱頌歌的習慣。他們能夠如此欣喜地來到山洞，就只能是上主的傑作。主的作為是明證，他們的心是純潔的，卻遭到了不公正的排擠。上主拯救了卑微的人，瑪利亞感到多麼幸福！

此外，驚嘆不已的牧羊人將奔相走告，把消息傳播給周圍同樣貧困的家庭。我們可以放心，瑪利亞和小耶穌寄居在山洞那幾天什麼都不缺。牧羊人回頭去照顧羊群時一定更起勁地唱起讚歌，因為他們想盡辦法雪中送炭，讓這個家庭免於匱乏。瑪利亞將牧羊人夜訪的每一個細節默存於心，她將反覆默想，終身難忘。賢士也來了，但還不知道自己會給人民帶來災難。但，這件事，瑪利亞稍後才會知道，眼前，富有者和博學者跟隨窮人走向默西亞。天主已經信守了他的諾言。

聽到無辜者被屠殺的消息後，曾經預嚐的這種天國的滋味就消失了嗎？誰能想像它的恐怖！為了實現上主的計劃，就不能免除這樣的悲劇的嗎？瑪利亞如此致力於人民的解放，那些日子她對主說了什麼？她的每寸肌膚一定都能深切地感受到辣黑耳的絕望，她哀悼自己的子女，他們不受歡迎、被鄙視、被視為不祥，被野蠻地殺害。瑪利亞的親生兒子，生於血海——聖母能否知曉，她因此成為全世界所有赤貧兒童的母親？他們同樣被追捕，被懷疑是不祥的，被控制，被粗暴對待，被虛偽地遺棄，慘死於飢荒，甚至在出生之前就被殺死了。從古自今，極端貧困的兒童、無經濟利益人口群體的兒童、被救濟的窮人家的孩子，一直被有產階級當成一種威脅。黑落德沒有我們現代人那些殘害赤貧兒童的陰險招式，他的殘酷不帶面具，他沒有冠冕堂皇地說一切都是為了發展、為了婦女的健康著想或是為了控制世界人口的增長。以後，事情也不會有所改變；有權有勢者將以更狡猾的方式成為暴君，他們統治窮人，讓他們挨餓，鼓勵他們墮胎和絕育，而富裕的人則為自己保留昂貴的手段，生下自己選擇的試管嬰兒。耶肋米亞先知預言的悲哭和長久的哀怨仍在繼續：「辣黑耳正在為她的孩子們哭泣；她拒絕接受安慰，因為他們已經死了。」（《瑪竇福音》2：18）

瑪利亞，貧困兒童之母，一定比以前更強烈地預感到自己背負的重任。在白冷（Bethléem）這個不起眼的首府，那裡大多數的猶太婦女都過著貧困的生活，正是透過這些貧窮的姊妹們，瑪利亞認識到自己的責任，這該是多麼痛苦的過程，她們都是她的親朋好友。這就是瑪利亞角色轉換的艱辛起點，她日復一日地發現西默盎預言的具體含義，這讓人不寒而慄：「看，這孩子已被立定，為使以色列中許多人跌倒和復起，並成為反對的記號——至於你，要有一把利劍刺透你的心靈——為叫許多人心中的心思意念顯露出來。」（《路加福音》2：34－35）耶穌來此塵世，正是為了讓所有因為自己的子女而受盡屈辱和折磨的貧窮母親可以揚眉吐氣。但是瑪利亞無法預先想像她的靈魂為了救主即將經歷的一切而承受的極度痛苦。她將不得不一遍又一遍地重複：「我是上主的婢女。」

我們不知道瑪利亞是如何得知這個可怕的消息，就像我們也不知道她在埃及的經歷。第四世界的孩子們對我們的無知感到困惑，我們沒有試圖找出答案嗎？此事攸關天主子，我們卻沒有進一步去探究？「他們在埃及怎麼過日子，那裡的移工怎麼過活？他們有住的地方嗎？有找到工作嗎？嬰兒沒有被公家機關強制寄養嗎？」這些都是小朋友在道理班向我提出的問題，我不知所措。我不得不告訴他們，對此，我幾乎一無所知。這些孩子迫使我質問自己：了解古埃及的生活是否真的只是學識淵博者的職責。天主教的各所大學為了向赤貧兒童講述耶穌的生平做過哪些努力？

至少我可以和這些渴望求知的孩子們一起默想在埃及的瑪利亞，我可以告訴他們神祕的瑪利亞為了解救兒子，忍受流亡生活需要不可思議的勇氣。他們可以在她身上認出一些熟悉的東西，即使他們並不是每次都知道要如何以筆墨形容：他們自己的母親的耐力和勇氣。當然，沒有任何女人能與天主之母相比。但是，她們的生活條件和言行舉止是多麼相似！即使在今天，仍有這麼多的孩子藏在隔板後面或躲在閣樓裡，仍有這麼多家庭在夜晚匆忙離開破敗小屋，以防止公權力以兒童保護之名把他們的孩子帶走！而且，即使危機暫時過去，還得要想辦法活下去才行。第四世界家庭的母親，埃及的聖母瑪利亞，都必須克服一切困難，解決柴米油鹽醬醋茶的問題，想辦法度過每一天。當你一無所有時，就必須日復一日，殫精竭慮，想方設法。孩子上學要穿甚麼？今晚給家人吃什麼？上哪兒去弄點青菜煮湯？「家裡沒水，老公要怎麼洗澡，我要怎麼幫他洗衣服？他如果繼續穿這雙破鞋去工作，一定會被瞧不起，一定抬不起頭。」這些母親們從早到晚，滿腦子不斷擔心的事情就是這些，想破腦袋也要讓日子繼續過下去，而夜晚則用來反覆琢磨第二天可以做的事情。讓生活過得下去或許正意味著：繼續為家人活下去，當生活已經沒有甚麼盼頭的時候，繼續做一個知道如何安慰、鼓勵孩子的母親。事實上，這就是身為赤貧母親的意義所在：儘管身處最貧困的境地，仍然知道如何找到適切的話語，想出能夠支持老公和孩子的方法。這就是當一切都崩毀時，一個極端貧困的母親繼續扮演的角色。

別無選擇，不這麼幹就沒戲唱。一位年輕母親跟我說過：「不這麼撐著，還不如自殺。」她和丈夫以及四個孩子一起從布列塔尼（Bretagne）來到巴黎。她的丈夫抱著剛出生的嬰兒，而她則提著他們唯一的行李，一個裝著嬰兒衣物的紙箱。他們在諾瓦集貧困區的一間鐵皮屋暫時安頓下來，慕蘭女士（Mme Meulan）用她找到的厚紙板、破布和舊報紙創造家的感覺，三餐只有麵條。社工看了嘆氣，孩子們卻始終面帶微笑。但是，有一天，慕蘭女士崩潰了。她開始酗酒，原本就簡陋的家更加破敗不堪。事實上，明眼人都看得出來，在這之前，她創造了許多奇蹟。如果沒有她，一切早就崩塌，孩子們難以管教，丈夫棄家不顧，找其他女人。很多年的時間，這位母親憑藉唯一的意志力，實現了這個不可能的任務：沒讓這個家倒下。

在第四世界，所有的母親都完成了不可能的任務，肯定就像瑪利亞在流亡時所做的那樣。沒有任何女人擁有瑪利亞那種力量，所以有些女人崩潰並長期處在破碎的狀態。這事就發生在慕蘭女士身上，她很快就會看到自己的子女被帶到巴黎兒童保護局。大多數的母親都會抵抗，那些曾經放棄的婦女屢仆屢起，不斷努力往上爬，繼續走在這條陡峭的人生路。但是，由於資源匱乏，這些努力在外人眼中微不足道，被遮蔽的眼睛都看不到。事實上，為了讓孩子們有地方睡，誰注意到一張凹陷的舊床墊取代了破布堆？但這些舉動逃不過自家人的雙眼，全家因此再次動員起來，孩子們突然回到學校，丈夫又開始出門找工作。重要的不是床墊本身，而是它顯示出女主人再次捲起袖子，繼續拚搏。鄰里也注意到了，他們不是瞎子，他們看得出一個女人甚麼時候雙手一攤，什麼時候振作起來。事實上，在我們西方城市周邊的貧困社區，那些地方的每一股社會生活的動力都由女性在維持著。而且，當隔壁的媽媽早起點燃火爐時，我們自己也都增添了幾分勇氣。

勇敢的母親們，在她們瘦削的肩膀上背負著一群勇敢的子民，在我看來，她們生來就注定要遇見瑪利亞。她們經歷了如此多的不安全感，如此多的遺棄，她們能感受到聖母的焦慮。她們抵抗了如此多的不公義和羞辱，她們可以在其他女性的舉手投足中立即認出種種抵抗的記號。目睹不同國家的赤貧家庭在跨國會議中相遇，總是讓我深受感動。即使彼此有著語言的隔閡，這些家庭的男人和女人依然互相注視、交流互動。尤其是女性，她們顯得自豪、充滿喜悅，自發地圍坐在一起，毫不掩飾地談論彼此的憧憬和問題。一位來自比利時的母親說：「我們馬上就和倫敦的家庭變成朋友。」「變成朋友？所以你們有機會一起交談？」「哦，我不會英文，只能透過翻譯才知道她們說什麼，但我們一眼就看出她們是好女人！」

在最貧窮的人群裡面，特別是介於女性之間，尤其有一種神祕的語言，由各種記號組成：一種特有的姿態，一種穿著打扮的方式，因為只有二手衣物可穿，不是太大就是太緊。但是，她們用各種外人難以察覺的方式，有尊嚴地穿上這些舊衣服。還有一種不帶驚訝地看著別人的方式，讓座的手勢也是：過來，坐這邊。這種眼神和手勢在其他生活圈很少見。因為作為窮人，即使在教堂，在洗禮或初領聖體的禮儀中，教友們也會驚訝地看著你，並且盡量跟你保持距離。也因此，極度貧困的家庭相遇時，他們看到彼此的面容和身體都烙印著赤貧的痕跡，但是，也看見彼此的神態和舉止都表達了對不義的拒絕。這種頑強的反抗並非每次都有效果，結果也不總是那麼有說服力，不熟悉貧困的外人看不出這些婦女對正義的熱烈追求。他們沒有理解到，她們在不知不覺中跟隨了瑪利亞。外界的人經常覺得她們「相當煩躁」，如果這個人是醫生，就會為她們開鎮定劑。在法國和整個西歐的所有極端貧困地區，這些婦女拒絕和抵抗的意志就這樣被擺平了。儘管如此，她們還是認出彼此，並且輕而易舉就能認出瑪利亞。她們可以揣測出她無與倫比的熱情，她傾盡心力分擔了同胞令人擔憂的命運。她比其他人更勤於服務，總是在自己的崗位上，從事自己自由選擇的任務。她比其他任何人都更忠於聖經中的上主，並為此付出了代價。因此，「天主愛她勝過其他人，這很正常。」一位年輕的荷蘭母親說。

所以，對在這些貧困的婦女來說，聖母的崇高植根於生活的現實。正如她們所言，上主的選擇不是任意的，而是基於事實，基於一段「真實的故事」。瑪利亞積極分享猶太人的希望並支持各種義舉。作為一個行俠仗義的女人，她當然站在窮人這邊，但她首先站在正義的一方。她同時體現了貧窮、信仰、智慧和祖先的歷史。在她的生命中，她將窮人置於信仰的核心，她也將他們置於整個民族的歷史核心。他們的解放將標誌著整個民族回歸正途，重拾全能者的良善。對第四世界的家庭來說，瑪利亞不僅僅是人類與天主之間的中保，她還創造了正義，從而實現了人與人之間的和解。這當然是天主的計劃，但第四世界的婦女很高興地發現在這個計畫裡面，聖母將她們置於人類的核心。瑪利亞沒有把她們孤立在一邊，也沒有讓她們起來反對其他女人。她給她們帶來了她們所渴望的東西：平安中的榮耀。這些婦女說：「她榮耀了我們。」彌撒結束前，我們一定會誦唸這段禱詞：「無依無靠者之母，無能為力者之母，眾生之母，榮耀之母，為我等祈。」她們中有一位婦女說：「如果她寬恕了，那麼我們每一個人都可以寬恕。」

瑪利亞的生命是一個不斷的調解，我們在福音中看到她的生活就這樣展現開來。她繼續前往耶路撒冷過逾越節，她和若瑟完全融入塵世的生活，在那裡甚麼樣的人都有：窮人、赤貧者和富人、義人和不那麼正義的人、有學識和有權有勢的人。在人生的道路上，他們會遇到各式各樣的人：野桑樹上的匝凱

96. 譯按：根據《路加福音》19：1－6記載，「耶穌進了耶里哥，正經過的時候，有一個人，名叫匝凱，他原是稅吏長，是個富有的人。他想要看看耶穌是什麼人；但由於人多，不能看見，因為他身材短小。於是他往前奔跑，攀上了一棵野桑樹，要看看耶穌，因為耶穌就要從那裏經過。耶穌來到那地方，抬頭一看，對他說：「匝凱，你快下來！因為我今天必須住在你家中。」他便趕快下來，喜悅地款留耶穌。

[96]、尼苛德摩[97]、充滿敵意的司祭和眼盲的乞丐。遠離其中某一類人就意味著遠離所有人，聖家不能遺世獨立，她必須屹立在龍蛇混雜的人世間。瑪利亞會發現，要活出她對弱小者的熱情，並將之越發深刻地與耶穌和若瑟分享，會變得更加困難。無論在納匝肋，還是前往耶路撒冷的路途中，她始終都在默想著那段讚主曲。但是勝利在哪裡呢？無論她去到哪裡，都會看到飢餓的人群坐在路邊，到了下午五點，絕望地看著一天都要過去了[98]，卻還是沒有人雇用他們去葡萄園做工。年復一年，他們的人數不斷增加，而且看起來更加疲憊。

在聖殿，聖母表達了她對司祭聖職始終不渝的尊重。在她看來，聖職由天主管轄。神所建立的司祭職和蒙召擔任聖職的人時有軟弱是兩碼子事，她不會像我們那樣把兩者混為一談。背離它或詆毀它就意味著動到基督，取消他來到人世間的意義。然而瑪利亞看到許多司祭沒有承擔起解放窮人的使命。毫無疑問，她總是和那些只能獻出「兩隻斑鳩」[99]當祭品的女人在一起，她親眼目睹了大家對她們的輕視。事實上，瑪利亞無法接受耶路撒冷的假神，就像她無法脫離聖殿去加入狂熱者一樣。她到底是如何想辦法法教導耶穌，讓他知道，重要的不是冠冕堂皇的禮儀，也不是宰殺了多少隻羔羊當祭品，而是人們心中的祈禱？我想像耶穌從瑪利亞那裡接受了這個教導，因為除非發自內心最深、最隱微的地方，否則她自己無法向她的上主，弱小者的救主祈禱。

瑪利亞有時會退縮、動搖嗎？對我來說，這是完全不可想像的。為了上主

---

97. 譯按：尼苛德摩（Nicodemus），是一個法利塞人和猶太公會的成員，他三次出現在福音中：第一次是他在夜間拜訪耶穌，聽他的教誨（《若望福音》3：1－21），第二次是他在帳棚節期間陳述有關逮捕的法律（《若望福音》7：45－51），最後一次是在耶穌受難之後，他協助阿黎瑪特雅人若瑟安葬了耶穌（《若望福音》19：39－42）。

和天主子，她不能動搖；為了相夫教子，她不能動搖。所以，她得要懷抱著怎樣的一種信德！這一點，第四世界的母親也有辦法推測，因為她們自己難以擺脫絕望和辛酸。聖母樹立了榜樣，跟其他生活圈相比，在極端貧困地區，她受到大家更多的欽佩。她與上主的結盟是深不可測的奧祕，她的信德和望德堅定不移。當她逐漸發現等待基督的所有殘酷現實，那也是她必須面對的艱險，她不但沒有倒下來，還勇往直前，她是怎麼辦到的？上主已經在她的人生旅途立下了所有路標，免得她走錯路，這包括在白冷城被輕蔑地接待、倉皇逃往埃及，還有辣黑耳的哭泣……就這樣，她逐步學習，好能教導耶穌這個預言，即依撒意亞先知所說的這個苦人；這個永遠銘刻在教會心中的預言，因為瑪利亞接受成為這個苦人的母親，母子倆注定要一起經歷的預言。

有誰會相信我們的報導呢？
上主的手臂又向誰顯示了呢？
他在上主前生長如嫩芽，
又像出自旱地中的根苗；
他沒有俊美，也沒有華麗，可使我們瞻仰；
他沒有儀容，可使我們戀慕。
他受盡了侮辱，被人遺棄；

98. 譯按：根據《瑪竇福音》20：1－7：「天國好像一個家主，清晨出去為自己的葡萄園僱工人。他與工人議定一天一個『德納』，就派他們到葡萄園裏去了。約在第三時辰，又出去，看見另有些人在街市上閒立着，就對他們說：你們也到我的葡萄園裏去罷！凡照公義該給的，我必給你們。他們就去了。約在第六和第九時辰，他又出去，也照樣作了。約在十一時辰，他又出去，看見還有些人站在那裏，就對他們說：為什麼你們站在這裏整天閒着？他們對他說：因為沒有人僱我們。他給他們說：你們也到我的葡萄園裏去罷！

他真是個苦人，熟悉病苦；
他好像一個人們掩面不顧的人；
他受盡了侮辱，因而我們都以他不算什麼。
然而他所背負的，是我們的疾苦；
擔負的，是我們的疼痛；
我們還以為他受了懲罰，
為天主所擊傷，和受貶抑的人。
可是他被刺透，是因了我們的悖逆；
他被打傷，是因了我們的罪惡，
因他受了懲罰，我們便得了安全；
因他受了創傷，我們便得了痊癒。
我們都像羊一樣迷了路，各走各自的路；
上主卻把我們眾人的罪過歸到他身上。
他受虐待，仍然謙遜忍受，總不開口，
如同被牽去待宰的羔羊；
又像母羊在剪毛的人前不出聲，
他也同樣不開口。
他受了不義的審判而被除掉，

99. 譯按：根據《路加福音》2：22－24 記載：「按梅瑟的法律，一滿了他們取潔的日期，他們便帶着孩子上耶路撒冷去獻給上主，就如上主的法律上所記載的：『所有頭胎的男孩，都應祝聖於上主。』並該照上主法律上所吩咐的，獻上祭物：一對斑鳩或兩隻鶵鴿。」耶穌的父母用「一對斑鳩，或兩隻雛鴿當祭品」，表示耶穌的家庭是比較貧窮的。

有誰懷念他的命運？
其實他從活人的地上被剪除，
受難至死，是為了我人民的罪過。
雖然他從未行過強暴，他口中也從未出過謊言，
人們仍把他與歹徒同埋，使他同作惡的人同葬。
上主的旨意是要用苦難折磨他，
當他犧牲了自己的性命，作了贖過祭時，
他要看見他的後輩延年益壽，
上主的旨意也藉他的手得以實現。
在他受盡了痛苦之後，他要看見光明，
並因自己的經歷而滿足；
我正義的僕人要使多人成義，
因為他承擔了他們的罪過。
為此，我把大眾賜與他作報酬，
他獲得了無數的人作為獵物；
因為他為了承擔大眾的罪過，作罪犯的中保，
犧牲了自己的性命，至於死亡，被列於罪犯之中。
（《依撒意亞先知書》53）

「他受虐待，仍然謙遜忍受，……上主的旨意是要用苦難折磨他。」書面上的文字是一回事，作為母親，親歷其境是另一回事。瑪利亞一生都在想辦法使自己堅韌不拔並鞏固耶穌，即使預感到各種威脅，卻不知道何時，也不知道這一切將如何演變成可怕的事實。但，有時生活看似稍微平穩下來，她看到耶穌「在智慧和身量上，並在天主和人前的恩愛上，漸漸地增長。」在這樣的時候，她肯定會被一種瘋狂的希望籠罩。既然天好人好，或許到頭來事情不至於太糟糕？看到耶穌在人群中醫治最不幸的人，並宣告他們得救了，多麼美好！基督就在那裡，充分活出對弱小者的愛，那是母親從小對他的諄諄教誨。但是，此後，上主將持續發出警告：要有心理準備，致命的結局是無法避免的。上主親自預備瑪利亞，讓她親身經歷事態的開展：窮人的歡樂總是伴隨著強者的忌妒與報復。從排擠到誣告，從誣告到定罪，他們密謀著要除掉耶穌。瑪利亞發現這個令人無言以對的事實，連義人都不會為他辯護；耶穌不是他們等待的那位前來解放人民的人，他的方式太過高世駭俗了。從憂慮到恐懼，再轉回堅信，瑪利亞不得不一次又一次地依從上主的旨意。到後來，就連若瑟也幫不了她，令人難受的一天終將到來，她在人間僅剩的依靠竟然這樣說話：「誰是我的母親？」[100] 連耶穌也不再屬於她了。她獨自一人，跟辣黑耳一樣，無人能安慰。

100. 譯按：《瑪竇福音》12：47－50 記載：有人告訴耶穌說：「看！你的母親同你的兄弟，站在外邊，想要同你說話。」他卻回答那人說：「誰是我的母親？誰是我的兄弟？」並伸手指着自己的門徒說：「看！我的母親，我的兄弟！凡是遵行我父意旨的，就是我的兄弟、姊妹和母親。」

基督榮進入耶路撒冷，不會再給他的母親任何幻想了。對她來說，這只是短暫的喘息。「奉上主名而來的，當受讚頌。」然而，這也是上主給的最後一個保證：「不要害怕，他是君王，我會信守諾言。」但是，從今以後，瑪利亞知道依撒意亞預言的每個筆劃都無法抹除，她的兒子不行，她也不行。髑髏地的苦難她也必須經歷，而且是從頭到尾，加爾瓦略山她也要去，她的雙腳領著她走向山頭。「吾主，我依然是祢的婢女，但，祢為什麼拋棄了我？」這也是她的兒子在十字架上說過的話，在走向加爾瓦略山的路上，她還有別的話可說嗎？在十字架底下，基督的母親也陷入了死亡的深淵。和兒子一起，她漸漸明白，徹底的受苦代表著對不義的徹底拒絕。基督選擇這樣的受苦作為對抗罪惡、壓迫和苦難的唯一武器。即使還不知道到最終的結果，她自己已經教導過他，被忽視、被輕蔑、被拋棄的痛苦不但沒有打敗以色列子民，還強化了他們對壓迫者的反抗。同樣地，瑪利亞也一直努力讓自己成為達味家族典型的女人，堅強不屈並懂得從逆境中汲取力量。因此，她能夠將自己的民族和整個世界的所有不幸和重擔都帶到十字架底下：飢餓、疾病、赤貧和仇恨。在所有受苦的人類中，她不僅是標誌，而且也是事實本身。而且為了這部分受苦的人類，她向上主獻上自己全部的痛苦，飲盡苦杯，她僅剩下自己受盡折磨的生命可以奉獻。

因此，基督可以對她說：「女人，這是你的兒子。」對若望說：「這是你的母親。」在十字架上，多虧了瑪利亞，基督才能建立教會。毫無疑問，在他腳下的若望和瑪利亞就是教會。基督自己在兩個強盜中間被釘十字架，兩個強盜目睹了他的處境——既是奴僕又是上帝的兒子，這就是教會。在他的頭頂上刻著「猶太人的君王」；在他的腳下，瑪利亞獻出她痛苦的生命，還有愛他的門徒若望：受辱受傷的教會不就是這樣矗立在加爾瓦略山嗎？就這樣，教會將世世代代矗立在世界的核心。

救世主之死、聖體聖血、愛完全缺位的最佳範例、壓迫和苦難……瑪利亞是首位參與者，而且是徹頭徹尾地參與了。基督獻上自己的身體作為食糧，沒有提出任何條件，除了要我們相信，歷代以來，每一次給出聖體，他自己都投入其中，以便領受者也懂得分享；這樣他們就可以分享同一頓飯，同一場盛宴，同樣的歡樂，唯一且同一個能夠顛覆世界秩序的愛，因為「最貧窮的人都吃得飽飫無憂」[101]。瑪利亞相信這一點，以至於也同樣獻出了自己的生命。任務已然達成，她永遠是天主之母。天上的女皇，也是地上教會的母親。今後，教會之母為了榮耀從死裡復活的赤貧的基督而受迫害。她從一開始就是赤貧者之母，而且永遠都是。

101. 譯按：出自《聖詠》132：15 。

作者其他著作

- 《讓赤貧節節敗退》，輔仁大學出版社，二〇〇四。
- 《給明天的話》，輔仁大學出版社，二〇〇九。
- 《親吻窮人》，心靈工坊，二〇一三。
- 《極端貧窮與經濟社會的不穩定：赫忍斯基報告》，是作者於一九八八年在法國經濟社會理事會所發表的一篇對抗極端貧窮的關鍵性報告，他提出一個全新抗貧模式，建基於和赤貧者深刻連結的伙伴關係。這份報告成為法國近年來抗貧法律的靈感來源，並促使聯合國幾項重要決議案，此報告英文版《*Chronic Poverty and lack of basic Security*：*The Wresinski Report*》一九九四年在美國出版。此報告中文版的翻譯已接近尾聲，預計二〇二四年出版。
- 《赤貧公民，人權不可分割性的啟示者》（*Les plus pauvres, révélateurs de l'indivisibilité des droits de l'homme*）被收錄於法國文獻局（La Documentation Française）所出版的《一九八九：攸關人權》，那是若瑟・赫忍斯基對法國國立人權諮詢委員會提交的另一份報告，已被譯為多種語言。中文版亦可上網查詢：
  https://www.joseph-wresinski.org/zh/article414414/

譯名對照表

譯按，本書經常出現的天主教與基督教主要人名與地名，不同譯法對照表

人名

天主教	基督教	英文／法文
瑪竇	馬太	Matthew
馬爾谷	馬可	Mark
路加	路加	Luke／Luc
若望	約翰	John
默西亞	彌賽亞	Messiah／Messie
瑪利亞	馬利亞	Mary
若瑟（耶穌的養父）	約瑟	Joseph
達味	大衛	David
洗者若翰	施洗者約翰	Jean-Baptiste
匝加利亞（若翰的父親）	撒迦利亞	Zacharias
西默盎	西面	Simeon
凱撒奧古斯都	該撒亞古士督	Augustus Caesar／César Auguste

天主教	基督教	英文／法文
黑落德	希律王	Hérode
撒瑪黎雅婦人	撒瑪利亞婦人	the Woman of Samaria／Samaritaine
客納罕婦人	迦南的婦人	The Canaanite Woman／Cananéenne
熱誠者	奮銳黨	Zéoltes
聖保祿	聖保羅	saint Paul

地名

天主教	基督教	英文
加里肋亞	加利利	Galilee
白冷	伯利恆	Bethlehem
猶大	猶太地區	Judée
納匝肋	拿撒勒	Nazareth
伯達尼	伯大尼	Bethany

國家圖書館出版品預行編目（CIP）資料

你們貧窮的人是有福的：與耶穌福音相遇的十三堂課／若瑟・赫忍斯基（Joseph Wresinski）神父著；楊淑秀、林立涵譯.
-- 初版. -- 臺北市：星火文化, 2023.09
320 面；17 × 23 公分. --（Search；18）
譯自：Heureux vous les pauvres.
ISBN 978-626-96843-6-6（平裝）

1. CST：耶穌（Jesus Christ） 2.CST：福音書 3.CST：聖經研究

241.6 112010465

Search 018

你們貧窮的人是有福的：與耶穌福音相遇的十三堂課

作　　者／若瑟・赫忍斯基（Joseph Wresinski）神父
譯　　者／楊淑秀、林立涵
執行編輯／徐仲秋
總 編 輯／徐仲秋

出 版 者／星火文化有限公司
臺北市 100 衡陽路路 7 號 8 樓
營運統籌／大是文化有限公司
業務企畫／業務經理：林裕安　業務專員：馬絮盈
行銷企畫：徐千晴　美術編輯：林彥君
讀者服務專線：（02）23757911　分機 122
24 小時讀者服務傳真：（02）23756999
法律顧問／永然聯合法律事務所

香港發行／豐達出版發行有限公司
Rich Publishing & Distribution Ltd
香港柴灣永泰道 70 號柴灣工業城第 2 期 1805 室
Unit 1805, Ph. 2, Chai Wan Ind City, 70 Wing Tai Rd, Chai Wan, Hong Kong
電話：21726513　傳真：21724355
E-mail：cary@subseasy.com.hk

封面設計／Neko
內頁排版／黃淑華
印　　刷／韋懋實業有限公司

■ 2023 年 9 月　初版
ISBN 978-626-96843-6-6

Printed in Taiwan
定價 360 元
（缺頁或裝訂錯誤的書，請寄回更換）